U0050694

新亞洲佛教史 12

日本 II

# 蓬勃發展的中世佛教

The Vibrancy of Medieval Japanese Buddhism: Japan II

末木文美士 編輯委員
松尾剛次、佐藤弘夫、林淳、大久保良峻 編輯協力
辛如意 譯者
釋果鏡 中文版總主編

# 新亞洲佛教史中文版總序

弘揚漢傳佛教，從根本提昇漢傳佛教研究的品質與水準，一直是本所創辦人念茲在茲的心願。這是一場恆久持續的考驗，雖然中華佛學研究所自知能力有限，但仍然願意傾注所有心力，結合海內外的先進與同志，共同攜手為此一目標奮進。

在佛教學術研究的領域，日本學術界的成果一直受到全世界的肯定與注目。「新亞洲佛教史」此一系列研究是日本佛教學界近年來最大規模的結集，十五冊的規模，動員超過兩百位菁英學者，從耆宿到新銳，幾乎網羅無遺，可以說是當今日本佛教學界最具規模的成果展示當不為過矣。本套「新亞洲佛教史」系列海納萬有，概而言之，其重要性約有數端：

（一）「新亞洲佛教史」雖然以印度、中國、日本三大部分為主，但也兼顧中亞、東南亞、越南、韓國等不同地區，涵蓋南傳、漢傳、藏傳等不同的佛教傳統；處理時段從佛陀出世迄於今日。就目前同性質的著作之中，處理時間之長遠，空間之寬闊，迄今尚未有出於其右者。

（二）傳統佛教史的寫作總是詳古略今，無法充分呈現佛教演變的歷史面貌。此次

「新亞洲佛教史」對於近世以降佛教演變的軌跡著意甚深，可謂鉅細靡遺。

（三）傳統佛教史大多集中於思想概念以及政治關係的描述，此次「新亞洲佛教史」在可能的範圍內，嘗試兼顧語言、民俗、文學、藝術、考古學等文化脈絡，開展出各種認識佛法的不同可能性。

職是之由，「新亞洲佛教史」不僅是時間意義上，更重要的意義是一種研究範式的建立。中華佛學研究所取得佼成出版社正式授權，嘗試將日本佛教研究最新系列研究成果介紹給漢語文化圈。其間受到各方協助，特別是青山學院大學陳繼東教授居中聯繫，其功厥偉。同時也要感謝佼成出版社充分授權與協助，讓漢語文化圈的讀者得以接觸這套精心策畫的研究成果。透過高水準學術研究作品的譯介，借鏡世界各國佛教研究者的智慧，讓漢傳佛教研究的境界與視野更高更遠，這是中華佛學研究所責無旁貸的使命，以及未來持續努力的目標。

釋果鏡

中華佛學研究所所長

# 序

本書是「新亞洲佛教史」系列日本編的第二卷，以中世佛教史為主題。就時期來看，幾乎是從十一至十六世紀，亦即以院政期至戰國時代做為探討對象。中世就是所謂鎌倉新佛教的誕生期，對現代亦產生深遠影響。過去認為中世是由法然、親鸞、榮西、道元、日蓮、一遍等人為了抵抗舊佛教勢力而大為活躍，故而促使淨土宗、真宗、臨濟宗、曹洞宗、日蓮宗、時宗這些鎌倉新佛教的誕生，他們救濟民眾，對社會影響深遠。約在四十年前出版的舊版「亞洲佛教史」日本編，將中世佛教的內容分為四冊，光是鎌倉佛教就多達三冊。新版「亞洲佛教史」日本編的中世佛教部分則僅有一冊，分別由七篇論文與七篇專欄所構成，明顯表現出日本佛教研究在四十年間愈益深化，以及隨之而來的研究成果有所變化。換言之，在中世保有勢力的是舊佛教寺社（亦稱為顯密佛教勢力），鎌倉新佛教僅是微不足道的存在，自戰國時代以後方擁有顯著影響力。目前上述看法已成通論，本書編輯亦採取此說，但會略為介紹其他大為批判此說的主張（例如，拙著《鎌倉新仏教の成立》，吉川弘文館，一九八八年）。總之，中世佛教中的鎌倉新佛教相較於過去的比重較輕，本書僅在第二章特別探討而已。另一方面，近年備受關注的課題是舊佛教寺社勢力與舊佛教改革派，在舊版「亞洲佛教史」日本編中並未重視，本書將提供許多篇幅做探討。筆者在此以綜觀角度為基礎，針對本書內容略做介紹如下：

第一章，蓑輪顯量〈顯密佛教的發展〉之中，具體探討中世的舊佛教寺社僧侶以莊園領主的身分擁有強權，他們在法會（論義）或祈求方面所從事的活動。尤其針對促使佛教在鎌倉時代成為新趨勢的僧侶，關注他們如何脫離舊佛教寺僧身分而成為遁世僧。

第二章，前川建一〈新佛教形成〉之中，將鎌倉新佛教定義為「由鎌倉時代的祖師創建提倡，並在室町時代確立勢力的佛教教團」，進而具體分析法然、親鸞、一遍、道元、日蓮等人的思想，從不具戒律的特點來發現鎌倉新佛教的特徵。

第三章，松尾剛次〈佛教徒推行的社會活動〉之中，有別於舊版僅從舊佛教改革派的立場，或從戒律復興運動的推動者立場來針對奈良西大寺的叡尊進行探討，而是關注以叡尊為中心的律宗教團所從事的社會救濟活動。近年，有關該如何定位中世的律宗教團，以及何謂鎌倉新佛教的問題已成為廣泛議題，本章則在闡明律宗教團對社會具有何種程度的影響力。

第四章，伊藤聰〈儀禮與神話〉之中，關注於中世神道與佛教的關聯，探討中世神話與反本地垂迹說。若提起日本神話，最容易令人聯想到《古事記》。在本居宣長之前，《日本書紀》是日本神話之代表，人們關注於《日本書紀》解釋的中世神話世界。此外，亦探討奈良西大寺教團在兩部神道說的形成過程中所發揮的重要功能。

第五章，原田正俊〈室町文化與佛教〉是以探討當時的佛教發展為主題，尤其是闡明當時在五山制度下，擁有最大勢力的臨濟禪與幕府將軍之間的關聯。其中關注所謂的「會所」空間，探論其在臨濟禪促使日本文化形成之際所發揮的重大功能。

第六章，神田千里〈一揆與佛教〉之中，關注禪宗的在地發展與一向一揆等課題，並闡明戰國時代的佛教發展樣貌。尤其包括石山合戰在內的一向一揆，與其說是宗教彈壓造成的宗教一揆，毋寧說只是本願寺教團與戰國大名之間的「私鬥」，此點有別於以往針對一向一揆的形象建構。

至於特論方面，佐藤弘夫〈變化中的日本佛教觀〉是在日本佛教樣貌的建構過程中，探討鎌倉新佛教是如何被「發現」的歷程。如前所述，中世佛教論目前面臨一大轉捩點，甚至連顯密佛教論亦飽受批判。在此情況下，作者踏襲海外研究，並針對應如何建構新日本佛教樣貌而提出建言。

此外，本書在各章結尾分別附上專欄，內容饒富趣味，猶如一帖清涼劑。

還請讀者們細細品味中世佛教的世界。

松尾剛次

（編輯協力）

# 目錄

【第二章】

## 新佛教形成

前川健一

## 【第四章】 儀禮與神話

伊藤聰

## 第三節　一向一揆的特質　335

【特論】

# 變化中的日本佛教觀

佐藤弘夫

年表／參考文獻



索引 499

作者簡介 522

# 體例說明

一、本書（日文版）原則上使用現代假名。

二、（日文版）漢字標示原則上使用常用漢字。

此外，依作者個人學術考量，經判斷認為需要之處，則遵照其表現方式。

三、主要人物在各章初次出現時，以括弧標明其生卒年或在位年代。例：叡尊（一二〇一—一九〇）。

四、書中年號採用日本傳統曆法的和曆，括弧內以西元年份表示。

五、書中的典籍名或經典名以《》表示，經典之品名以〈〉表示。例：《法華經》〈觀世音菩薩普門品〉。

六、書中引文除了主要以「」表示之外，長文引用則與正文間隔一行、整段低二格的方式表示。

此外，為能讓引用或參考論述更為明確，則在句末的（）內詳細記載研究者姓名與論述發表年份，並與卷末參考文獻互為對照。例：（松尾剛次，二〇〇四）。

七、原則上，日文典籍引文若以漢文書寫，則採漢文原文，漢籍引文亦採漢文原典。

八、為能讓讀者更深入了解內容，將列出卷末各章及各專欄使用的「參考文獻」，以及在各專欄結尾處，另行列出與探討主題相關的「文獻介紹」。

第一章

# 顯密佛教的發展

蓑輪顯量

東京大學大學院教授

# 第一節　顯密佛教各派的動向

## 一、何謂顯密佛教

一般認為中世是從源賴朝（一一四七—九九）在鎌倉構築武家政權，並於建久三年（一一九二）受封為將軍才揭開序幕。雖有劃時代的分水嶺，卻不是突然出現新事件，而是在人群中演變，曾幾何時迎向新時代。佛教則在思想、歷史面產生變遷，歷時悠久而涓滴變化，中世佛教正是以古代佛教為背景而成立。對於院政期被視為佛教面臨巨大變革期的開端，筆者將俯瞰這段時期的佛教發展。

整體而言，在日本社會穩定扎根的院政期佛教，是指南都佛教與平安佛教。在南都保有雄厚實力的大剎，分別是東大寺、興福寺、藥師寺、大安寺、西大寺、唐招提寺，這些寺院位於平原地區，亦有許多寺院分布於奈良盆地的周邊地帶。至於聖武天皇創建的國分寺、國分尼寺和其他諸寺，以及各方執權者建造的寺院，則分散於日本全國。最澄以比叡山為據點創立天台宗，空海以高野山、東寺為據點創立真言宗，二宗屬寺皆分布於各地。

東大寺有八宗兼學道場之稱，其中又以精研三論、華嚴教學為重，興福寺是法相唯識

西大寺本堂與前方的五重東塔址遺跡（秦就攝）

教學的據點。比叡山的延曆寺、三井的園城寺為天台教學重鎮，京都的東寺、高野山的金剛峰寺則是真言密教的據點。

在京都的西北郊外有法親王擔任住持的仁和寺，東南郊外則有醍醐寺等，這些寺院與天皇家形成緊密連結。攝關期有藤原道長新創的法成寺，院政期則有白河上皇在東山新建的法勝寺。此外，亦有以奈良與京都為核心地帶，在其周邊建造的寺院具有地方輔助機關的功能。其中，與修行或葬儀關係密切的寺院，稱之為「別所」。

這些寺院教學自平安時代以來延傳未絕，若借凝然《八宗綱要》所言，就是指總攝律、俱舍、三論、成實、法相、華嚴六宗，以及天台、真言共為八宗。這些宗

仁和寺和樣建築的二王門，是「京都三大門」之一。（秦就攝）

派並非當時創立，而是建構在僧侶共同基礎上修習的教學集成。

空海對個人教學進行教相判釋，成為顯、密二教判。如同《辨顯密二教論》所示，是針對釋尊說法而判為顯教（一切顯明示教）或密教（密傳教法）。真言宗秉承南都佛教強調以護國為目的，將南都的三論與法相教學視為背景輔助，補足自宗教學並採納其說。這些教學，就是所謂的由朝廷建構成為共生共存的導向（上島享，二〇〇二）。若從僧侶在寺院接受教學的觀點來看，從平安時代至院政期的佛教，無疑是屬於顯教或密教範疇。若以此觀點來為當時佛教設定名稱，則可稱之為顯密佛教。

然而，若說古代僧侶唯知鑽研教學，則事實絕非如此。僧侶是基於教與行、學與行、解與行的觀點，將教理精研與修行兼重做為理想。例如，《東大寺要錄》諸宗章所收的真言宗條項：「真言教門為諸佛之肝心，如來之祕要，若為佛子，必修習之」，可知僧侶意識到除了深究佛學，必須修習真言密法。這對當時南都習佛人士而言，如實道出了真言是為求悟道的必修行門（永村真，二〇〇七）。

那麼，中世寺院的經濟基礎又是轉變為何種樣貌？寺院在古代律令制下接受朝廷管轄，是處於朝廷提供物資的立場。具有國分寺或國分尼寺、敕願寺、定額寺等寺階的寺院，恰由朝廷負擔其經濟費用。隨著律令制瓦解，寺院被迫面臨經濟獨立及轉型為新體制。石母田正與黑田俊雄闡明一項事實，就是古代以來的寺院即使至中世時期，亦存在於政治、思想、歷史的核心。寺院成為一種支配權，亦即形成權門而在院政期獲得重生（佐藤弘夫，二〇〇一）。

至於精修顯密佛教的各寺院，在社會上成為坐擁莊園的權門，亦即塑造封建領主的地位。這些寺院被視為隨著奈良時代、平安時代初期的律令體制瓦解而演變自行發展。具體而言，是由皈信佛教的貴族在建寺之際，為了提供法會供養金或維持寺院營運而一併獻莊園。換言之，在創寺之際亦附設莊園（高橋一樹，二〇〇二）。寺院最終成為權門，與公家並立，並以寺社家的立場形成權門勢力。反之而言，唯有以莊園領主獲得重生的寺院，才得以延續命脈。莊園獲得的收入成為護持寺院活動的泉源，支持各種法會等活動的供養金，或維持僧侶從事寺內活動等日常生活。這種寺院營運方式，若加以社會體制的觀點來取名，則可稱之為顯密體制（平雅行，二〇〇四）。此外，除了朝廷及貴族階層，新興武士階級亦於此時登場，成為支持寺院財政基礎的主體。大量民眾所提供的布施同樣成為重要財源，這種稱之為「勸進」的勸募方式，成為院政期之後的發展特色，並成為延續至今的一大特徵。

## 二、法會與僧綱制度

根據源自於印度的傳統，僧人社會是依照出家戒臘來決定尊卑關係。基本上日本亦遵此原則，卻因受到東亞社會的影響，形成特殊的尊卑關係，就是所謂的僧綱制。這項制度原本是管轄僧侶的機制，是由僧正、僧都、律師、威儀師、從儀師等僧官組織而成，是實質統管僧侶的機構，卻從院政期開始喪失實質功能，名存實亡，這些名銜成為表明僧人社會身分制度的指標（上島享，一九九六）。

如需遞補僧綱之位時，顯教僧侶必須具備特定經驗，例如參與高階法會，或擔任聽眾及講師等。此外，並要求僧侶出家成為沙彌，參與寺內法會，積累修學經驗，藉由論義而窮究佛理。從小規模的寺內法會論義，到最終得以出席高階法會或講經會的論義，以優異成績獲得在僧團顯達的保證。例如，東大寺尊勝院是講授華嚴學、東南院是宣講三論學的據點。兩院舉行寺內法會，例如宗三十講、《大乘義章》三十講、世親講、《華嚴》三十講、因明講、《倶舍》十講等，並由僧侶舉行論義，勤修佛學。興福寺則設有《倶舍》三十講、唯識三十講、觀世院或菩提院的講經會，做為砥礪修行諸經講釋的場域。首先要求僧侶參與寺內法會而勤習佛法，其次為了參與高階法會，尚需由朝廷以招請（或御請）方式來遴選。對僧侶而言，能參與國家法會是光榮至極之事。

至十一世紀前後，僧侶追求的是透過公請獲選為南都及北京高階法會的聽眾或講師。例如，描寫藤原道長（九六六—一〇二七）盡享顯貴的《榮華物語》中，提到當時僧侶對於能受道長招請、參與道長舉行法會一事而備感殊榮。從《榮華物語》卷十五之中，即明確描述當時僧侶已懷有如此想法：

> 據此處之上達部、殿上人、僧眾所言，凡比叡山、南都有墨守成規之學佛者，無分老壯者悉皆召集。故以為此即公私交流之始，受請臨席法會乃榮耀之事，若未受請則心有不甘，以患得患失之念修習學問。有心者或挑燈勤習經論，或至戶外借月苦讀《法華經》……。

透過公請方式出任的情況僅限於高階法會，院政期在奈良舉行的南都三會（興福寺維摩會、宮中御齋會（後由興福寺法華會取代之）、藥師寺最勝會），以及北京三會（圓宗寺法華會、大乘會、法勝寺法華會）則屬同一等級。此外，就是由院創設的三講，亦即法勝寺御八講、宮中最勝講、仙洞（上皇御所）最勝講。獲得任命為僧綱的必要條件，就是必須被任命出席上述法會或講經會，成為其中的聽眾或講師（山岸常人，二〇〇二）。

至於對修習密法的密教僧而言，須能加持、祈禱、顯示靈驗與舉行灌頂儀式。且因其祈禱獲得感應與灌頂的功德，而被任命為僧綱。雖有部分情況是由前任僧綱薦舉遞補其職，但總而言之，獲任僧綱之職意味著在僧團得以尊榮顯達。

然而，僧綱的任命過程中亦有其他要素加入。僧侶身世或身分成為一大考量要素，換言之，就是將世俗社會重視門第的觀念引入僧團中。這是深受貴族社會得以顯達的族裔，亦即僅限於藤原北家（近衛家、九條家、一條家、二條家、鷹司家的五攝家）的影響所致。在朝廷有志難伸的貴族紛紛出家，將世俗身分帶入寺院社會。中世將僧侶分為貴種、良家、凡人三類型，幾乎唯有攝關家身分的貴種（皇親貴冑）或良家子弟，方能即早飛黃騰達、真正登臨僧綱最高位階的大僧正。

在發揮己長方面，僧侶大致可區分為學侶與堂眾。即使在僧侶社會，學侶亦能步向僧綱一途，堂眾卻無此機緣。早於天平年間（七二九—四九）的太政官符中，就記載某些僧侶可獎勵其勤學，某些僧侶則鼓勵其修禪。令人意外的是，甚早雖已出現透過僧職制度來區分僧人，這種制度至院政期才予以確立。

自院政期之後，三講成為最高階法會，其中包含唱導及論義。筆者將針對法勝寺御八講的紀錄略做介紹，從中探討其實際樣貌。

## 三、法勝寺御八講的倡導與論義

有關法勝寺御八講的資料，東大寺圖書館現存有《法勝寺御八講問答記》，此著作是院政期至鎌倉時代在法勝寺舉行講經論義的紀錄。其內容是由東大寺的宗性上人（一二〇二—七八）所撰，記錄期間從天承元年（一一三一）至文永十一年（一二七四），共為一百四十四年。朝廷在法勝寺舉行重要法會之際會派遣敕使，法勝寺御八講亦無例外。御八講是為了白河天皇忌日而設，自天承元年始有為期五天的講經會，從該年至鎌倉末期的嘉元二年（一三〇四）七月三日為止，約歷時長達一百七十四年之久。講經內容包括開、結二經在內與《法華經》一部八卷，每日舉行朝夕二座連續講述《法華》十講，在朝夕之座各設唱導及論義。僧侶接受御請而選出講師十名、聽眾十名，設置證誠（擔任評判論義解答正確與否之職）來判定論義優劣，當時是由最高位階的僧侶負責擔任判定論義的任務。知名唱導者弁曉（一一三九—一二〇〇）、澄憲（一一二六—一二〇三）的最著名事蹟，就是被遴選擔任證誠之職。法勝寺御八講是從四大寺（東大寺、興福寺、延曆寺、園城寺）之中，分別延請專修華嚴、三論、法相、天台等教學的僧侶參與講經，幾乎全由不同宗派進行論義。其他寺僧並未參與，可知當時限定此高階法會唯有最重要寺院的僧侶方能出席。

首先是由講師宣講《法華經》，再從講師和聽眾中選出一人進行論義。講經資料是由經釋所構成，以各宗基本見解為依據。從講經內容可推知，與其說是關注教理，毋寧說是將焦點置於如何運用美辭而令聽者感動莫名。

論義則是講經論義，講述經典後針對經文提問及釋疑，時而出現同屬天台宗的延曆寺僧與園城寺僧彼此對論的情況。唯有治承四年（一一八〇）出現僅有延曆寺、園城寺的北嶺僧侶進行對論。《法勝寺御八講問答記》的封面書有「問答記」，內容卻著重於「問」字，有時簡略或完全省略「答」的部分。或許此著作是宗性為了準備法會論義而製作的資料，缺乏詳細記錄，此點甚為遺憾。

若概觀論義的特徵，首先第一項問題幾乎是以《法華經》的經文為基礎展開論義，首先在講經會座援引《法華經》經文，針對與講師自宗教學進行論義。第二項問題與經文無關，而是針對講師的自宗教義提問，並不限於《法華經》的相關題材，而與講師宗典內容有關。在論義方面，目標在於融通經論中的矛盾點，可推知其關注焦點在於從大乘佛教的立場來融會諸說。論義是由南都、北嶺的僧侶共同組成，參與的僧侶不僅熟稔自宗教學，更通曉對方宗義。由此可知當時出席高階講經論義的僧侶，必須融通天台、華嚴、法相、三論等各方教學義理。

然而，御八講並沒有針對密乘教法進行論義，推測僅限於顯教領域。論義一般是二問二答，先由問者質詢，講師返答，問者又「進云之」，講師再答，此為基本形式，有時則繼續提出質疑及答覆。就此點來看，可知法勝寺御八講雖有固定模式，卻非徒具形式而已。

在此舉出兩項御八講的論義之例做為參考：

〔問者〕提問。《五分律》是由何律發展而來？
〔答者〕（第一問無答）
〔問者〕進云之，有文章述及「是由《摩訶僧祇律》發展為《五分律》」。有關於此……。

問者針對答者的答覆，記述為「（《五分律》）是由《摩訶僧祇律》發展而來」，藉此引出相關內容再進行問答。附帶一提，至於《五分律》發展出《摩訶僧祇律》的見解，可見於湛然所記《摩訶止觀輔行傳弘決》卷第六之二的豎破入假的部分。

佛令分僧五部，以驗僧福。與佛滅後，五部名同，其事則別。一曇無德部，法名四分。二薩婆多部，法名十誦。三彌沙塞部，法名五分。四婆麁富羅部，律本未來。五迦葉遺部，法名解脫。僧祇為根本部，分出前五。如是五部，習之在心，豈填胸臆。

（《大正藏》第四十六冊，頁三四一中）

原本在論義時，若不知《摩訶止觀輔行傳弘決》的內容，將無法進行問答。

其次是保延元年（一一三五）第五日朝座針對第一項問題的論義，《問答記》的記述如下：

〔問者〕提問。經文為「……云云」。倘若如此，無盡意菩薩是在家、抑或出家？

〔講師〕返答。或謂在家，或謂出家。

〔問者〕有關其為出家菩薩的解釋，未能明確。經文有「解頸真珠瓔珞」。倘若出家菩薩，為何有瓔珞飾身？

〔講師〕無盡意菩薩是淨大菩薩，可謂出家。

此問答所引用的部分，是無盡意菩薩在《法華經》〈觀世音菩薩普門品〉之中登場的段落。〈普門品〉收錄於卷七，是第五日朝座的宣講內容，可知講述的卷數與論義提問所引用的經文互為對應。「淨大菩薩」是《法華玄贊要集》中登場的菩薩，此著作是慈恩的弟子鏡水寺沙門栖復聽其師講釋後而撰寫傳世。在此補充說明，《法華玄贊要集》三十四卷第一記述：「唯有清淨大菩薩眾即是妙」（臺灣版《續藏》第三十四冊，頁一七二下）。如此顯示以第一項問題為開端的論義，是配合講述該卷內容而出題。

## 四、法會、講會的社會意義

若將上述的法會與講會視為至高無上的佛儀，則天台、法相、華嚴、三論諸宗雖各具思想特徵，主張自宗特質，卻仍採取同樣方式進行論義。此外，密教修法亦是關鍵要素，以法會、講會、修法等為媒介，佛教被定位為貴族、武士、民眾所信奉的宗教。

的確，舉行這些法會或講會之目的在於融會諸宗（上島享，二〇〇二），但造成寺院抗爭卻是不容否認的事實。例如園城寺建立戒壇的問題，造成延曆寺及園城寺僧、甚至興福寺僧亦捲入其中，導致平安時代初期就已出現的受戒問題再度引發。法勝寺住僧恩覺（生卒年未詳）所撰《應和宗論記並應保二年四月日恩覺奏狀》之中，對天台宗提出批判：「天台者，印度無一論師，唯唐土人師語許也」，凸顯出南都與天台意見相左之實。反言之，這是為了融合各方立場，求取教學相即相融，故而敦請舉行高階講會。

另一項關注焦點，就是顯、密寺僧的要務之一是執行天皇殯喪事宜。平安時代的僧侶原本就參與喪葬事宜，由此可推斷別所的僧侶實際上是積極投入喪葬佛事。歷經平安、鎌倉時代，顯然可知天皇殯喪是由擔任僧綱的御前僧執行（大石雅章，一九九八）。由顯、密二教的僧綱所執行的天皇喪儀之中，可確認遁世門的僧侶於文保元年（一三一七）參與伏見上皇的殯喪事宜，此後顯、密二教的僧侶並非專事葬祭，而是主事迴向法會（原田正俊，二〇〇三）。

從安居院的唱導資料《釋門秘鑰》、《轉法輪鈔》之中，可知顯、密二教的僧侶參與公家喪葬或超度供養，文中出現在喪儀地點的文章。此外，後述的禪僧亦從鎌倉時代初期始有參與貴族喪儀或超度法事。例如，九條道家（一一九三—一二五二）的喪儀是由圓爾辨圓（一二〇二—八〇）參與其事。顯、密二教的僧侶終究避諱死穢之事而疏遠喪儀，故將任務轉由念佛僧或律僧、禪僧負責。其中，日本禪僧將濃厚的中國叢林禪風引入國內，不受死穢觀念所繫縛，律僧則認為受戒可不為死穢所侵，故能積極投入喪葬活動。

## 五、遁世門的出現

修習顯密佛教的佛寺被視為顯密寺院，廣泛存於社會中，這些寺院成為宗教界擁有領地的領主，並以權門主宰佛教界。這種體制稱為顯密體制，學侶在這些寺院居於最高階位，周圍則有階級較低，稱為堂眾或禪侶的僧侶。然而，世俗社會的身分制度導入原本遁入空門的僧侶社會，學侶即使擁有實力，也未必能發揮己長。如此情況下，出現了某些學侶拒絕在僧團中追求名聞利養的修行方式。他們一般被稱為遁世門，成為十二世紀後期至十三世紀後期的僧團之一大特徵。

在遁世僧出現的時期中，其類型多屬於西行法師（一一一八—一一九〇）般，將紅塵視為虛幻而選擇隱遁市井或隱棲山林的僧侶。自十三世紀後期遁世僧輩出，其特徵是多具有學侶身分，未來發展指日可待。舉例而言，南都的實範、貞慶、覺盛、聖守、叡尊等，皆是屈指可數的英才。比叡山則有法然、親鸞、榮西、道元、日蓮、慧鎮等人，在中世大為活躍的僧侶多屬此類型。

這些僧侶在出家未久時，是以結構完善的寺院為出發點，此後則以「遁世」而為人所知。他們的特徵是在遁世後開始自由來往於數寺之間，專於著述並有大量資料遺世，此外亦從事新活動。例如，比叡山系的法然撰有《選擇本願念佛集》，樹立以彌陀本願為基礎的稱名念佛門派。日後其傳法運動是由親鸞及證空等人繼承，形成數種門派。榮西亦修學於比叡山，成為黑衣僧（亦即遁世門之僧），曾兩度渡宋，將當時隆盛發展的禪法傳入東瀛，成為日本臨濟宗之祖。

東大寺東南院的寺僧定兼（一二〇四—六八）亦出任三講，其人擅長論義，遁世後改名為真空迴心，住木幡的觀音院，勤勵於鑽研三論教學。良遍（一一九四—一二五二）住興福寺，出任南都三會及北京三講，約於四十歲之際遁世，著有《法相二卷抄》、《觀心覺夢鈔》、《真心要決》、《念佛往生決心記》等。南都的真空、良遍是重要人物，十三世紀初的史料《徹底抄》所記載的新受戒規範（通受），則有如下記述：「有此二僧後，漸無反對者」，可知兩者對南都佛教影響之深。如前所述，從院政期至中世，從寺僧的學侶系統中出現「遁世」僧，積極活躍且構築規模龐大的傳法活動，此點十分值得矚目。此後，亦提及遁世門是從顯、密二教僧侶中衍生而出。約至十三世紀末為止，遁世一詞成為時代特徵而風靡一時，此後看似成為固定用語，卻反而出現廢而不用的傾向。

## 六、各派動向

中世初期是由寺僧或遁世門的僧侶重新推動傳法運動，筆者僅針對由遁世門僧侶推展的活動，例如南都或比叡山系的初期淨土教，以及南都的律宗及禪宗、真言宗推行的新傳法運動來做陳述（其他內容請參閱第二章及其後的章節）。

### 淨土系的運動

原本淨土教在南都或比叡山是一種修行法門，並未成為獨立教學。據凝然記載的《淨土法門源流章》所述：

> 昔百濟佛法創傳日域，大唐佛宗次傳此國。三論法相弘布世間，厥後漸次諸宗流傳。淨土教觀不為別宗，各隨自宗解釋法義。

由文中可知，淨土教並未自成一宗，而是在教行並立、或行學並立之中，猶如真言般做為一種可達證悟的手段來進行共修。在此過程中逐漸將重點轉至如何易行，進而產生新傳法運動。首先，最初的推動者是良忍（一〇七二—一一三二），實修融通念佛。他根據《華嚴經》的「一即一切，一切即一」思想，將一人念佛等同一切人念佛，主張「一念即一切念，一切念即一念」，組織廣大的信眾團體。良忍在弘揚聲明方面成果頗豐，曾於大原魚山集其大成，故有魚山聲明傳世。

其次關注的人物是法然房源空（一一三三—一二一二），曾師從比叡山西塔北谷的源光，此後隨即師事於東塔西谷的皇圓，接受惠心流的天台教學與椙生流的本覺思想。久安六年（一一五〇）轉至黑谷別所而受學於叡空，叡空為良忍的弟子。安元元年（一一七五），以善導《觀經疏》的思想為基礎，確立其專修念佛的立場。建久九年（一一九八），法然接受九條兼實（一一四九—一二〇七）的敦請，撰著《選擇本願念佛集》，主張稱名南無阿彌陀佛才是救度眾生的唯一手段。據《淨土法門源流章》所述，此時方才「淨土宗立，大顯義理」。然而，卻導致南都北嶺的僧侶為此激烈對立，貞慶以《興福寺奏狀》、明惠以《摧邪輪》來表達反對立場。元久元年（一二〇四），法然為此撰寫《七箇條制誡》，告誡弟子行舉不可悖於佛法，建永二年（一二〇七）專修念佛遭禁，法然一派受處流放之罪（建永法難）。然而，法然個人並未否定他宗修行方式，而是提出各種修法觀點。法然遵守戒律，成為當時佛教界的代表戒師之一，並成為九條兼實的戒師。法然思想中的多元性是由弟子個別繼承，例如重視菩薩戒的證空門派，或將稱名視為唯一正行的親鸞，以及幸西、隆寬、聖光、信空、行空、長西等多位親承教法的弟子延傳法脈，形成各派主張不一的情況。

其中，親鸞（一一七三—一二六二）門派對後世影響甚為深遠。親鸞曾為比叡山堂僧（於常行三昧堂擔任念佛的僧職），建仁元年（一二〇一）二十九歲，於京都六角堂閉關修行百日後，遵循聖德太子示現所指引，訪詣吉水的法然並入其門下。親鸞為法然弟子，因念佛遭禁而與師共蒙法難，流放至越後，最終前往關東，在當地普獲廣大信眾。親鸞弘化的足跡，經由二十四名高徒創建寺院並延續傳承，這些寺院故有「二十四輩」之稱。親鸞居關東之際，撰成《教行信證》初稿，在獲准返京後完成著作。此外，又以風格平易的書簡化導信眾。親鸞認為眾生皆為手足，曾言終生「無一弟子」，撰有多篇致關東信徒的書簡存世，其內容表現出以彌陀本願力為根本的他力信仰。其子善鸞因在關東主張自力信心，導致成為父子關係斷絕的痛心事件，親鸞從此更為虔信他力信仰。此後，親鸞的教義特徵可以三項要點為訴求，亦即：信心為本、惡人正機、他力迴向。自中世後期的蓮如（一四一五—一四九九）之後，親鸞門徒方才壯大勢力，其宗派稱為真宗或一向宗。

## 禪律系的運動

禪宗與律宗的發展時間，雖略晚於推動淨土法門者的活躍期，傳法運動卻同樣規模宏大。筆者先從律宗開始說明，雖說是律宗，實際上統稱為「律僧」。自鑑真以來，南都佛教界稱律宗信徒為「律眾」，藉此與律僧有所區隔。

日本僧侶約從十一世紀開始關心戒律問題，首先是由興福寺僧率先發起，最初期的代表人物是實範（？—一一四四）。據傳在實範當時，唐招提寺已荒廢頹圮，淪落至僅剩一名老僧務農的窘境。實範編撰《東大寺受戒方軌》，頗能重興早已式微的具足戒。然而，東大寺戒壇院的受戒並未徹底中斷，而是由東大寺三月堂、中門堂、興福寺的東、西兩金堂的堂眾（處理寺內營運實務者）擔任戒師，雖非每年舉行，卻保留受戒儀式。這些擔任戒師的僧侶稱為「律眾」，從貞慶（一一五五—一二一三）遺留的《戒律興行願書》中，可知基本上是由堂眾來擔任（堂眾之中最能獲得晉陞的是授戒的戒和尚）。堂眾雖舉行戒儀，卻不及持戒僧的授戒儀式。此後則有無住一圓在《沙石集》中，以批判語氣揶揄當時的律僧：「唯知登戒壇，忙授戒。」

在此情況下，解脫房貞慶開始積極復興戒律。據其叔父覺憲（一一三一—一二一二）的著作《三國傳燈記》所述，貞慶主張重興戒、定、慧三學，由此可知中世的南都佛教界是將三學視為一體。貞慶的祖父為藤原信西，是與藤原氏淵源甚深的良家出身。貞慶不僅對於戒律，亦關注禪定修行，撰有《心要鈔》存世。

貞慶的弟子覺真（俗名藤原長房），以藤原氏苗裔為後盾，曾於興福寺創建常喜院，做為修習律學的道場。據傳貞慶在常喜院「置律學之徒二十人」（《律苑僧寶傳》〈招提寺大悲菩薩傳〉，另有一說為六人），在興福寺修學的僧侶中，出現許多積極復興戒律的弘揚者。據推測，當時應是修習宋代南山律宗元照的教學。

元照的教學是由天台宗系的入宋僧俊芿（一一六六—一二二七）引入京都。值得關注的是，俊芿構築了融合禪、教、律、密的整合性佛教，復興戒律與禪學。俊芿攜歸元照所著《行事鈔資持記》、《羯磨疏濟緣記》，這些律學著述是透過貞慶的弟子戒如介紹於南都學僧。據推測，眾弟子應在常喜院修習律學，其中，覺盛（一一九四—一二四九）在日後大展長才。

覺盛在復興中世戒律方面，發揮理論指導的功能。他提出獨到的理解方式，將既有的白四羯磨形式的具足戒稱為別受，並在受三聚淨戒（攝律儀戒、攝善法戒、饒益有情戒，為成為救度眾生的菩薩所受之戒）之際，依照受戒者的志向而授予具足戒或沙彌戒，這是根據《瑜伽師地論》、《占察經》的記述而成。覺盛創立的具足戒受戒規範，命名為通受，據其主要著作《菩薩戒通別二受鈔》、《菩薩戒通受遣疑鈔》所示，是以受戒儀式核心的羯磨形式傳授三聚淨戒，在具體提示遵守戒相的說相部分，則採用《梵網經》的十重戒。覺盛的戒規在形式上與比叡山舉行的大乘戒，亦即菩薩戒的受戒規範完全相同。在此不得不承認，中世南都戒律的復興運動，有著比叡山天台宗的精神。如此一來形成矛盾，就是只受菩薩戒的戒規就此喪失。這種受戒形式至良遍時期更為考究，即使是受三聚淨戒，亦變更為在說相部分採用具足戒的四波羅夷，或菩薩戒的四他勝處法等形式，成為更具整合性的形式。至叡尊（一二〇一—九〇）重新大興戒律之際，說相成為律藏所示的七眾戒，大致確保其整合性，通受與別受則存於諸戒之中。

叡尊為興福寺學侶之子，後入西大寺，在復興該寺之際累積龐大勢力，畢生致力於弘法利生，自傳《金剛佛子叡尊感身學正記》有其生平詳述。

以律僧為核心的新興律宗分為數門派，分別是以西大寺為據點的叡尊、唐招提寺的覺盛、東大寺戒壇院的圓照及凝然，以各自提出見解略異的教理而為人所知。總而言之，形成龐大勢力的西大寺叡尊門派是以密教為主教義，日後稱之為真言律。東大寺戒壇院住持的凝然亦屬於律僧法脈，以遁世門的身分活躍於世。過去他們的活動被定位為戒律復興運動，但事實不僅於此，更適切的說法是受到俊芿或圓爾所影響，亦即與宋、元佛教有所淵源，並復興禪、教、律三學（蓑輪顯量，二〇〇六）。

其次，簡述禪宗的興盛發展。若考慮自平安時期已有「禪眾」、「禪侶」一詞，無疑亦有專修冥想的僧侶。比叡山系與南都系皆同，他們看似位居學侶之下，但可推知應對冥想行法甚為關心，時而將別所視為修行之處。例如，曾有記載提及依照海龍王寺的「規制」，若非「禪眾」不准住寺，正是說明此情況。自平安時代出現的持經者亦是伴隨實修的僧侶，藉由讀經等修行，意識到自身所能發揮的能力。有關於此，若省略修行部分，將無法釐清課題。

在此情況下，首先是大日能忍（？—一一九四？）正式推廣禪法，並組織禪修團體。據傳大日能忍是無師自悟，此後派遣弟子練中、勝弁至中國，並由育王山的拙庵德光證明其已獲證悟。活躍於十三世紀的日蓮（一二二二—八二）在其著作《開目抄》中，亦言：「建仁年中，法然、大日二人出來興行念佛宗、禪宗。（中略）大日云：『教外別傳』。此兩義充滿國土。」可知在當時應是備受矚目。

繼而登場的榮西（一一四一—一二一五）達成二度入宋的心願，第二次渡宋之際，師事臨濟宗的虛庵懷敞，此後繼承臨濟法脈。返國後於京都開創建仁寺，成為日本首座禪

臨濟宗南禪寺派大本山南禪寺，為京都五山之上。（吳宜菁攝）

寺。榮西的禪法是以融合密法為目的，此後稱為密禪，這是基於他意識到自身禪法有別於中國渡來僧引入的純粹禪法。榮西所傳的禪宗在社會上一時尚未產生較大影響力，必須至圓爾辨圓、蘭溪道隆（一二一三—七八）大為活躍後，方成為一大勢力。

這些禪僧所傳的禪法中，亦包含臨濟、曹洞二宗，在社會上則被區分歸類為幕府庇護下的五山（亦稱叢林）及其統管的林下。五山成立的最初期曾有寺院被選入或遭淘汰的情況，但可推知最早應成立於鎌倉。建長寺、圓覺寺、壽福寺等首先被列入鎌倉五山，不久同樣成立京都五山。建武年間（一三三四—三八），京都五山制定為南禪寺、大德寺、建仁寺、東福寺等處。至德三年（一三八六）足利義滿創建相國寺，以此為契機，南禪寺被立於高居五山之上，鎌倉與京都的五山首剎分別是天龍寺、建長寺，其次是相國寺、圓覺寺，第三是建仁寺、壽福寺，第四是東福寺、淨智寺，第五是萬壽寺、淨妙寺，京都與鎌倉皆確定五位。林下的寺院之中，則以京都的大德寺、妙心寺對後世影響甚深。

自圓爾之後，禪宗方能真正弘通於世。圓爾入宋後嗣法臨濟宗，返國後入榮西所創的建仁寺。此後，九條道家仰慕其名而成為外護，迎請圓爾出任東福寺的首任住持。據《元亨釋書》的圓爾傳所述：「自禪法非祕匿」，實際上並未將教法視為祕密法門，而是以無分別心普傳於眾。據說其指導方式，是根據「理致、機關、向上」三項觀點而成。理致是示以經論之理，機關是順應機根所設的關門，向上是更求前進之意。活躍於南都的法相宗良遍，離開東大寺後隱遁於木幡的真空，皆曾向圓爾聞法，其影響力甚為深遠。兩者在圓爾於普門寺講義《宗鏡錄》之際聞法，據傳當時良遍上呈《真心要決》，內容為陳述自身體認的法相思想與達磨禪有何差異。

如前所述，筆者認為應關注初期禪宗與在南都活躍的遁世門僧侶之間的交流情況，並期盼讀者能參照後續章節來理解禪宗的發展趨勢。

## 五山一覽表

| 地區 | 寺名 | 創建※禪宗改宗期 | 開山※宋僧 | 開基 | 備註 |
|---|---|---|---|---|---|
| 鎌倉五山 | 建長 | 建長五年（一二五三） | ※蘭溪道隆 | 北條時賴 | |
| | 圓覺 | 弘安五年（一二八二） | ※無學祖元 | 北條時宗 | |
| | 壽福 | 正治二年（一二〇〇） | 榮西 | 平政子 | |
| | 淨智 | 弘安六年開山（一二八三） | ※兀庵普寧<br>南州宏海 | 北條宗政 | |
| | 淨妙 | 文治四年（一一八八） | 退耕行勇（月峰了然） | 足利義兼 | 中興者<br>足利貞氏 |
| 京都五山（南禪寺為五山之上） | 南禪 | 正應四年（一二九一） | 無關普門 | 龜山上皇 | 實質創建者<br>規庵祖圓 |
| | 天龍 | 曆應二年（一三三九） | 夢窓疎石 | 光嚴上皇<br>足利尊氏 | |
| | 相國 | 永德二年上樑（一三八二） | 春屋妙葩 | 足利義滿 | 勸請開山者<br>夢窓疎石 |
| | 建仁 | 建仁二年（一二〇二） | 榮西 | 源賴家 | |

| 東福 | 嘉禎二年發願（一二三六） | 圓爾 | 九條道家 | |
| --- | --- | --- | --- | --- |
| 萬壽 | ※弘長元年開堂（一二六一） | 十地覺空<br>東山湛照 | 皇室 | 前身六條御堂 |

## 密教系的新趨勢

當時，密教被視為顯密體制論中的共同要素。原本密教在「顯密」一詞中就具有對比的涵義，將密教視為顯密共同要素的想法即是問題所在。但不容否認的，從平安時代至中世，密教在佛教中扮演重要角色。貴族身為象徵平安時代的階層，祈願能透過密教達成個人的卑微欲求，故盛行加持祈禱。以祈福禳災、祛疾延壽為首，甚至從伏魔至祈雨，當時密教做為達成殷切祈願的手段，發揮了重要功能。

至平安時代後期，密教與新思想相融合，值得矚目的是與淨土教形成關聯。例如，高野山是採取將淨土教融入密教而大為發展。首先關注的人物是覺鑁（一〇九五—一一四三）。

覺鑁依止於仁和寺的寬助（一〇五七—一一二五），未久遊學於南都，於興福寺修學法相唯識思想，並於東大寺的覺樹院修學華嚴思想，又於東南院修習三論教學。二十歲於東大寺戒壇院受具足戒，此後入高野山，往還於仁和寺、醍醐寺，深入理解密乘教理。

不久接受鳥羽上皇（一一〇三—五六）皈依，融通東密與台密事相（實修），並於高野山創建大傳法院。覺鑁重興傳法大會，做為研修密法教育之所，並以導入當時密教流行的念佛為目標，主張彌陀淨土與密嚴淨土一致。此外撰有《五輪九字明秘密釋》，內容為闡述密教主張的五大與悉曇文字之間的關聯，後由道範繼承其思想。覺鑁於四十六歲時，因莊園問題與金剛峰寺起爭執，為避風波而從高野山徙居根來寺，最終以四十九歲之齡示寂於該寺。

道範（一一七八—一二五二）於十四歲師從高野山正智院的明任而出家，後由明任傳授具支灌頂，曾修習於京都的醍醐寺、仁和寺，獲得守覺法親王的廣澤流付法相承，返回高野山後，又獲受明任所傳的中院流。因大傳法院的派系相爭事件，不幸遭流放於讚岐。道範培育門弟甚多，在鎌倉時代是高野山最具代表性的學僧，有多部著述存世，如《大日經疏遍明鈔》二十一卷、《秘密念佛抄》三卷、《菩提心論鈔》一卷等。其中，《秘密念佛抄》的撰寫目的在於融合淨土教與密教，十分值得矚目。

至於京都方面，則有仁和寺的守覺法親王（一一五〇—一二〇二）登場，其身分為後白河法皇之次子，是仁和寺御室的第六任住持，兼承密教的廣澤流與小野流，並統合兩大流派，稱為仁和寺御流。守覺法親王以廣澤、小野流的著作為首，並以此為根本創立聖教，後由仁和寺御流傳承。就此以後，密教相承必有聖教一併傳承。仁和寺所存《紺表紙小雙紙》，即是重要的事相傳承書。值得關注的是，守覺法親王在密教相承方面，有別於空海主張的「付法八祖」，另行樹立「傳持八祖」的新祖統之說。「付法八祖」之說是根據《金剛頂經》所創，僅有《金剛頂經》系統相承，欠缺《大日經》系統相承。對於主張金、胎不二的真言密教而言，實有必要明示《大日經》系統相承。守覺法親王參照空海的《略付法傳》以補遺闕，其血脈相承省略大日如來與金剛薩埵，依序是龍猛、龍智、金剛智、不空、善無畏、一行、惠果、空海。院政期佛教界的四大寺，其勢力來源就是一般稱為「僧兵」的大眾武力。不可輕忘的是，與四大寺對峙的守覺法親王則以院的權力為後盾。換言之，皇族出身的僧侶受到院的權力支持而得以從事密教祈禱。

自院政期以後，聖教在密教法脈相承中發揮極大功能，成為當時密教的一大特徵。醍醐寺的憲深（一一九二—一二六三）、成賢（一一六二—一二三一）即是代表人物。據名古屋的大須真福寺、大阪河內的金剛寺傳承的聖教資料所述，憲深與成賢皆是以主張自身流派正統性來樹立聖教權威，並以撰有多部事相著作而廣為人知。

在密教發展過程中，繼而登場的重要人物是賴瑜（一二二六—一三〇四），被尊為新義真言宗之祖。賴瑜修學於高野山大傳法院，後於建長年間（一二四九—五六）遊學東大、興福二寺，修習三論、華嚴、法相、唯識等顯教法義。又師從醍醐寺的憲深，獲受醍醐寺三寶院流的傳法灌頂，亦師法於木幡的真空，並獲其傳授廣澤流的具支灌頂。賴瑜於文永、弘安年間，往還於醍醐寺與高野山大傳法院之間，深究密乘義理。弘安九年（一二八六）就任大傳法院的學頭（大寺院統管一切學務之僧職），如今仍現存多部賴瑜撰寫的教相（教理、理論方面）著述，據說這些著作已成為將南都論義形式導入真言教學的明證。

賴瑜針對高野山的法身說法（大日如來以法身直接宣說教法）教義另添新見解，主張加持身說法（大日如來以加持身而宣說教法），故與高野山的金剛峰寺嚴重對立。實際上，大傳法院與金剛峰寺在經濟面上已然對立，在此歷史背景下，正應元年（一二八八），賴瑜為了避免從覺鑁以來持續對立所引發的紛爭，故將大傳法院的寺舍及學生遷至高野山麓的根來地方，雙方就此分道揚鑣。

賴瑜撰有《大日經疏指心鈔》、《釋摩訶衍論開解鈔》、《十住心論眾毛鈔》等針對密教基本典籍的注釋書，以及以《十住心論愚草》、《教王經開題愚草》等以愚草為名的經典注釋書，數量甚豐。如今賴瑜的著作仍大量保存於名古屋的真福寺，是由儀海、能信傳抄的寫本，成為與中性院流傳承淵源甚深的史料（阿部泰郎，二〇〇二）。賴瑜的後繼者主要在根來寺活動，因有別於傳統教義，故有新義真言宗之稱。新義真言宗的支派，則有以智積院為中心的真言宗智山派，以及以長谷寺為中心的豐山派。從院政期至中世的密教信仰者之中，逐漸出現新興流派。

# 第二節　王法、佛法論

## 一、沙門與國王的關係

自古代至中世，政治與宗教的關係為何？掌握政治實權的古代貴族，將佛教視為可達成各種欲求的寄託對象，只要試想法會中的祈願是為求五穀豐穰或鎮護國家、天皇御體安康，就不難理解其道理。王權與宗教堪稱是互為表裡的關係。

原本在南亞地區，宗教居尊，王權為屬。但在王權強盛的東亞地區，初期的王權與宗教的關係是伴隨一種緊張狀態。慧遠於中國南北朝時期（四三九—五八九）撰有〈沙門不敬王者論〉，遵循南亞的價值觀，主張沙門不需禮敬國君。但在王權強盛的東亞則產生極大衝突，沙門漸被納入王權統治之下。如此情況從北魏始設沙門統，以及朝廷經常意識著統轄宗教界此點來看，即可了解原由。日本王權與宗教的關係亦備受矚目，如此關係同樣密切牽涉到有關國土的概念。

原本佛教即有「佛國土」的概念，意指佛之國土，有佛存在，是其統治及教化之地。佛教徒認為正因為佛法是根本存在，故而形成佛國土，如此認知為國土即是佛國土。佛國土的空間浩瀚，有種種眾生，亦有世俗君主。在與現實對峙之下，來思惟佛國土的君主與佛法之間應維持何種關係。例如，據東大寺僧記載年份為天平勝寶元年（七四九）的《聖武天皇詔書銅板》：「代代國王，為我寺檀越。若我寺興復，天下興復。若我寺衰弊，天下衰弊。」由此可確知早於奈良時代，就已意識到佛教為安邦定國之要（佐藤弘夫，一九八五）。

日本對國土觀的概念，是將印度視為中央之國，亦即中國的意識。此外，亦有日本自古將東亞的中國視為典範，故認為中國為中央之國，日本則被視為邊陲之邦或邊地，故而探討邊地佛法與王法的關聯。因有邊地意識存在，方才產生日本是否與佛法有緣的危機意識，這與十一世紀以後的東亞情勢發展亦有關聯。在東亞的動盪局勢中，正因日本抱存危機意識，王法與佛法的關聯才備受矚目。

## 二、王法佛法相依

中世的王法與佛法的關聯之所以被頻繁、密切探討，最大原因就在於寺院隨著律令制瓦解後，逐漸喪失朝廷直接援助。學者認為這種情況應發生於十世紀後期（佐藤弘夫，一九八五）。寺院為求自保，被迫奔波於爭取或積累寺領莊園的窘境，東大寺及興福寺在爭取莊園上頗有斬獲，得以在中世榮盛發展，爭取莊園失利的西大寺或大安寺等則漸而縮減勢力。

寺院在透過權門立場獲得重生的過程中，卻面臨極大困境。在推行莊園整理令的歷史背景下，國司或將莊園（亦即寺田）充公，或時而強行要求寺院提供各種雜役，對寺院構成極大威脅。例如，據寬弘元年（一〇〇四）金剛峰寺的奏狀所示：「若能免除寺田充公及臨時雜役，則可續遺教三會之出世，祈天下萬歲之榮樂。」闡明了若將維持寺院經濟基礎的田地充公，寺院將瀕臨存亡危機。反之寺院若能興盛，最終維繫著朝廷的長治久安，王法佛法相依論就此成立。關於此論點，應出於奉持佛教者之說。有關明確提示王法佛法相依論的史料，是天喜元年（一〇五三）的〈東大寺領美濃國茜部莊司住人等解〉，其文如下：

> 今王法佛法恰為成對，如車兩輪，鳥兩翼。欠一者則不可飛，不可轉。若無佛法，豈有王法？若無王法，豈有佛法？（筆者譯）

在此積極主張佛法與王法猶如車有雙輪、鳥有雙翼般相互依存。應保二年（一一六二）的〈東寺門徒申狀〉亦有「佛法依王法繁昌，王法依佛法康寧」，直接宣說佛法與王法相輔相成的原理。

自平安時代末期，公家權力漸為武家所有，治承四年（一一八〇）平重衡焚毀南都，權門寺院的危機意識高漲，更因法然推動的專修念佛開始流行，顯、密二教的僧侶面臨此危機而深感憂慮。在此情況下，他們利用佛法王法相依論來強化彼此繫絆。換言之，由顯、密二教團結一致應付其對峙團體時所提出的主張，衍生出佛法王法相依倫。首先值得關注的是解脫房貞慶於《興福寺奏狀》之中，針對法然的專修念佛所提出的批判：

佛法王法，猶如身心，互見其安否，宜知彼盛衰。當時淨土法門始興，專修要行尤盛，可謂王化中興之時歟。但三學已廢，八宗將滅。（中略）所願只諸宗與念佛，宛如乳水，佛法與王道，永均乾坤。而諸宗皆信念佛，雖無異心，專修深嫌諸宗，不及同座，水火難竝。（中略）若如專修志者，天下海內，佛事法事，早可被停止歟。

由此可見貞慶認為佛法與王法是採取相互扶助的立場。此外，雖與興福寺對立的山門大眾，亦有針對專修念佛提出奏呈，以下為貞應三年（一二二四）上奏的解狀內容。

應停止一向專修濫惡，興隆護國諸宗之事

如前，佛法王法互助，如鳥兩翼，車兩輪。所祈之事望以恩裁，若能停止一向專

修，興隆八宗教行，則佛法王法成萬歲昌榮，天神地神致一朝靜謐。（筆者譯）

由此敘述可知，山門大眾明確提示其方針，向公認八宗存立的王法提出要求禁止專修念佛發展，王法被視為支持既有的佛教整體架構。換言之，佛法王法相依理論是為了排除顯、密二教之外的勢力而被採用，由此可知當時的觀念已意識到將顯、密二教整合為一。

## 三、國土觀的變遷

王法佛法相依論形成的背景因素，應是受到國土觀的變遷所影響。國土觀根據不同時代，分為三種類型（佐藤弘夫，一九八三）。第一類型是根據教學上的理解方式，例如根據《法華經》〈方便品〉的「諸法實相」或「世間相常住」等經文為基礎，認為現象世界即是真實世界的表現，其思想延伸為肯定一切的思潮。此外，又以《涅槃經》記載的萬物皆具佛性為本元，此世界即是淨土。至此階段，構成了此國土即是佛土，亦即佛國土的思想。單純形成國土即佛國土的概念，出現「草木國土悉皆成佛」的主張，與天台本覺思想絕對肯定一切的說法有密切關聯（有關天台本覺思想將待後述）。

第二類型約出現於十一世紀，典型之例如《四天王寺御手印緣起》所述：

唯不混王土，不攝國郡，不掌僧官、資財、田地。併以委護世四王，悉以攝領。後後代代，妨障永可斷。

據推測此史料應成立於十一世紀，文中顯示欲將統治俗權的王土與寺領予以明確劃分的立場。佛被視為寺領的主權者，並強化其人格特質。

第三類型是強化佛的超脫性質，佛之力量所及遍於全國土。此國土為娑婆世界即是佛陀之國土，這類型的特徵在於將佛視為居於俗權之上。此思想延伸為日蓮提出釋尊御領觀的概念，主張三界皆由釋迦所統領，其文見於《法門可被申樣之事》：

梵天、帝釋受我等之父釋迦如來所託而統轄御所領，隨從於培植正法之僧者。毘沙門為四天下之主，此輩為門守。又四州之王為毘沙門天之所從。甚而日本秋津島尚不足以勝任四州輪王之從者，唯任一島之長。（筆者譯）

若從此記述來看，俗權之王被定位為居佛之下，佛、神界的位階是以直線晉升的方式，高居身為俗界之王的日本君主之上。至此階段，容易將佛法視為立於俗權之上，王土較佛土優先的情況逐漸消失，形成佛法居王法之上的明確概念。這種概念成為在中世末期引發宗教一揆的遠因，造成與變革相關的理論成立。然而，實際上亦出現與王法佛法相依理論完全相反的思考方式，就是以王法為本的思想。

## 四、以王法為本的思想

自中世後期已有不以佛法為本，而以王法為本的概念，主要是由真宗提出。原本親鸞在《顯淨土真實教行證文類》化身土卷之中，闡述出世間門與世間門互為依存，主張以此說為依據而弘傳教理。然而，親鸞的主張卻具有容易令人產生曲解的特質，就是在教理上若過於強調阿彌陀佛的本願力，反而容易讓人誤解惡人才能實踐彌陀本願。縱使容易要求僧侶奉守出世間法，必須謹言慎行，卻因過於強調在家眾應虔信阿彌陀佛，反而促使他們經常具有作惡的危險性。換言之，阿彌陀佛不問善惡，尤其眷顧惡人而予以救度，如此反而可能招致更為作惡。

相對於此，當時亦有思想認為世人應遵守世俗倫理道德，將君主敕命的王法視為首要，並勸導眾人各守其分的情況。本願寺第三任住持覺如的長子存覺（一二九〇—一三七三）所撰的《破邪顯正鈔》即是典型之例。其文如下：

> 佛法、王法為雙璧。（中略）故以佛法護持王法，以王法護持佛法。（筆者譯）

時代更晚至十五世紀，蓮如擴大教團勢力，被視為淨土真宗的中興之祖。其思想則更為深入，在著作《御文》中有以下敘述：

尤其於外以王法為表，於內以他力信心為要，以世間仁義為根本即是。（筆者譯）

此為確立以王法為本的教理，形成應將遵守王法（世間法）視為首要的概念。由此可知，王法與佛法的關係成為貫通中世的一大主題，其關係是以佛法王法相依、以佛法為本、以王法為本的三類型所構成。

# 第三節　天台本覺思想

## 一、本覺思想的兩大系統

在中世時期，天台、法相、三論、華嚴宗無疑是藉由論義而深入教學研究。另一方面，亦是發展各宗思想的時代，其中備受矚目的就是本覺思想。如同眾所周知般，本覺一詞是源於《大乘起信論》，誠如學者指出，本覺具有兩種意義傾向，分別是從諸法實相，以及從佛性說來發展（花野充道，二〇〇四），在此簡潔說明本覺思想的歷史變遷。

所謂本覺思想，原本是指中古天台教理所呈現的日本式天台教學的發展，其特徵無疑就是徹底肯定現實（大久保良俊，一九九四）。天台思想已具有六即的概念，意指從理即、名字即至究竟即的六即位次，各具凡夫的覺悟面向。若強調「即」（佛與眾生皆同一性），則易於導向肯定現實。或有說法指出真言宗的空海亦有肯定現實的思想傾向，此後出現廣泛採取其說的觀點。如此一來，將具有本覺思想傾向的概念予以系統化彙整，則成為迫切需要的課題，故而出現描述本覺思想大致發展流脈的研究。根據此類研究所示，一種觀點是以「空思想」來理解本覺，另一種觀點則是以「基體說」，亦即在真如、佛性方面來發展（末木文美士，二〇〇〇）。

首先，對於以空思想為基礎的本覺，《維摩經》〈入不二法門品〉發揮了重要功能。若將空換一種說法，首先是強調不二。例如：善惡不二、生死不二、寒暑不二等現實中的二元對立，若從空的立場來看即是顯示不二。此為第一階段，其次從不二的立場回到現實的二元狀態，將現實中的二元對立視為不二、本覺顯現而予以肯定的思想。此為煩惱即菩提、生死即涅槃的表現，一般由中國或日本的天台宗所主張，故稱為天台的本覺思想。

相對於此，以基體說為基礎的情況則是超越妄分別的無為法之真如，將具有生滅特徵的眾人內心視為本覺。有學者主張本覺與始覺相同，亦有說法指出本覺與始覺或不覺相對（花野充道，二〇〇四）。本覺雖不同於絕對真如，卻與成為本源的真如發展而顯現諸法這種思想具有共通之處，其構造與法藏《大乘起信論義記》所述的真如隨緣說並無二致。換言之，《大乘起信論》說明的本覺與始覺是並存的兩概念，指出生滅門的眾生內蘊真如，稱之為本覺，其說法被定位為在佛性說的延伸上做申述。

若將本覺思想大致區分，則有以中國天台為基礎的「煩惱即菩提的本覺思想」，以及以《大乘起信論》為基礎的「真如隨緣的本覺思想」。首先，若關注本覺一詞，其實可分為三類型，亦即「心性本覺（心性即是本有的覺悟）」、「還同本覺（始覺與本覺相同）」、「本覺真如（從本覺真如呈現一切萬象）」（花野充道，二〇〇四）。

在理解本覺思想一詞具有前述的兩大流脈之後，若參考史料文獻，首先關注的是平安時代初期空海所矚目的《釋摩訶衍論》中的本覺思想，在此本覺是以真如隨緣思想為基礎。

另一方面，日本天台思想所主張的生死、迷悟、美醜、寒暑、淨與不淨等二元對立的本質為不二，表示絕對肯定立場的天台本覺思想，顯然是以空思想為基礎。必須留意的，這種傾向正是中國天台宗原本主張「煩惱即菩提」、「生死即涅槃」的思想傾向，日本天台思想則強調絕對肯定的面向。換言之，絕對肯定論是成立於諸法實相、不二思想的延伸發展上。

據推測應撰於十二世紀後期、十三世紀初期的《三十四箇事書》之中，即有絕對肯定論的典型表現，例如「生死即涅槃事」之項：

> 所謂生死即涅槃，常人以為非此死生彼，無生滅變轉，堅固不動，此即涅槃。今云絕非如此，此為至今不能了知「世間相常住」法門之故。所謂「世間相常住」非指堅固不動之常住。所謂世間，是無常之義，是差別之義。無常以無常而不失常住，差別以差別而不失常住。若不能了知此義，則墮於邪見。譬如雖云波動，動而三世常住，無動於始，無動於終，猶如無始無終。本為十界所具之法，雖云此死生彼，而不離十

界。

（筆者譯）

絕對肯定思想在此就是認同無常即是無常的狀態。這與「煩惱即菩提」、「迷悟不二」等表現是屬於相同邏輯構造，是將無條件地絕對肯定本然樣貌的思想予以落實，而此正是典型體現「煩惱即菩提」型態的天台本覺思想。這種本覺思想又與「草木國土悉皆成佛」相輔相成，對藝術創作的世界造成重大影響，尤其反映在十四世紀中葉集其大成的能劇作品中，成為日本文化一大特徵。

## 二、絕對肯定思想的新發展

至十三世紀後期，日本天台思想獨有的四重興廢教判出現後，前述的絕對肯定思想開始出現新發展。此教判分為爾前、迹門、本門、觀心，應源自於據推測為十三世紀末所撰的《漢光類聚》，據傳其概念是萌生於平安時代的安然。換言之，將教相與觀心予以區別，其中針對觀心釋，主張釋尊的久遠壽量皆存乎眾生一心。在此主張的背景下，被認為是懷有一種與空海提出的密勝顯劣教判互別苗頭的心態。四重興廢的思想，被視為從《法華經》本門提示的圓密一致思想，亦即本迹相對的思考更為深入發展，其目的在於從觀心之中闡述圓密一致。簡潔而言，是被定位為「教門對本迹有深淺之別，觀心與本迹同樣唯是眾生一念」的思想發展（花野充道，二〇〇三）。據《漢光類聚》所述如下：

爾前帶權經意，但中法性，理為心要。（中略）迹門意，從無相不相，一理色心出生，能生不變真如，一理為心要。本門意，俗諦三千，諸法各心各體心要也。謂地獄，地獄當體為心要，乃至佛果本有佛體為心要。如此三重心要，正非大師本意。今心要者，本迹未分根本法華內證，不思議法然自體也。自性不思議，介爾一念具三千性相。故今心要，觀不思議實體為心要也。

從爾前開始，至最終階段（第四階段）的表現為「觀不思議實體為心要也」。雖未使用「觀心」一詞，卻充分傳達其主張。以「本迹尚未分」或「眾生一心，事理未分之體」為依據，主張觀根源一心，亦即觀察具有絕對性的一心，由此可認定四重興廢的思想已成為新階段，超越過去的本覺思想。

## 三、結語

最後若再舉出一項中世佛教的關注焦點，則是強調「信」。儘管如此，並非所有宗派皆以「信」先於「行」。若從禪宗關注於行，南都亦有此思想傾向來看，不容否認的，僅有部分宗派強調信。然而，法然創始的淨土宗門派，信先於行的傾向尤為明顯。以親鸞為首的法然門下，將彌陀本願的信心視為更加重要。然而，光憑信心就能為所欲為的態度，被視為一種「本願誇」（依恃阿彌陀佛亦度惡機眾生，故蓄意作惡的邪知信解）而遭致否定。若從此點來看，就不可說一概輕視行的部分。造成這種思想傾向的素材，確實內蘊於淨土教之中。而此同樣傾向，亦可見於與淨土教對立的法華宗（後為日蓮宗）思想之中。法華宗以「久遠實成」的釋迦牟尼佛為前提，同樣強調信的思想層面。

總而言之，新宗教團體具有實踐宗教的易行性及選擇性之特徵，在中世登場後，成為當時備受矚目的焦點。當然，這些新興宗教並未擁有顯著的社會勢力，此點應予以留意。若從顯密佛教的觀點來看，在社會中生存的寺院，多頻繁舉行各式法會，從寺內至奉行敕令的高階法會，並在法會中形成僧侶身分制度的型態。對於民眾，則述說佛法與王法互相依存的關係。此後，從佛法王法相依中衍生出以佛法為本、王法為本的思想。佛法與王法的關係成為貫通中世的主題。

另一方面，提倡接受諸相，亦即絕對肯定一切現象的本覺思想，甚至對藝能世界造成影響，並成為普遍概念。

專欄一

# 「聖教」世界

阿部泰郎（名古屋大學大學院教授）

以觀音靈場馳名於世的石山寺，擁有以一切經為代表的經藏傳世，數量極為龐大，其中又以「薰聖教」最為珍貴。薰聖教是真言密教的相關著作，其中包含平安時代前期的學僧淳祐（八九〇—九五三）所撰的悉曇書在內。淳祐曾隨其師觀賢至高野山奧院，拜謁已坐化的初祖空海。淳祐奉師之意，觸碰弘法大師的膝蓋，手掌竟產生香氣，從此永留不散，故將其著作尊稱為薰聖教。在淳祐親筆撰寫的聖教中，附有自書的目錄斷片，並存有建武年間成立的《普賢院御筆目錄》一卷。這些著作是出自與初期真言宗正統法脈有關的學僧之手，在經由彙整後傳入石山寺，是極其罕見之例。隨著這些著作傳承所蘊生的靈韻，成為一抹餘薰而流芳後世。

如前述的薰聖教般，尚有特別為大寺院經藏的核心典籍取名並珍視的例子，就是由青蓮院吉水藏（天台宗門跡）的學僧皇慶（九七七—一〇四九）開始撰寫的台密谷流聖教祕書。如同這些典籍奉置於筥（竹筐盒）中，並命名為「二九一箱」傳世般，此箱有許多異稱。其原型可從仁和寺所傳的一只豪華筥盒所窺知，此筥據傳是上呈宇多法皇之際所用，其內奉置空海親書的《三十帖策子》。

所謂聖教，是以祖師先德的著述為核心——例如宗祖空海等人物的著作，稱為「御書」、「御作」，領域更包含周邊的次要著作類別，是根據各寺或各派、各宗標準所構成的宗教文本之總稱。進而加上後繼者的注釋書或解說書，形成在數量上不斷成長的總體型態。據《石山寺緣起》繪卷中的軼事所述，該寺學僧朗澄（一一三一—一二〇八）於逝後化為鬼神守護寺內聖教。如其傳說所示，聖教甚至成為學僧一心執取的典籍。

究竟聖教是屬於何種範疇？佛教文獻學的研究先驅落合俊典曾提倡佛教文本的三層構造論，若根據其說法，中國傳來的一切經是構成聖教的第一層基礎。這些經藏不斷更新，此後從鈔經轉為採用宋版、高麗版《大藏經》。第二層是除了核心典籍之外，亦包含從中國請歸的典籍，再加上在日本撰寫的章疏類，亦即由各宗經論的注釋書所構成。進而發展的第三層，則是以經論疏為基礎所形成的聖教，基本上是屬於日本人著作，這些文本是日本佛教創造的知識產物。

聖教是極富結構性，且具有高度體系化的文本複合體。永村真以明確的立場，將聖教視為三寶（佛、法、僧）概念所構成的體系（《中世寺院史料論》，二〇〇〇年）。若參照聖教的成果，並重新從佛法體制來檢視，則大致可分別從三種基準來掌握其宗教文本，亦即分別是由八宗等形成各宗教學的高階指標、促使成立或維持寺院組織的指標，以及從僧侶修學至完成學業的指標。此外，若從文本位相的層次來看，又可大致區別為兩種位相，其一是以經文注釋為主的引用抄寫或教義解說所構成的思想文本位相，其二是以經營佛事法會為目的之步驟程序和法則，或是做為儀式古例或記錄的儀禮文本位相。這兩種位相並非徹底分開，而是如同講問論義的草擬稿案般有所重疊。例如，佛教音樂聲明中的講式（講述讚歎佛德或高僧懿行）或表白（向佛菩薩表明祈求所願）等唱導文般，如同將思想訊息寄託於儀禮文本般，亦有複合式的文本存在。與其說是固定靜止的體系，毋寧說是伴隨著不斷產生及變化之下的成長系統。

成為中世佛教基礎的顯密佛教體制（此用語是參照空海《辨顯密二教論》），大致上可分為根據經典及章疏所構成的顯教，以及根據儀軌修法為基礎的密教，這兩者是與思想及儀禮的文本位相互為對應，密教本體亦由教相與事相的二分法來進行自我體系的分節。密教的聖教大致與此對應，兩種位相皆具有對方要素。教相書是如同講經談義等寺院為了推展學術研修法會而產生的儀禮文本，事相書則是透過師資相承傳授的口訣或聞書（聞法講述的筆記），若就思想傳承此點來看，堪稱是一種思想文本。密教是以傳法灌頂為核心，建構了伴隨著包含印信血脈在內的法脈相承儀禮所形成的複雜文本體系。頗耐人尋味的是，這種祕儀傳授的方法亦影響淨土宗、禪宗等宗派，產生了五重相傳（淨土宗鎮西派以五種次第相傳宗義的儀式）或切紙（將口傳儀軌記錄於紙片傳世）等類似的儀禮或文本。中世聖教在文本位相及功能方面，堪稱是具有超越宗派的普遍性。

尤其是中世密教在面臨法脈分歧與各派差異顯著化的趨勢下，為了構築密教的正統性及真實性，聖教體系形成精緻、優良的系統。如同醍醐寺三寶院流的遍智院成賢（一一六二—一二三一）在《修學（真言）土代》之中明確提示般，聖教的體系架構大致是從「事相」、「教相」、「目錄」、「血脈」至「持戒行業」，這部分的記述提示了建構真言密教基礎的文本體系。成賢編纂事相聖教方面的諸尊法集成《薄草子》，《修學（真言）土代》亦收錄於其中。一流典籍的聖教是由師弟相承運作，如同中性院賴瑜（一二二六—一三〇四）在《薄草子口決》之中，記載三寶院流的法孫報恩院憲深之口訣，此後如同該書成為最詳細的指南書般，逐漸形成一流聖教的基石。賴瑜身為一代碩學，不僅撰寫事相聖教的著作，更有多部成為真言密法根幹的聖典，或撰有注解大師御書之作，在教相聖教形成上展現卓越的成果傳世。賴瑜著作數量極為可觀，其中大部分是以高野山或根來的大傳法院為據點所舉行的談義記錄文本。有關此部分的史料，是從這些著作的序跋中得知。在做為學術場域的儀禮文本方面，教相書具有同樣特性。

賴瑜親撰的「御本」傳至根來後，是由其弟子負責抄寫，此後隨即流通於諸國，在全國真言宗寺院廣為流傳受讀。其中，尾張真福寺是流傳據點之一，該寺曾是談義所，首任住持能信（一二九一—一三五三）所傳的賴瑜著作，是由弟子賴緣從根來攜入奧州白河，後經儀海在關東弘法之際所傳，再經能信等人前往儀海所居的武藏高幡（東京都日野市）抄寫其書。賴瑜的聖教在其辭世半世紀之後還歸東國，在此過程背後，應有新權門鎌倉幕府的向心力運作。此事可從稱名寺聖教與金澤北條氏的金澤文庫同時進行典籍收藏的事例，即可一窺端倪。第二任住持釼阿（？—一三三八）抄寫包括安居院唱導書、聲明書等顯密諸宗聖教在內，其中甚至獲得一流聖教的傳授契機，是唯有法親王方能傳承、尤為殊勝難得的仁和寺御流典籍。就此點來看，充分顯示稱名寺聖教的權威象徵。

聖教並非在某宗派或某法脈的封閉體系內完結，而是如同釼阿的情況般，經常是由某位學僧兼習諸宗，接受數種法脈傳承。另一方面，學僧自幼學修外典，遊習於世俗和歌，並兼修各種外道學問，此為一般常態。其中，最重要的領域莫過於神道。以《日本紀》神代卷為首的神典，發展出所謂的「兩部神道」著作類群，以所謂神道經典的《麗氣記》為核心，再加上神祇灌頂傳授儀式之用的印信，形成顯密佛教中的部分聖教。這些有「神書」之稱的文本，在稱名寺或真福寺內的聖教體系中占有一席之地。

若能成為一山寺院的聖教，則可涵攝自、他各宗的聖教。例如，日蓮宗本山身延山久遠寺的身延文庫中，包含學侶謄錄的大量中古天台聖教，這些室町時代的學侶曾以比叡山為首要修學場所，並在關東地區天台宗設立的談義所修習宗義。這些聖教是與叡山文庫或日光輪王寺蒐集的《天海藏》等典籍同樣，成為傳述中世在東國發展天台教學樣貌的貴重資料。在此同時，聖教亦提供訊息，顯示僧侶的修學場域已超越宗派彼此連結。

形成中世佛教的聖教文本，採用元文本（meta-text，為求解釋文本而產生的文本）的目錄形式，自行定位為一種體系。例如前述的賴瑜，他將個人著作條列化撰成《自鈔目錄》，成為中性院流聖教的基礎書目。或是真福寺僧能信抄寫及傳承賴瑜所撰的聖教，此後由能信的後繼者宥惠編纂的《聖教目錄真福寺》中提出證明，可知能信將《自鈔目錄》與其他流派的書目置於同等地位，並傳授於其弟子信瑜。這種聖教目錄就此在佛法世界中逐漸類別化，從某僧著作、某寺藏書擴展至某一法脈。御室法親王守覺（一一五〇—一二〇二）創立的仁和御流聖教體系，將其著作《密要鈔目錄》與自撰的聖教一併在御室歷代相傳，並持續從事縝密考證。與稱名寺釼阿所傳的御流聖教一同抄寫的《御流目錄》則是其異本。據真福寺所傳《文車第二目錄》記載，可知守覺進而彙整其他法脈宗師所傳授的聖教著作，並歸於御流聖教的周邊著作領域。將小野三寶院流傳授於守覺的勝賢（一一三八—一九六），其所參與纂輯的《三寶院經藏目錄》，從儀軌至傳記蒐羅一切構成三寶院法流的文本。由此分類方式，可知成為一派法脈傳承的聖教，是從經藏內部的經櫃配置到修法體系的構築，皆具有高度的組織性。這些目錄可成為導引各類別「知識體系」的領航者。

如今對於僅能略窺其貌的聖教世界，其所蘊含的價值為何？那不僅是歷史學利用的後設中所顯示的史料訊息而已。使用聖教繕寫用紙中提示的文書或消息，是闡明聖教與寺院或僧侶活動關係的精確史料。然而，最重要的莫過於聖教這種宗教文本就是當時的「知識」結晶，參與編撰著作及傳承的僧侶，其所達成的殊勝知見亦包融於其中。對現代人文諸學而言，將這些聖教典籍予以復原或解讀，並闡明其真正價值的行為，才堪稱是開拓空前的新領域。

## 文獻介紹

永村眞，《中世寺院史料論》，吉川弘文館，二〇〇〇年。

上川通夫，《日本中世仏教史料論》，吉川弘文館，二〇〇八年。

阿部泰郎編，《中世文学と寺院資料・聖教》（中世文学と隣接諸学二），竹林舍，二〇一〇年。

第二章

# 新佛教形成

前川健一

東京大學大學院醫學系研究科GCOE「UT-CBEL」特任研究員

# 第一節　鎌倉新佛教的研究現況

## 一、歷史學對中世認知的變化

在戰後佛教史研究中變動最大的課題，無疑是鎌倉新佛教（淨土宗、禪宗、日蓮宗）的定位，這從本書與舊版《アジア仏教史》對照後即可一目了然。舊版鎌倉佛教的篇幅占三卷之多，幾乎全是新佛教的相關記述，新版（本書）鎌倉新佛教則僅此一章。

如此變化，如實反映出歷史學對中世的認知有所改變。現代日本佛教教團多將鎌倉時代的僧侶奉為初祖，自然傾向於開山祖師的研究。然而，若從更廣泛的歷史學角度來看，各宗初祖在當時是默默無名的。早在第二次世界大戰前，平泉澄在《中世に於ける社寺と社会との関係》（一九二六）就明確指出中世社會是以舊佛教為主流。但至戰後，「領主制論」成為中世史研究的一大範疇，此論說為中世的在地領主為了與古代的土地支配勢力相抗衡，逐漸擴大自身的支配權。鎌倉新佛教被定位為新興領主層所信仰的宗教，故而成為研究核心。井上光貞發表的《日本浄土教成立史の研究》（一九五六），即是基於此觀點的代表著作（但是，井上並非單純主張新佛教中心史觀）。然而，從一九六〇年代起領主制論開始遭到批判，「權門體制論」對中世的權力構造產生極大影響，其論說是在探討各「權門」在各自具備統治功能下所形成的集合體。黑田俊雄是「權門體制論」的提倡者，他將形成各權門意識型態基礎的主流門派所產生的佛教發展形式，命名為「顯密體制」，認為「鎌倉新佛教」是社會少數派、異端派（黑田俊雄，《日本中世の国家と宗教》〔一九七五〕，這意味著以平泉澄為代表的學者，重新促使戰前對中世佛教的理解方式復活）。黑田的主張不僅讓學者對過去漠視的「舊佛教」重新喚起關心，並針對中世寺院的發展方式或社會關係等廣泛領域，開始催生新研究。基本上，本書的編輯型態就是沿襲這種對中世佛教的認知方式。

## 二、何謂「鎌倉新佛教」

在此重新提出問題，那就是「鎌倉新佛教」究竟為何？「新」與「舊」的區分方式，原本具有何種意義？而此亦是問題所在。松尾剛次的關注焦點在於僧團的制度定位，將僧團區分為參與國家法會的「官僧」，以及脫離官僧身分的「遁世僧」，並論述由「遁世僧」擔任的傳法運動是屬於「新佛教」。松尾的探討觀點，是將以叡尊、忍性等人為代表推行的戒律復興運動分類為「新佛教」。此外，若關注當時的思想或教學內容，所謂「舊佛教」並非墨守成規，而是呈現各種新動向。空海示寂後，偏重於事相（實修）的真言宗，從平安時代末期開始推行教相（教理）體系化。勉強可說，真言宗至中世方以獨門教學而確立為獨立宗派。此外，如同學者指出過去被視為「新佛教」特色的「易行」或「專修」要素，亦存在於舊佛教中。若從其他觀點來看，被歸類為「新佛教」的淨土宗、禪宗、日蓮宗，原本是讓日本天台宗所包含的念佛、禪、法華信仰得以獨立，就此意味來看，與天台宗維持著連貫性。若更縝密思考，究竟達到何種程度才可稱為「新」佛教，此點十分微妙（尤其是日蓮的情況，此點成為一大問題）。

如前所述，「鎌倉新佛教」在當時並非佛教界主流，勢力亦趨薄弱，從室町時代後期至戰國時代方才成為大教團。此時祖師的思想傳承並非就此延續，而是出現相當顯著的變革。就實際而言，稱為「室町佛教」或「戰國佛教」是妥切說法。

今日「鎌倉新佛教」的概念，無論從輪廓或思想史的意義上，皆顯得曖昧模糊。在中世佛教史中，究竟該如何定位至今被歸類為「新佛教」的祖師及其教團，可說是今後的重大問題。本章姑且從「經由鎌倉時代的祖師創立及倡導，並在室町時代確立勢力發展的教團」這種一般意味的角度，來探討及說明「鎌倉新佛教」。

以下是針對目前仍存在的宗派為基準，分別依照專修念佛各派（淨土宗、淨土真宗、時宗）、禪宗（臨濟宗、曹洞宗）、日蓮宗的順序來說明，在此特別強調設定順序完全是為了便於說明而已。鎌倉時代尚未成立淨土真宗，臨濟宗與曹洞宗的宗派差異不甚明確。

至日蓮傳法時期，是否能說其創立新宗派，則有待商榷。筆者期盼讀者在閱讀此章時應先有心理準備，就是當時的宗教發展更為混沌未明，現存宗派在當時僅是呈現籠統樣貌。依然有不少思想史研究對於這些祖師成謎未解的行徑，仍有過剩解讀之傾向，本章將儘量記載切實明確的事蹟，避免從心理學角度妄下詮解。

# 第二節　法然與創立專修念佛

## 一、專修念佛運動在思想史上的定位

就某種意味來說，最具有「新佛教」特質的「新佛教」，是由法然創始的專修念佛運動。以新佛教為中心的佛教觀或「顯密體制論」，皆一致認同專修念佛具有此特性。無論是前者強調「新佛教」的「易行性」、「專修性」，或後者視為「新佛教」特色的「異端性」，專修念佛皆與這些特質最為相符。若說過去的「新佛教」論是以專修念佛為模式建構而成，如此說法亦不為過。

就詞意來看，所謂專修念佛是唯有持誦佛號，若依照法然之說來衍生其義，則指「阿彌陀佛僅依本願選擇稱名念佛（稱念阿彌陀佛）」。稱名念佛是任何人皆能行持的「易行」，但以前述主張來看，必然摒除其他法門的實修及信仰，以致遭到既有佛教視為「異端」而進行批判或彈壓。就社會層面來看，專修念佛排除其他神佛或修行，是在民眾反抗權門假借神佛威力來進行掌控之際，成為民眾勢力的後盾，對於民眾從支配統治下獲得自立及解放貢獻良多。

自「顯密體制論」之後，多從上述面向來強調專修念佛的歷史意義。但若過於強調此點，淨土宗的發展或許成為一種妥協而墮落的歷史。就歷史層面來看，淨土宗抑制極端排他的心態，形成與既有佛教共存的邏輯，如此才是生存之道。總而言之，建構此邏輯思想的鎮西義成為主流並形成大規模教團，這是極為理所當然之事。

在思想史上，新佛教的課題勝過其他學問，具有引領時代潮流的面向。戰後，新佛教中心史觀所描繪的課題，是採取新興階級打倒古代國家佛教的模式，其背景成因是以正統馬克思主義為代表的進步史觀為基礎。至於在顯密體制論方面，新佛教被描繪成在反抗體制下遭受挫折、逐漸扭曲成為異端的形象。姑且不論首倡者黑田俊雄具有何種程度的自覺，對於接納其說的當時讀者而言，他的主張應是符合以新左翼運動為代表的時代經驗。然而，將新佛教視為「擾亂秩序者」而評價其宗教特色的觀點，在陸續發生奧姆真理教或九一一事件等狀況之後，逐漸趨於式微。

若不將專修念佛的歷史意義還原成社會思想的產物，究竟可能會出現何種看法？難道就不能從其他觀點，避免將法然傳延至淨土宗各派的發展視為悖離祖師或陷入墮落立場，而是將之視為一種純化過程？即使面臨各種批判或彈壓，乍見之下，選擇專修念佛的信徒是處於採取妥協的態度，在此情況下，他們依然試圖守護的對象又為何？這些信徒可一貫守護的，是對於自身機根低劣的自覺。所謂「我身愚癡故，難持聖道門，唯稱名念佛，能助成所願」，這是他們的基本態度，無疑生起一種強烈反彈力。但在其信念中，蘊存著大膽狂妄的自我肯定。「憑我這副德性，也得想法子活下去」（島崎藤村，《春》），這堪稱是與私小說式的自我意識有關的內在精神表徵。筆者認為若從宏觀角度來看，在促成這種精神表徵，專修念佛在思想史上發揮了重大意義。

## 二、法然略傳

法然房源空（一一三三—一二一二）為美作國（岡山縣）人氏，於比叡山受戒後，因披讀善導著述的因緣際會下，開始倡導專修念佛，並獲得廣泛信徒支持。法然獲受圓頓戒的血脈相承，透過授戒方式博得眾多顯貴所尊崇。專修念佛大為興盛後，卻受到比叡山及南都等舊佛教勢力所排擠，法然遭逢「建永法難」，被流放至土佐國（高知縣），獲得赦免後於京都示寂。

## 三、法然的思想

法然主要撰有《選擇本願念佛集》（以下簡稱《選擇集》）一書，雖說是主要著述，更適切來說，應是除此之外別無他作。另有說法指出《選擇集》是法然門下之代作。法然個人的稟賦特質，與其說是藉由體系化發展自我主張，毋寧說是本身擁有能直接感化他者的人格魅力。此點不僅吸引許多個性多元化的皈依者，更成為法然歿後衍生多派的一大因素。《選擇集》的撰寫目的在於確立宗派「淨土宗」，其核心思想反映在題名「選擇本願念佛」之中。

所謂「選擇本願念佛」，就是依照本願選擇的稱名念佛。本願是指阿彌陀佛在成佛前被稱為法藏菩薩時期所立的誓願，《無量壽經》列為四十八願。法然重視第十八願，說明「設我得佛，十方眾生，至心信樂，欲生我國，乃至十念，若不生者，不取正覺」。法然將「念」解釋為與「聲」同義，「十念」亦非具體的十次之意，而是從畢生持名念佛，至即使畢生唯稱佛號一次，皆包括在此意涵中。換言之，法然主張《無量壽經》的文意為縱使只念誦一次「南無阿彌陀佛」，亦能保證往生彌陀淨土（極樂世界），其他諸行悉皆廢而不用。

《選擇集》的文末，將法然的立場簡要彙整如下：

> 欲速離生死，二種勝法中，暫不入聖道門，選入淨土門。欲入淨土門，正雜二行中，且拋諸雜行，且歸應正行。欲修於正行，正助二業中，猶傍於助業，選應專正定。正定之業者，即是稱佛名，稱名必得生，依佛本願故。

為能超脫生死（輪迴）之苦，應行持本願的稱名，廢捨一切教法或諸行，如此稱為專修念佛。尤其是法然在文中兩度述及「且」（暫）字，頗耐人尋味。《選擇集》的論理構成中，稱名念佛是「最易、最勝」，故而擇取之。其他諸行或難或劣，但在做為往生或成佛修行上仍有存在之餘地。法然說明皈依淨土門的行者，不可受聖道門（淨土門之外各宗）所惑，但亦告誡淨土門行者不可與聖道門行者起諍訟或批判。最重要的是個人對機根的自覺，至於顯示機根優劣的則是「三心」。

所謂「三心」，是指《觀無量壽經》所述的至誠心、深心、迴向發願心。法然在《選擇集》中，以極長篇幅援引善導《觀經疏》（《觀無量壽經疏》）的注釋來闡述三心，將三心視為行者之「至要」。深心為三心的核心概念，據善導所述，深心是指「深信」，在深信自身為罪惡深重的凡夫之時，應篤信救度凡夫的彌陀本願正行——稱名念佛。換言之，就是信受「愚癡如我身者，唯求稱名念佛救拔，別無他途」。著名的二河白道之喻，就是以具體形象說明善導流派的念佛觀（法然引用《觀經疏》此段全文）。乍見之下，《選擇集》中的三心教說只屬於附帶內容，法然弟子在其示寂後分裂為數派，其共同重視的課題皆是三心教說。若重視此點，應可將發三心修持稱名念佛，視為法然門徒的根本實修。

原本以為根機淺劣者修持的稱名念佛是低劣的行持法門，法然卻將之定位為阿彌陀佛依本願選擇的最勝行，過去認為這是法然教理中最具意義的特點。如此說法固然正確，但光憑如此，不可能促成專修念佛如野火燎原般的壯大勢力（若更極端來說，甚至可說無非是結果論而已）。新宗教在擴展之際，主倡者的人格魅力不可或缺，法然的情況主要是具有非比尋常的包容力。「但能念誦南無阿彌陀佛，往後諸事遂意」，此為法然主張的基本態度。支持如此態度的信念，不僅是對阿彌陀佛本願的信心堅固，也是對自我根機淺劣而產生深切自覺所致。倒不如說，是抱持「除了念佛，此外無一能事」的自覺，或許將稱名視為唯一救濟之道。法然將三心稱為「行者至要」，其心意並非單純來自經文或注疏，而應該解釋為作者個人的自覺表現。

法然重視長時修的行法，此點應從上述的角度來做詮解。長時修是四修之一，其餘分別是慇重修、無間修、無餘修。就某種意味來說，此三修是以念佛的內在心識為問題，相對於此，長時修則是要求念佛不廢，至臨命終時。對於法然教說中重視長時修的立場雖遭惡評，但這應是近代人抱持偏見，多少給予影響所致。若從路德教派的因信稱義立場來看，猶如機械式的持續念佛是極為悖離宗教的方式，內在信仰才是應予重視的關鍵。近代學者對法然的詮釋，多以默許信心的立場為前提下，強調法然的「一念義」（有關於此，將待後述）所造成的結果。然而，根機淺劣是無法獲得內在篤信，對於劣等根機者而言，所謂的易行不啻是唯知不斷念佛的機械式行為而已。

修行者深切覺悟自身根機淺劣，唯有依恃彌陀本願，一向稱名不絕（稱念阿彌陀佛）——這是法然的基本態度。反之，對於其他行持一概漠不關心。法然認為沒有必要將持戒或授戒視為違反專修念佛的矛盾立場，或應予妥協。稱名既是第一義，持戒或破戒不啻是徒具形式，端視能否符合個人情況而定。未能持戒亦可往生淨土，毋須刻意破戒。持戒者若因此能方便念佛，則持戒亦無不可。

對於授戒等行儀方面，亦可比照上述的思維方式。法然為貴族授戒，應是以療疾為目的，此點與藉由念佛欣求往生的意圖毫無矛盾之處。《徒然草》（第二百二十二段）記載宗源（乘願房）身為專修念佛的信徒，亦推薦念誦〈光明真言〉、〈寶篋印陀羅尼〉來超度亡者，這並非在法然示寂後與既有宗教採取妥協，而是法然本身所抱持的態度。若說起專修念佛，往往僅強調否定他宗或其他修行的面向，但如後文所述，這應只是某些法然弟子的作為而已。

## 四、彈壓法然教團

法然於《七箇條制誡》（一二〇四年）的結尾，述及「因茲于今三十箇年，無為涉日月。（中略）此十箇年以後，無智不善輩，時時到來」。所謂的三十年前，是指法然回心於專修念佛的時間點。倘若法然之言屬實，其思想反而是受到弟子言行所影響而遭人非議

（耐人尋味的是，在法然示寂後傳法活躍的弟子，多屬「十箇年」內入其門下）。

據傳諸宗碩學曾對法然的教理舉行討論會（大原談義），此外並無跡象顯示其教理有任何遭致非議之處。元久元年（一二〇四），始有明確批判法然教團的情況。此年，延曆寺提出奏狀要求禁止專修念佛，法然故而制定《七箇條制誡》，制止門徒行動。當時被視為法然門下的遁世僧，總共累積一百九十次署名，紛紛誓言遵守規制（亦有同名數次署名者，若皆為同一人物，則署名人數減少。官僧隆寬、聖覺並無署名）。

《七箇條制誡》的內容梗概如下：1.不可譴責專修念佛之外的修行或教學（第一至第三條）；2.不可勸說破戒（第四條）；3.不可恣意倡說邪義（第五至第七條）。

然而弟子之中，亦有聲稱「法然之言表裡不一」而拒絕遵守制誡，事態並未塵埃落定。翌年（元久二年），貞慶撰《興福寺奏狀》上呈朝廷，以該寺立場要求禁止專修念佛。奏文列舉專修念佛者的九項罪狀：

1.立新宗失（未經敕准創立淨土宗）。
2.繪新像失（描繪除專修念佛者之外，餘皆不得往生的攝取不捨曼荼羅）。
3.輕釋尊失（唯奉阿彌陀佛，不禮敬諸佛）。
4.妨萬善失（否定稱名之外的諸行）。
5.背靈神失（不禮拜神明）。

6. 暗淨土失（不承認諸行往生）。
7. 誤念佛失（重口誦而輕觀修）。
8. 損釋眾失（將破戒、無戒視為正當化）。
9. 亂國土失（專修念佛導致八宗式微，王法衰弊）。

這些條項，堪稱是網羅並提示專修念佛對當時社會所造成的各種影響。尤其是日蓮引用部分奏文所撰的《念佛者追放宣狀事》之中，出現《興福寺奏狀》未有之句。故被視為貞慶所撰的奏文有可能是草案，實際提呈的是其他奏狀。

親鸞認為《興福寺奏狀》是引發專修念佛彈壓行動的導火線之一，而此彈壓行動亦包含法然遭流放在內（《教行信證》）。然而，根據藤原（三條）長兼的日記《三長記》所述，朝廷對法然等人的處分相當消極，並為興福寺的強硬姿態而煞費苦心。至於法然方面，從興福寺要求懲處的安樂房遵西、法本房行空、成覺房幸西、住蓮這幾位弟子之中，特別將引發諸多問題的行空逐出山門。朝廷大致做出裁決，斟酌興福寺的意向後，僅針對專修念佛誹謗諸宗而下旨懲誡而已。

至建永二年（一二〇七，此年十月二十五日改元為承元元年），法然遭到流放，住蓮、安樂房遵西被處決（稱為建永法難或承元法難）。據當時慈圓在《愚管抄》中所述，住蓮、安樂房開始將善導《六時禮讚》配上音節而編成聲明，故深受尼師喜好，甚至引發後鳥羽院的小御所女房（伊賀局）暗自招喚安樂房等人留宿，如此敗壞風紀的事件直接成為導火線（或許原本是全屬捏造，尤其遵西已遭指名而受譴責，為何仍有如此輕率之舉，十分令人存疑）。親鸞針對此事，以「主上臣下，背法違義，成忿結怨」、「不考罪科，猥坐死罪」，訴說懲處之不當（《教行信證》），或許是出於後鳥羽上皇感情用事所致。又據《歎異抄》附錄記載，除了安樂房、住蓮之外，善綽房西意、性願房亦遭處決，包含法然、親鸞共八名師徒遭致流放（其中幸西、證空接受慈圓管束而得以免刑），但其他史料並無相關記載。

法然遭流放至土佐國後，於建永二年末獲赦，滯居攝津國勝尾寺（大阪府箕面市），建曆元年返京，翌年示寂。法然傳記中雖舉出其臨終前出現各種玄瑞之象，《愚管抄》卻不經意記載：「宣稱法然為往生、往生，眾人齊聚拭目以待，也未見有何跡象。」法然遺言盼能在歿後唯有念佛供養，此後經信空（法蓮房，法然門下位階最高的長老）提議，仍舉行四十九日超度法會，並以不動尊、普賢菩薩等為本尊的密教式超度供養。

法然示寂後，專修念佛陸續遭受批判及彈壓，其中尤以「嘉祿法難」規模最鉅。定照撰《彈選擇》表以批判，隆寬撰《顯選擇》予以反駁，比叡山藉此展開對專修念佛的抨擊。嘉祿三年（一二二七），比叡山眾徒破壞位於東山大谷的法然靈廟，焚毀《選擇集》版木（《選擇集》於法然歿年開版印刷）。隆寬、幸西、空阿彌陀佛遭受流放懲處，

知恩院三門（吳宜菁攝）

此後敕令禁止專修念佛，據傳專修念佛的信徒被悉數掃蕩離京。（編案：眾徒是指自平安時代以後，住於南都（東大寺、興福寺）或延曆寺、園城寺等大寺院的僧眾，僧階較低，至中世多為武家出身，故組織形成僧兵集團。）

根據淨土宗方面的傳述，法然遺骸由信空遷至嵯峨，此後移往太秦廣隆寺。安貞二年（一二二八），法然遺骸於第十七次年忌火化（在火化遺跡上建造的靈廟，成為淨土宗西山派的總本山光明寺）。法然遺骨是由證空的弟子幸阿彌陀佛管理，西山派藉此主張正統傳承。然而，嵯峨二尊院的湛空趁幸阿彌陀佛離寺之際奪取法然遺骨，供奉於自院雁塔（補充說明，光明寺將法然遺骨奉於該寺石塔內），二尊院就此成為京都法然信仰的重鎮。原本位於大谷的法然靈廟，則由源智的法脈（紫野門徒）予以重興。此後鎮西派入京後，與紫野門徒結合勢力，在大谷建立知恩院。知恩院奪取二尊院的地位，成為法然信仰的重鎮，鎮西派亦就此確立淨土宗正統法脈的地位。

## 五、法然的弟子

以下是法然弟子之中，於早期開始成立宗派者：

幸西：一念義

隆寬：長樂寺流（多念義）

證空：西山派

長西：九品寺流（諸行本願義）

弁阿：鎮西流

一般是加入親鸞（大谷門徒、淨土真宗），但至少在鎌倉時代，親鸞門徒尚未被視為獨立宗派。覺如設立本願寺（一三二一）之後，親鸞的宗派方被視為獨立門派。此外，就教團史的觀點來看，信空、湛空、源智等人雖無個人教說傳世，卻是法然的重要弟子。

## 淨土宗的主要教派流脈

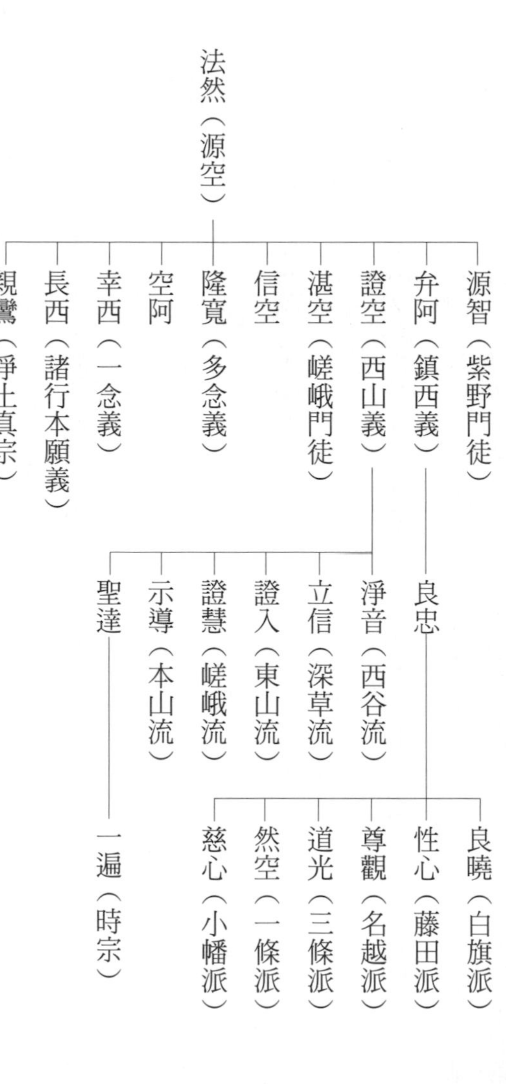


這些流派中，及早受到矚目並有文獻記載的是一念義、多念義。基於教義立場不同，法然存世之際就已形成對立。所謂的一念、多念，原本並非僅是稱念阿彌陀佛的次數，其內容具有多種涵義。一念義重視「信」，相對之下，多念義重視「行」。多念義並非蔑視信的概念，一念義亦非廢捨具體的稱名行動，最終導致兩者差異的僅是強調點之不同而

已。法然的立場原本在於三心與長時修並重，故造成立場分歧並非意外之事。

其中，提倡一念義的流派斷絕，汲取多念義思想的鎮西流成為淨宗主流。在此過程中，可發現似有過度強化一念義的負面形象之跡象。提倡一念義的行空（法本房）因「偏執」而遭譴責，在法然生前即被逐出師門，此為一念義被視為「偏激」的緣由。實際上，專修念佛屢受彈壓，是一念義、多念義皆遭壓制，絕非「多念義＝穩健、一念義＝偏激」而已。

多念義的代表者隆寬、一念義的代表者幸西遭到流放後，是由證空以京都為據點擴大勢力，故有西山派之稱。長西派及早進入鎌倉，長西的弟子道教一時成為關東專修念佛的核心人物。弁阿的鎮西流如其文所述，是以九州為傳法重心，此後進入京都及關東地帶。尤其是弟子良忠積極傳法而備受矚目，而後形成淨土宗的主流門派。

幸西、隆寬等人分別以一念、多念形成對立的主軸模式，被視為教團發展第一階段，證空、長西、弁阿等人則被視為第二階段。這不僅是時期問題，而是想解決不同的問題。隆寬、幸西面臨的問題在於如何行持專修念佛。相對於此，被分類為第二階段的流派，則是淨土門與聖道門的關係。明確而言，問題在於稱名之外的修行是否亦能往生？若從法然門下屢遭天台宗攻擊此點來看，這項問題理所當然會受關注。教團為了延續命脈，必須將專修念佛以外的諸宗諸行予以積極定位。大致上，證空等人對聖道門及諸行得以往生的觀點抱持肯定立場。

學者多採取一種從法然立場的「轉向」，或與他宗「妥協」的角度來探討，但事情並非如此單純。法然思想的邏輯構成中，選擇稱名念佛是基於易行、最勝行。若由此立場來看，縱使將稱名念佛之外的諸行視為難行或劣行，卻非無法往生或成佛。況且從一般佛教的教理學來看，是很難探討唯有某種特定的修行方式才能往生或成佛。這應考慮到法然門下在整頓教理的過程中，肯定聖道門及諸行得以往生並非一種單純妥協，而是必然的思維理路。以下就來探討法然門下具體提出何種教說。

隆寬（一一四八—一二二七）是少納言藤原資隆之三子，據傳曾師從伯父皇圓，於六十一歲所撰《極樂淨土宗義》中的署名為「權律師隆寬」，似乎始終維持官僧身分，因住京都長樂寺，其門派稱為長樂寺流。隆寬在法然的五七法會中擔任主法法師，晚年遭逢嘉祿法難，被流放至奧州，途中居留並客逝於相模（神奈川縣）的飯山。

隆寬被視為提倡多念義之代表者，但若從僅有的現存著述來看，可發現他並未明確主張多念的觀點。毋寧說其觀點可解釋為一、多融即，即使一念足以滅罪的稱名具有莫大功德，臨命終時仍不應捨棄稱名行持。一般認為隆寬是主張多念義，原因在於重視臨終一念。若以臨終一念決定往生，自然是迫不得已必須稱名念佛至臨終為止，結果成為多念。然而，這與多念是意指念佛次數的情況不同。隆寬教說之中值得關注的是邊地往生說，心存疑惑者往生於邊地，後生於阿彌陀佛的極樂世界，如此說法對親鸞亦造成影響。

幸西（成覺房，一一六三—一二四七）出家時為天台宗僧，據傳於建久九年（一一九八）成為法然弟子，在《七箇條制誡》中亦有署名。建永法難之時，因託於慈圓管束而得以免罪。後於嘉祿法難中，遭流放至壹岐國（長崎縣壹岐島），途中卻不知所蹤，似乎在讚岐（香川縣）一帶從事傳法活動。

可做為探討幸西教理的著述，僅有其著作《玄義分抄》一卷，以及各典籍中的片斷引用而已，故難以為其下定論。明確而言，幸西所指的「一念」並非一次稱名，而是與阿彌陀佛的佛智相應之一念、一心。其基本主張是依此一念決定往生，這是否直接否定或甚至輕視稱名念佛，則不得而知。據傳被視為樹立「一念往生義」的行空（法本房），曾勸人破十戒及誹謗他佛，幸西則無此相關傳述。幸西門下的活動特徵，在於從事淨土三部經及善導著作等開版事業，故有學者推測其門徒似有偏重學術面的傾向。

證空（善慧房，一一七七—一二四七）據傳為內大臣久我通親的養子，建久元年（一一九〇）成為法然門下，在《七箇條制誡》亦有署名。建永法難之際，與幸西同樣接受慈圓管束而得以免罪。慈圓託囑證空管理西山善峰寺（京都府京都市）的往生院（三鈷寺），並成為住持（證空門派有西山派之稱，正為此故。最初居於小坂，故稱為小坂義）。證空倖免於嘉祿法難，在京都擴大接受顯達人士的皈信。

證空撰有多部著作，代表如《觀門要義鈔（自筆鈔）》四十一卷、《觀經疏他筆鈔》十四卷，不僅著述豐富，教理亦極為複雜。理由是證空提出的教理，一般稱為「特殊名目」，是證空自創的術語。其核心概念有三，亦即行門、觀門、弘願門。行門是自力修行，弘願是彌陀本願，觀門則是將自力修行詮釋為顯揚弘願的方便法門。若從弘願的立場來看，則是聖道門、諸行皆唯有淨土門修行而已。「師法然房切諸行頸，弟子善慧房生取諸行」（行觀《選擇集秘鈔》卷二），既然歸於弘願門，諸行是以往生為目的，被視為念佛的助業。在將弘願定位為最勝的救濟依據，同時亦承認諸行實修。這種思考方式，應是以天台宗的開會思想（就《法華經》的立場來看，一切佛說、諸行是成佛教理）為準則。

有關證空或西山義的教理方面，尚有一項值得關注的特點，就是當麻曼荼羅的繪解（由僧人擔任解說或描述佛教繪畫的藝能表現）。當麻曼荼羅是奈良當麻寺所傳的變相（描繪經典內容之佛畫），內容是根據善導《觀無量壽經疏》來描繪《觀無量壽經》。證空撰有以《當麻曼荼羅注記》十卷為代表的數部相關著作，但作者應另有其人。實導仁空《西山上人緣起》記述了證空的教理與當麻曼荼羅的圖像相符，故能博得眾人讚賞，並在法然示寂後，成為一種傳法方式發展且備受矚目。附帶說明，時宗之祖一遍即是證空的法孫。

長西（覺明房，一一八四—一二六六）是法然晚年的弟子，曾隨師遠至流放之地，隨侍長達十一載。法然示寂後，長西向住心房覺瑜、俊芿修習天台止觀，亦向道元習禪，因住洛北的九品寺，故稱其流派為九品寺流。在此補充說明，東大寺凝然曾聞其講授《觀經疏》，據傳當時長西曾言：「二經一論（《觀無量壽經》、《維摩經》、《大乘起信論》之三心為同）。」（凝然《維摩經疏菴羅記》卷九）

長西的教理如其通稱為諸行本願義般，認同稱名念佛之外的其他修行亦為本願，與稱名念佛同樣可往生淨土。長西重視四十八願中的第十九願「修諸功德」、第二十願「植眾德本」，尤其將第二十願定位為諸行往生的本願。長西的教理悖離法然主張的選擇、取捨，自古飽受批判，又因近代學者多將法然至親鸞的法脈視為專修念佛的正統傳承，往往貶抑長西之說（鎮西派繪製的四十八卷《法然上人繪傳》的末尾，蓄意指出長西並非法然門弟）。

然而，長西的諸行本願義並非僅認同其他諸行得以往生，而是將第十八願視為阿彌陀佛的隨自意，將稱名念佛視為易、勝、正，又為了無法立即稱名之機根，而從隨他意的立場來說明第十九、二十願，並將念佛之外的諸行定位為難、劣、傍。此外，與修行稱名念佛者依照彌陀願力得以往生般，修行諸行者亦非自力往生，而是出於願力。長西雖認同諸行往生，卻並非與稱名念佛同等。此外，將諸行往生視為憑藉本願力的說法，是將阿彌陀佛的救濟能力視為絕對至理。九品寺流的學風被評論為具有客觀性的文獻主義式風格，卻非僅與既成佛教妥協，而是形成一種思維方式，在對善導研究更甚於法然的過程中，將稱名念佛予以重新定位。

弁阿（聖光房，一一六二—一二三八）生於筑前（福岡縣），於當地出家修行，入京後師從比叡山的寶地房證真之後，再度返歸故里。據傳弁阿於三十六歲時，為求安置佛塔內的本尊而入京，當時接受法然教法並皈依為師，四十三歲返鄉，此後活動區域從筑前、筑後擴展至肥厚，並興建多座寺院。有別於其他具有影響力的弟子以京都為主要活動據點，弁阿始終在九州及西國弘法（此為鎮西流的名稱由來），其教理廣為流傳的原因，主要是受其弟子良忠的傳法活動所影響。

弁阿雖認同諸行往生，卻有別於長西提出的諸行本願義，本願全然是第十八願的稱名念佛，諸行並非本願。這是基於認同諸行往生者或許具有利根，可行難行道之聖道門。在淨土門方面，亦積極認同稱名念佛之外的助業，就是指唯有稱名而起懈怠心者，可藉由讀經增進信心。此派重視見佛、來迎，具上根者以別時念佛而見佛，一般是奉勸希求臨終正念、來迎（故必為多念）。

如前所述，弁阿一派的基本論調是認同眾生根機各異，故多被解讀為與聖道門妥協。然而，這毋寧說是淨土門的基本論調，凸顯出對自我根基淺劣的自覺。弁阿表示將念佛專精於「祈請阿彌陀佛救度」一句，可說是顯示「唯阿彌陀佛能救拔難度之我身」的意識表現。簡單而言，重視臨終或來迎，正是劣機者無法獲得對信仰的篤信或確證所造成的問題意識（弁阿說明即使是「一向疑心」，亦有可能往生淨土）。

如前所述，鎮西流獲得淨土宗的正統地位，其過程相當偶然，但從結果來看，鎮西流能成功與聖道門「分庭抗禮，和平共存」而成為主流，堪稱是具有獨特的必然性（鎮西流教學受到室町時代聖冏、聖聰的影響而產生極大變革，並非就此繼承弁阿、良忠的教學）。

最後，筆者想略說明專修念佛與真言密教的關係。明遍開創蓮華谷別所，被視為中世高野聖之祖，據說與法然具有師弟關係。此外，靜遍則是撰寫《續選擇文義要鈔》及講授《選擇集》，並以真言宗僧的身分為眾說法。如前文所述的法然迴向法會，或《徒然草》中的乘願房軼事所示般，專修念佛對密教並未採取避諱的態度。從對專修念佛的因應態度來看，延曆寺雖執拗要求禁止專修念佛，真言宗諸寺卻無此跡象可循（真言宗對禪宗亦採包容態度）。真言密教被視為「舊佛教」之代表宗派，而過去對新佛教的理解，多將之視為與專修念佛採取敵對立場。但可明顯發現，實際上與專修念佛形成對立的是天台宗教團。密教與專修念佛並非難以相容，誠如法然常藉授戒而為人醫疾般，以往生為根本訴求的稱名念佛，與因時所需而獲得現世利益的密教祈法，兩者之間極有可能並立而存。筆者認為在專修念佛與密教的關係中，應含有必須重新掌握的根本要素。

# 第三節　親鸞與淨土真宗

## 一、親鸞教團的定位

親鸞為法然弟子，雖有繼承正統淨宗法脈的自覺，卻無心獨創一宗。「淨土真宗」一詞是出於親鸞著述，其意為「淨土之真實教理」，並非專指宗派之名。親鸞教團範圍局限於關東地區，推定規模約有數千人。當時日本總人口約一千萬人，無疑是勢薄力微的教團。淨土真宗得以成長為日本佛教最具代表性的龐大教團之一，主要是受到本願寺教團以親鸞墓所為出發點，不斷進行拓展、尤其在蓮如活躍的時期，其影響最為深遠。今日研究者探討親鸞之際，在不知不覺中往往以淨土真宗為前提。故應意識到身處於鎌倉時代的親鸞，即使在淨土宗領域中亦是微不足道，並呈現勢孤狀態（如前所述，親鸞教團自室町時代以後方被視為獨立宗派）。

## 二、親鸞略傳

親鸞（善信房，一一七三—一二六二）為日野氏出身，在比叡山出家後，閉關於京都六角堂，因菩薩託夢而改入法然門下。在《七箇條制誡》中署名為綽空，後受法然所傳《選擇集》，並獲准為其師描繪真影（肖像繪），改名的時間點應於此時。建永法難之際，親鸞遭流放至越後，獲赦之後在關東弘法施教，應是以善光寺聖的身分在當地從事活動。主要著作《教行信證（顯淨土真實教行證文類）》亦在關東大致撰成，並屢次增補修訂。親鸞奠定關東教團基礎之後，返京專事著作。據傳與親生子善鸞斷絕父子關係，在京都之時稍能平穩度日，並於臨終之際念佛示寂。

## 三、親鸞的思想

親鸞的主要著作是《教行信證》，誠如其正式題名為《顯淨土真實教行證文類》所示般，是屬於徵引各經論的類叢型態，其中附含親鸞的個人見解。就內容來看，全書的基本主張在於將諸佛教彙集於彌陀本願，再將本願彙集於阿彌陀佛迴向的信心。若將《教行信證》的大致主題予以列表，則如下所示：

## 《教行信證》的教理流脈

| | | | |
|---|---|---|---|
| 往相迴向 | 真實教 | 《大無量壽經》 | |
| | 真實行 | 諸佛稱名願（第十七願） | |
| | 真實信 | 至心信樂願（第十八願）＝選擇本願 | |
| | 真實證 | 必至滅度願（第十一願） | |
| 還相迴向 | | 必至補處願（第二十二願） | |
| 真佛土 | 正定聚 | 光明無量願（第十二願） | 難思議往生 |
| | | 壽命無量願（第十三願） | |
| 化身土 | 不定聚 | 至心迴向願（第二十願）・《阿彌陀經》 | 難思往生 |
| | 邪定聚 | 至心發願願（第十九願）・《觀無量壽經》 | 即往生、便往生 |
| 外教邪偽之異執 | | | |

迴向是指將自我功德回饋於他者，在此則指阿彌陀佛的迴向。阿彌陀佛已成就本願，住極樂世界，為了救度眾生施行迴向，如此分為往相（眾生往生極樂世界而成佛）與還相

（在極樂世界成佛的眾生親自教化其他眾生）。往相迴向的真實教理，就是訴說彌陀本願的《大無量壽經》。真實行是以「諸佛稱名願」（第十七願）為依據，就是稱念阿彌陀佛，諸佛誓言讚歎阿彌陀佛而稱其名。真實信是以「至心信樂願」（第十八願）為依據，是阿彌陀佛迴向的純粹信心，誓言若眾生欣求往生即可遂願。如同「真實信心必具名號，名號必不具願力信心也」（《教行信證》信卷）所示，信與行之間，尤以信為根本。真實證是以「必至滅度願」（第十一願）為基礎，往生極樂世界且證得無上涅槃（真如），誓言極樂世界眾生皆入大涅槃。

其次，獲得大涅槃的眾生自行利他及普施教化，此為還相迴向，這是以轉生極樂世界的菩薩所發的必至補處願（第二十二願）為根據，亦即立誓將往「一生補處」的境地。藉由彌陀迴向而使獲得真實信、行者得以往生的處所，就是報身阿彌陀佛所居的極樂世界。此為真佛土，是以誓言光明、壽命皆無量的「光明無量願」（第十二願）、「壽命無量願」（第十三願）為依據。往生真佛土是完全依照阿彌陀佛願力，稱之為「難思議往生」，其根本為阿彌陀佛迴向的信。為能接引無有純信的眾生，阿彌陀佛示以方便教理的《觀無量壽經》、《阿彌陀經》。前者為方便之中的假門，往生淨土邊地，無能值遇阿彌陀佛（此稱為即往生、便往生）。此項說法是根據「至心發願願」（第十九願）（自力成佛的聖道門屬於此願），亦即誓言修習諸功德者在命終之時，將由阿彌陀佛現前。另一方面，後者（《阿彌陀經》）是方便中的真門，可見化身阿彌陀佛，如此稱為難思往生。這是以修習「善本」、「德本」（親鸞將此解釋為阿彌陀佛名號）者誓言往生的「至心迴向願」（第二十願）為依據（淨土門的自力屬於此願）。佛教之外的教理是外教邪偽，尤其親鸞透過援引經文，將關注焦點集中於對天神地祇的崇拜。

藉由阿彌陀佛本願即能往生，成為專修念佛者的共識。親鸞主張「信心來自彌陀迴向」的思想，堪稱是專修念佛思想之極致（但若採取此立場，理所當然產生神學式的疑問：「那麼，阿彌陀佛迴向之際，為何仍會遺漏某些眾生？」關於此點在此恕不論及）。無論是在淨土三部經中，唯有將闡述本願的《大無量壽經》視為真實教理，抑或將第十八願（並非因稱名而往生）解釋為阿彌陀佛將信迴向給欣求往生的眾生，兩者皆有會集於阿彌陀佛的傾向。法然秉承「偏依善導」的信念，其門下多以善導《觀經疏》為依據，形成以《觀無量壽經》為核心的教學。相形之下，親鸞的獨特教法令人格外矚目。

親鸞重視信的教理體系極為內在化，採取摒除一切自力的態度，看似嚴厲而不求妥協。學者們往往認為，「如《教行信證》般艱難晦澀的教理，完全超乎當時信徒所能理解的範圍」。然而，果真是否如此？親鸞遭流放至越後，此後應以勸進聖的身分從事活動，並藉此維持生計。其大量創作的歌謠「和讚」，同樣是以勸進聖的身分做為化民之用。如同住蓮、安樂房創始的「禮讚」般，音樂式的和讚屬於藝能之一，可牽引聽眾心緒起伏。

《教行信證》闡述引發真實信心的直接契機是聽聞名號（親鸞並未明確說明，但從引文脈絡來看可如此解釋）。藉由聽聞聖所詠誦的和讚或稱名，喚起聽眾的感動之情，如此情感被視為「真實信」。若思惟親鸞透過此方式，廣為宣傳依歸真實信可決定往生淨土，則可知《教行信證》的教理體系與親鸞的實際生活息息相關。

## 四、親鸞的家族與教團發展

親鸞是以身為僧侶卻有妻室而為人所知，近代對此有許多的擴大解讀，但在當時罕見不犯女戒的僧侶，親鸞並非特例（親鸞的後繼者反而認為應藉血脈證明自身的正統性，如此方為重要）。親鸞的妻室中以惠信尼最為著名，但因親鸞的第一子印信阿闍梨之母並非惠信尼，故推測親鸞至少有兩名妻子。此外，親鸞曾在信簡中述及其子慈信房的「繼母」，若以此為根據，其妻室則有印信阿闍梨之母、惠信尼（慈信房等人之母）、慈信房的「繼母」（但此信簡的可信度仍有待商榷）。

據傳為惠信尼所生的六子之中，最重要的是慈信房與王御前（覺信尼）。慈信房以善鸞之名而廣為人知，但在前往東國傳法後，卻遭親鸞斷絕父子關係。原因是慈信房不僅違背親鸞之意，鼓吹個人教法，故而招致教團內鬨，更牽涉親鸞的家庭問題及金錢糾紛。慈信房在斷絕父子關係後，繼續在東國活動，其子如信則在陸奧國的大網（福島縣石川郡古殿町）推動門徒組織。

身為親鸞之么女的覺信尼，在京都成為久我通光的女房，後為日野廣綱之妾，育有一子覺惠。此後寄居親鸞處所，其父歿後，又與小野宮禪念再婚（與禪念育有一子唯善）。親鸞示寂後，覺信尼在禪念的所有地建造靈廟，日後發展為本願寺。

禪念逝後，覺信尼將靈廟所有權捐予門徒，囑咐將靈廟的留守職（寺務管理）交託於後嗣子孫。覺信尼示寂後，是由覺惠遵循母言而繼承靈廟。此後，覺惠、覺如父子與唯善因靈廟管理權而起爭論，經訴訟後是由覺如獲勝。唯善因在東國擁有門徒甚多，遂將靈廟的親鸞肖像繪及遺骨迅速移至鎌倉的常樂。此後，覺如以受到認同東國門徒權利及地位為條件，取得獲准擔任留守職的身分。覺如將靈廟稱為本願寺，試圖將自身立場凌駕於一切門徒之上，反而招致叛離，被迫陷入孤立（在血統上，親鸞嫡脈是善鸞──如信，覺如則為女系後嗣之曾孫，故覺如主張應由如信繼承親鸞的正統血脈）。此後幾經曲折，時代延至蓮如時期，本願寺方在淨土真宗之中享有至尊地位。

如前所述，親鸞門下的主要勢力在東國，有力據點則在下野國的高田（栃木縣芳賀郡二宮町）、下總國的橫曾根（茨城縣常總市）、常陸國的鹿島（茨城縣鹿嶋市）、陸奧國的大網。其中尤以高田門徒在東國門徒中勢力最盛，親鸞靈廟亦在顯智指示下創建，此後對本願寺的經營擁有重大發言權。高田門徒一時衍生出足以凌駕本願寺勢力的佛光寺派，以及越前的三門徒（據說為和讚門徒）等支派。高田門徒與本願寺教團產生決定性分離的契機，就在於蓮如傳法的時期。高田派的真惠將位於高田的專修寺遷移至伊勢國的一身田（三重縣津市），在此成為新據點（今真宗高田派）。東國的橫曾根門徒與高田門徒勢均力敵，卻因援助唯善而遭孤立，導致鹿島門徒奪取其地位。在東國擁有勢力的真宗弟子，其例為高田的真佛、顯智，以及橫曾根的性信等人。廣受披讀的親鸞語錄《歎異抄》，則被認為應是其弟子唯圓所撰，唯圓曾於常陸國河和田（茨城縣水戶市）從事弘教活動。

# 第四節　一遍與時宗

## 一、時宗的盛衰

尊奉一遍為初祖的時宗，是鎌倉佛教最晚期成立的宗派，卻一時發展成足以代表淨土教的雄厚勢力。在一遍傳法的時期，以及其弟子真教（他阿彌陀佛）之後的時代，兩者教團雖性質迥異，一遍卻以非凡的特質主張捨棄諸行而採取遊行方式，並在地方獲得豐碩的弘法成果。這兩項因素成為時宗的立宗基礎，此點已是毋庸置疑（自真教以後，方在各地設立道場，遊行成為巡行各道場教化信眾的方式）。起初時宗信徒以武士為主力，這些僧侶是以從軍僧的身分而保證往生。此外，某些市井人物成為武士的近侍，提供創作連歌、能劇及醫術、造庭等藝術或技術，時宗對於室町文化影響甚深。此外，時宗受到武士保護，可獲其捐贈領地，故能發展榮盛，進而接受皇親貴冑皈信。然而在此同時，卻必須面臨與貴族共存亡的命運。室町時代中期之後，時宗的勢力範圍多遭本願寺派所侵蝕。

## 二、一遍略傳

一遍（法諱智真，一二三九—八九），出身於伊宇（愛媛縣）豪族河野氏，曾師從證空的弟子聖達修習淨土法門。一遍於父逝返家後，從此遁世而參詣善光寺，歷經在伊宇的窪寺（愛媛縣松山市）、菅生岩屋寺（愛媛縣美川村）閉關修行，從此對佛道信念堅固。一遍從伊宇出發開始遊行，行經四天王寺、高野山，在參詣熊野之際因受神詞垂諭，故而「無關信受與否，皆分給念佛札（發送的薄木片上書有「南無阿彌陀佛　決定往生六十萬人」），就此確立特立獨行的弘法方式。此後於國內遊行十五載，從南方的大隅正八幡宮（鹿兒島縣霧島市），至北方的奧州江刺（岩手縣奧州市，此處為一遍祖父河野通信之墓所在地）。初時一遍獨自遊行，在九州接受真教成為首位弟子，從此同行者漸增。一遍教團稱為「時眾」，其意為六時（晨朝、日中、日沒、初夜、中夜、後夜）的念佛者。據傳踊念佛（在敲鼓鳴鉦的旋律中，邊舞蹈邊念佛的修行方式）是始於建治二年（一二七六），地點為濃國（長野縣）。踊念佛成為一遍教團的象徵，更引來諸多皈依者。正應二年（一二八九），一遍於攝津國兵庫津（兵庫縣神戶市），在眾多弟子、信眾守護之下示寂。

一遍於臨終前，將所持書籍盡數焚毀（部分經典捐於書寫山），故無一著作存世，僅存傳記式的和歌及和讚，以及彙編為《一遍上人語錄》中的零星法語。誠如素有「捨聖」之稱般，一遍拋捨一切，唯求貫徹彌陀本願，此點可說是其精髓所在。

一遍的傳世行蹟，可見於在其歿後繪製的《一遍聖繪》、《遊行上人緣起繪》。在《一遍聖繪》中記述詞書（說明繪卷內容或梗概的文章）的聖戒，應是一遍的親屬聖戒於少壯時期曾追隨一遍修行，據傳一遍於臨終時亦隨侍在側。聖戒應曾在一遍的遊行地點親睹念佛活動而繪製，並非僅是表達一遍傳記而已，故以中世社會史料而獲得佳評。《遊行上人緣起繪》全十卷中，前半段四卷描繪一遍生平，後半段六卷則描繪真教的人生，強烈顯示時宗遊行派將真教奉為二祖的立場。

## 三、創立時宗教團

一遍曾言：「吾之化導，唯此一生。」認為時眾信仰僅止於自身一代。據《遊行上人緣起繪》所載，一遍示寂後，弟子入近郊的丹生山（兵庫縣神戶市），紛紛決心一向稱名，隨師殉身。後因當地領主請求化導，方才改變心意，推舉真教為傳法指導者。

真教首先前往越前國（福井縣），後以北陸、關東、甲信為主要遊行地點，逐漸鞏固教團基礎。此外，真教有別於一遍教團採取自然聚眾的方式，而是要求信徒必須徹底皈信指導者（遊行上人）。遊行上人具有無上權威，凡有不恪守教團規則者，將不認同其往生

位於北陸敦賀的氣比神宮，原本建於沼澤地上，時宗遊行上人二世（真教）發動僧尼共運砂土填平沼澤，始有今日外觀。（秦就攝）

資格，並在各地設置道場及寺院，逐漸成為遊行據點。此外，真教善詠和歌，與京都貴族有所交流，成為其知名特色。

真教將遊行上人的稱銜傳讓弟子智得後，於相模國當麻創建無量光寺（神奈川縣相模原市），並棲止其寺。此外，智得亦獲傳真教之法號（他阿彌陀佛），日後遊行上人皆襲此名。真教示寂後，智得入無量光寺，一年後示寂，由弟子真光繼任住持。然而亦為智得弟子、並在西國遊行的呑海，主張自己才是後繼者，故與真光形成對立。呑海將遊行上人的稱銜傳於弟子安國後，自身則隱遁於藤澤的道場（後為清淨光寺）。初期的時宗勢力是以無量光寺居於優勢，隨著鎌倉幕府衰微，呑海法系漸成主流（今日的時宗遊行派）。遊行上人隱居無量光寺成為慣例，此後隱居的遊行上人（藤澤上人）亦成為掌握實權者。

## 四、一向俊聖

一向派在江戶時代有時宗十二派之稱，其中包含某些與一遍法系無關的教團。這些組織與一遍同樣是遊行念佛者，故在宗教管制上納入統一管轄。其中特別重要的是一向派、天童派之祖一向俊聖。一向俊聖的傳記不明之處甚多，據《一向上人傳》所述，其人為筑後國（福岡縣）人氏，出家後稱為俊聖，此後曾向良忠修習淨土教，改名為一向。而後遊行西國及北陸，最終住於近江國番場（滋賀縣米原市）的草堂（後為蓮華寺），據傳於臨終時站立往生。一向教團亦稱為「時眾」，因遊行及踊念佛等修行方式酷似一遍教團，故兩者常被混淆。尊奉親鸞為初祖的本願寺派之所以被通稱為「一向宗」，亦是源自於與一向教團混淆所致。

# 第五節　創立日本禪宗

## 一、中世佛教史之中的禪宗

現今，禪宗是中世佛教研究中投入最多心力的領域之一，這是由於牽涉到中世禪宗研究的幾項課題所致。

過去中世佛教研究以淨土教為焦點，禪宗則是較冷門的課題。之所以從對立的意識型態這種觀點來探討新佛教與舊佛教、或顯密佛教與異端派，這是基於禪宗主流派過於接近權力且難以定位之故。禪宗是在中世時期從中國傳入的宗派，並非反映當時的日本「民眾」意識。若從專修、易行此點來看，雖有見解認為可將禪宗與淨土宗、日蓮宗並列，但若將禪宗的坐禪視為淨土宗的稱名念佛或日蓮宗的奉唱經題，則顯得太不合理。室町時代的禪宗在幕府推行的宗教政策中具有舉足輕重之位，其中尤以五山文學為代表，對文化形成莫大影響。這些在文化史或宗教制度史、教團史領域中雖有累積研究成果，但在廣泛的思想史定位上，可說是尚未充足（中世佛教的思想史研究原本就有偏好鎌倉時代的傾向）。

禪宗的特徵，在於缺乏淨土宗的法然、淨土真宗的親鸞、日蓮宗的日蓮般的明確宗祖存在。中世禪宗的最初發揚者是能忍與榮西，前者的弘教細節未詳，後者是以密教僧身分傳法而為人所知，故被視為並非傳揚純粹禪法的「兼修禪」。榮西與朝廷及幕府積極往來，據傳甚至在生前冀求大師封號，汲汲於名位尊榮，故不如其他宗祖能普獲眾好。此外，「臨濟宗」在日本戰國時代末期才發展為實質宗派，在此之前，由師弟關係建構的門派集團才是實際型態。就此意味來看，將榮西奉為「日本臨濟宗初祖」並不適切。何況榮西所傳的黃龍派禪法在中世僅是傍系，至今日本禪宗是以楊岐派為主流。

另一方面，被視為日本曹洞宗之祖的道元，在今日深受歡迎的程度，足以與中世的傳法者親鸞並駕齊驅。然而，道元思想在當時相當孤立，實際上難以做為中世禪宗的代表人物。

換言之，至今學者雖極為關注道元，但在思想史方面，對一般禪宗則有欠缺明確定位之嫌。近年研究禪宗的新趨勢，主要是針對過去慣於從否定立場來探討能忍的達磨宗或「兼修禪」，而予以重新正面評價，這是陸續針對「兼修禪」、「純粹禪」的課題，毋寧說是嘗試從禪宗與密教的關係來探討日本禪宗之特色，這在做為理論架構上，是以顯密體制論做為觸媒。另一方面，近年因發現榮西與密教的相關資料，以及達磨宗的史料，禪宗研究受到新課題的刺激啟發。這些研究究竟能產生何種成果，今後將有不少研究值得拭目以待，無疑是令人關注的趨勢。

## 二、大日能忍與達磨宗

大日能忍（生卒年未詳）是中世最早組織禪宗教團的人物。在此之前雖有傳揚禪法者，卻未能發展至教團規模。弘揚日本天台宗的最澄，曾師從行表而修北宗禪，並於唐土修習牛頭宗。比叡山表面上宣稱是以圓、密、禪、戒的四宗兼學為重，曾幾何時禪宗卻漸被忽略，終致消失於檯面。

至平安時代末期，尚有習禪者覺阿（一一四三—？）。據傳覺阿是因聽聞中國禪宗大興而入宋，習禪於瞎堂慧遠，後聞鼓音大悟。返國後，高倉天皇曾問其法，覺阿僅吹笛做為返答。覺阿此後的人生歷程不明，中國的禪宗史書《嘉泰普燈錄》有其略傳記載（是中國禪宗史書中最初記錄的日本僧侶）。從覺阿的存在，可窺知日本對禪宗甚表關心。

有關大日能忍的傳記方面，其內容多所不明。能忍原是天台密教僧，因讀《宗鏡錄》而自悟。據傳能忍曾遣弟子渡宋，將書簡呈於拙庵德光，此後獲受印可。德光是大慧宗杲法嗣，能忍獲得大慧派的禪法傳承。

大日能忍以攝津國三寶寺（大阪府吹田市）為據點，一時聲勢頗具規模，在經考證後，確認其門派續傳。其教義不明之處甚多，在強調「自心即佛」之際，可發現隱含現世利益的要素。此外，可推測其門下亦有念佛者，故難以概括而論。據傳能忍曾受傳統佛教勢力所壓迫，或被批判其缺乏正統法脈，事實情況究竟至何程度，因史料不足而難以獲得確證。

有關達磨宗發展過程的不明之處甚多，但中世信眾對「禪宗」產生強烈印象的，無疑正是此宗派。例如，日蓮將能忍與創立淨土宗的法然並列而提出批判（卻對榮西毫無任何評見）。此後，部分達磨宗信徒集體改入道元教團，成為支持初期日本曹洞宗的倚柱。光就此點來看，達磨宗的存在確實深具意義。

## 三、榮西與臨濟宗傳入日本

榮西（一一四一—一二一五）與能忍幾乎身處同一時代，同樣為禪宗根植於日本貢獻良多。榮西創建鎌倉的壽福寺、京都的建仁寺，後世視其為日本臨濟宗初祖。

榮西出身於備中國（岡山縣）的神官家系，卻出家成為天台僧而主修密法。仁安三年（一一六八）初渡宋，訪詣天台山、阿育王山等處，獲天台宗典籍六十卷返國。後經十載，又以筑前國的今津誓願寺（福岡縣福岡市）為據點，於九州弘通教法，幾乎所有密教著作皆撰於此時。

文治三年（一一八七）榮西再度得以渡宋，此次目的為巡禮天竺佛蹟，卻未獲中國

壽福寺為北條政子弔念亡夫源賴朝而建，並請榮西為開山祖師。（秦就攝）

朝廷准可。榮西遂入天台山，師事於虛庵懷敞並獲得印可，故傳臨濟宗黃龍派禪法（黃龍派是以黃龍慧南為初祖的門派）。建久二年（一一九一）返日，以九州為據點活動，並建造多座寺院（據傳入京後曾接受朝廷權貴請法）。

此後，榮西移住關東，以密教僧身分擔任各種供養法會的主法法師，並成為北條政子於鎌倉發願建造的壽福寺開祖。將軍源賴家又於京都創立建仁寺，榮西亦受請成為開山祖師（此二寺原非禪宗法系，自蘭溪道隆之後方確立為禪寺）。

擔任造東大寺大勸進的重源於建永元年（一二〇六）示寂後，榮西受任為大勸進並致力於復興事業。在此期間，法勝寺的九重塔於承元二年（一二〇八）遭焚毀，朝廷命其修復，後於建保元年（一二一三）竣工。榮西因功獲受法印，晉陞為權僧正。此時，榮西為獲大師封號而策動遊說，因遭慈圓反對而終止計畫（《愚管抄》、《明月記》）。榮西於建保三年（一二一五）示寂，《吾妻鏡》記述臨終地點為鎌倉，《元亨釋書》、《沙石集》則記載歿於京都。

榮西素有「持戒第一葉上房」之稱，以持戒堅固而著稱（葉上房為榮西房號，在此補充說明，「智慧第一」則是法然房）。除密教著述之外，榮西撰有不少與戒律有關的著作，即使在闡述禪宗的唯一著作《興禪護國論》之中，亦以頗多篇幅探論禪與戒的關係。榮西對禪宗的關心，主要在於戒律方面的課題，實修坐禪則非其關注焦點（據《沙石集》所述，榮西在世之際，建仁寺尚無實修坐禪）。

當時，壽福寺、建仁寺雖兼修天台宗義或密乘教法，卻非採取妥協方式，榮西故有可能積極實踐其理想。換言之，日本天台宗號稱以傳統的圓、密、禪、戒四宗兼學為重，榮西的目標則在於重興前述的統合性佛教。重興京都泉涌寺的俊芿（一一六六—一二二七）與榮西處於同一時代，亦以兼學四宗（律、密、禪、淨）為要旨，故能理解他們對於弘揚宗學的理想體現方式。

若以禪僧立場來看，因牽涉到與密教的關聯，故可發現榮西的傳法行動中有不少情況欠缺一貫性。但若從天台宗改革者的角度來看，則具有極高的整合性。「榮西＝臨濟宗初祖」的觀點，實有再檢討之必要。

## 四、榮西的門派

榮西的重要弟子，分別是榮朝、行勇、明全。

榮朝（一一六五—一二四七）為天台宗僧，榮西住壽福寺之時入其門下，後於上野國世良田（群馬縣太田市）成為長樂寺開祖。榮朝承襲榮西的密法（葉上流），尤為重視戒律（《沙石集》），此點十分值得注目。榮朝的門弟除了長樂寺第二任住持藏叟朗譽之外，尚有圓爾辨圓。

行勇（一一六三—一二四一）本為園城寺僧，後至鎌倉成為鶴岡八幡宮的供僧，榮西入鎌倉後則入其門派。榮西示寂後，行勇獲得源實朝的信任，於幕府將軍舉行佛事之際出任主法法師。源實朝遭殺害後，北條政子於高野山創建金剛三昧院，行勇成為首任住持，後於延應元年（一二三九）返鎌倉，住壽福寺。寬喜二年（一二三〇），行勇就任東大寺大勸進職，其弟子大歇了心亦任此職，而行勇本身堪稱是繼承榮西推展的社會活動。

至於明全，則如下節所述般，是道元依止的最初之師。道元隨師一同入宋，明全卻客死異邦。

# 第六節　道元與日本曹洞宗

## 一、道元的生平

道元（一二〇〇—一二五三）修學天台教理後，向榮西的弟子明全（一一八四—一二二五）習禪。道元隨師入宋，明全客逝宋土，未能還鄉。道元初入天童山，披閱嗣書（記載過去七佛以來的相承血脈）。此後巡錫諸方，師事天童山住持天童如淨（一一六三—一二二八），並獲授印可。道元與如淨的問答記載於《寶慶記》中，如淨表述的「夫參禪者，身心脫落」思想，給予道元深切影響。如淨為曹洞宗僧，汲取真歇清了的法流，道元則將曹洞宗初傳於日本（後述的宏智派初祖宏智正覺，與真歇清了皆是丹霞子淳的弟子）。

嘉祿三年（安貞元年，一二二七），道元返國後入建仁寺，在此撰著《普勸坐禪儀》，闡述自身對禪法的理解及坐禪方法、功德利益。此後，因受延曆寺僧攻擊，道元移居深草，建造觀音導利院（後為興聖寺）。道元在此最初導入中國式的打坐方法，並聚集僧俗信眾。曾修習日本達磨宗的懷奘於此時入其門下，淨土宗的良忠、長西亦參學於道元。仁治二年（一二四一）懷鑑、義介、義尹等日本達磨宗僧侶集體入其門下。在著述方面，道元於此時撰寫《正法眼藏》四十五卷。

寬元元年（一二四三），道元與弟子遷往越前國志比庄（福井縣永平寺町），原因是遭到延曆寺等勢力壓迫，以及包括懷鑑在內的日本達磨宗僧侶原本居於越前國一乘谷（福井縣福井市）的波著寺，故延請道元前往該寺。道元最初住吉峰寺，在此寺約撰《正法眼藏》三十卷份的內容，此後建大佛寺，於寬元四年（一二四六）改名為永平寺。根據此年九月所撰的《正法眼藏》〈出家〉卷記載，該書內容大致完成，以及道元於日後的說法（上堂普說）內容是以漢文體記載並收錄於《永平廣錄》。據傳道元於翌年前往鎌倉，因確切史料稀少，過程多所不明。寶治二年（一二四八）返回永平寺後，約於建長四年（一二五二）秋，道元因患疾而上京療養，就此於當地遷化。

## 二、道元的著作與思想

道元的主要著作是《正法眼藏》，內容為示眾（說法）所用的範本，簡言之，就是公案解說書，根據不同主題援引公案或相關經論來提示道元的見解。這不僅是佛性論或證悟的佛教本質問題，而是包含具體修行生活的樣貌，其主題多元化，不僅難以擷取精髓，更不宜摘要，在此僅指出此書的整體特色。

有關方法論的特色方面，在於道元能自在駕馭天台宗文獻的「觀心釋」手法。「觀心釋」並非依照字面解釋經論內容，而是從詮釋者的主觀理解來處理與原本文脈無關的解釋。道元之所以將「悉有佛性」讀為「悉有＝佛性」，或將「有時（某時）」解釋為「有＝時」，就是以觀心釋為基礎來做詮解。令人感覺到作者在撰寫之際，往往與引用或提及的《法華經》文義相輔相成，並以天台教學的解釋法為根柢（或以此為前提）。有關道元與中世天台宗的關係，多以思想上的異同成為問題所在，但應更重視在解釋技巧層面上的連貫性。道元於晚年重新執筆的十二卷本《正法眼藏》之中，仍潛含著觀心釋的解釋法，難以完全否定的是，或許道元對這種說法方式未曾感到疲厭。

道元認為自身法系既不能稱為曹洞宗，亦不能稱為禪宗，僅主張個人是維持明確的純正佛教而已。支持道元如此態度的，正是對其師天童如淨的無比信賴，以及透過信賴而與釋尊的法脈傳承彼此維繫的堅固確信。就此意味來說，貫通《正法眼藏》全篇的就是此一確信。原本就不能斷然否定，其實道元多少懷有一種戰略用意，試圖藉由天童如淨來誇示自身的正統性（中國禪宗對天童如淨的評述甚少，道元傾服於師的態度頗為主觀）。《正法眼藏》並非由道元親自纂輯，而是在其示寂後出現卷數各異的數種集成，至江戶時代才彙成廣為流通的九十五卷本。今日重視的是其嫡傳弟子參與編纂的七十五卷本，以及道元晚年撰述的十二卷本。如前所述，七十五卷本與十二卷本的內容明顯有異，究竟該如何理解兩者差異，在解釋道元思想上成為重大問題。

除了和文撰著的《正法眼藏》，尚有漢字書寫的《（真字）正法眼藏》。如同此書通稱為「三百則」一般，共輯錄三百零一則公案，是分為上、中、下三卷的公案集，道元個人意見並未載錄其中。至於《（真字）正法眼藏》是基於何種動機撰寫、與《（假字）正法眼藏》有何關係，仍有許多問題懸而未決。

道元的另一部主要著作是《永平廣錄》，亦即個人語錄，收錄其在寺內的隨機說法及偈頌（漢詩）。此書形式極為完備，反而偏於類型化，難以窺知道元的個性特質。至近世為止，《永平廣錄》並無寫本，在書誌學方面仍有問題未解。然而，尤其是有關道元在完成《正法眼藏》後的說法情況，除了參考《永平廣錄》記載，此外一無所知。若欲窺知道元思想的整體樣貌，《永平廣錄》是不可忽略的著作。

除了《永平廣錄》之外，尚有《道元禪師語錄》，篇幅僅是前者的十分之一。道元示寂後，弟子義尹渡宋，將「廣錄」呈於無外義遠，內容為選粹集成的語錄。《道元禪師語錄》於延文三年（一三五八）刊行，是道元最早期的著作（已佚）。此書與《永平廣錄》的字句及文字配列相異，並非單純的選粹集，而是具有專門著述的價值。

此外，道元高徒懷奘纂錄的《正法眼藏隨聞記》，亦在當時廣為流傳。然而，《隨聞記》究竟能忠實傳達多少道元的思想，仍需慎重檢討。例如，一般被視為道元代名詞的「只管打坐」，在《隨聞記》中反而比《正法眼藏》更為強調，兩者思想頗有歧異（本單元並無意探討「只管打坐」，但在此補充說明的是，同樣歸為懷奘所撰的《光明藏三昧》。其內容雖屬短篇，卻頻出現「只管打坐」一詞）。

## 三、道元教團的發展

道元示寂後，懷奘（一一九八—一二八〇）成為永平寺的次任住持，他曾向大日能忍的弟子覺晏習禪，此後師事於道元。懷奘常隨侍道元，謄寫《正法眼藏》多卷，後將住持之位讓於義介（一二一九—一三〇九），故而引發支持與反對義介的兩派之爭（三代相論），導致永平寺漸趨衰廢。義介遂離開永平寺，以加賀國的大乘寺（石川縣金澤寺）為據點。義介的弟子瑩山紹瑾（一二六八—一三二五），開創總持寺（石川縣輪島寺），門下有明峰素哲（一二七七—一三五〇）、峨山韶碩（一二七五—一三六五）等，奠定曹洞宗在全國發展的基磐。在此過程中，曹洞宗寺院汲取民間信仰或密教要素，成為擔任喪葬法會的主力。在思想方面，則導入洞上五位說（運用易學將證悟分為五階段而進行闡述），並盛行師資相承的口頭傳授。自江戶時代之後，永平寺方能確立本山地位，以重興道元教學為歸趨。

## 四、宏智派的發展

曹洞宗傳入日本後的發展門派，除了道元教團之外，尚有宏智派。宏智派是宏智正覺法系，是由東明慧日（一二七二—一三四〇）、東陵永璵（？—一三六五）所傳（永璵是中世最後一位渡日僧）。宏智派在五山派中占有一席之地，有不少門弟在文藝表現中嶄露頭角。因與朝倉氏關係甚深，隨著朝倉氏勢力抬頭，在天文年間發展臻於鼎盛，卻於天正二年（一五七四），隨著朝倉氏滅亡而步向衰微之命運。

# 第七節　禪宗的在地化與發展

## 一、圓爾與聖一派

道元遠赴越前之後，圓爾（一二〇二—八〇）彷彿取代其地位般入京，成為推動京都禪宗的核心人物（一般稱為圓爾辨圓，「辨圓」之名缺乏史證）。圓爾於園城寺修習天台宗，後至世良田長樂寺、鎌倉壽福寺，在長樂寺向榮朝修習台密，亦接觸禪宗。嘉禎元年（一二三五）入宋，師事於無準師範，獲傳臨濟宗楊岐派的禪法。

楊岐派以楊岐方會為初祖，圜悟克勤為此派的重要傳承者之一，其弟子有大慧宗杲、虎丘紹隆，前者稱為大慧派，後者稱為虎丘派。虎丘派嗣法為虎丘紹隆—應庵曇華—密庵咸傑，密庵咸傑的弟子有松源崇岳、破庵祖先、曹源道生，分別為松源派、破庵派、曹源派之祖。無準師範是破庵祖先的法嗣，圓爾在楊岐派中承襲破庵派的禪法。圓爾及本文後述的無學祖元，是促使無準師範法系的破庵派禪法成為中世日本禪宗的主流。

圓爾於仁治二年（一二四一）返國後，住於大宰府橫岳的崇福寺（福岡縣太宰府市），並於博多創建承天寺（同福岡市）。招請圓爾至崇福寺的湛慧，將圓爾介紹於九條道家，道家發願建造東福寺，迎請圓爾成為開山祖師。

九條道家與榮西同樣志在復興統合性佛教，東福寺是圓、密、禪、戒兼修。圓爾推行無準師範的禪林規制之際，亦講授主張禪教一致立場的《宗鏡錄》，或《大日經》等密乘經典的講義。圓爾與朝廷及諸宗交流，曾出任東大寺勸進職，重振遭祝融之災的建仁寺。圓爾示寂後，花園天皇於應長元年（一三一一）授其謚號為聖一國師，此為敕封日本國師號之首例。

《大日經見聞》十二卷是由痴兀大慧（一二二九—一三一二）筆錄圓爾的講義，是以台密為主軸，兼融東密（真言宗），更推衍個人見解，是呈現圓爾思想傾向的重要文獻。其他講義錄尚有《瑜祇經見聞》一卷，另有《聖一國師語錄》一卷。

尊奉圓爾為初祖的門派稱為聖一派，此派的重要行動在於將東福寺視為徒弟院（由師父將住持之位傳於得度弟子的禪寺）。徒弟院有別於十方住持制（由各派遴選住持），是由特定門派選擇住持。官寺在表面上採取十方住持制，東福寺住持則自始即由聖一派獨占，在維持該派勢力上發揮極大功能。

## 二、無本覺心與法燈派

無本覺心（一二〇七—九八，房號為心地房，亦稱為心地覺心）與圓爾同樣與密教有所關連，曾於高野山修習密法，並向金剛三昧院的行勇參修禪法。後隨其師行勇住壽福寺，獲得道元所傳菩薩戒，並向長樂寺的榮朝等修習諸學。建長元年（一二四九）渡宋，承襲無門慧開的法嗣。返國後住金剛三昧院，受請為紀伊國由良的西方寺（後為興國寺，和歌山縣日高郡由良町）開山祖師，此後專於此地活動。據傳龜山上皇曾發願創建禪寺（後為南禪寺），欲請覺心成為開山祖師，覺心予以辭退，此後受封號為法燈禪師、圓明國師。

無本覺心的門派稱為法燈派，興國寺是專修密法，此派與密教連結甚深。從覺心與道元的關係來看，顯示法燈派與道元教團維持往來，對於瑩山紹瑾之後的修行密教化亦有所影響。法燈派在南北朝時期，是以與南朝關係深厚而為人所知。覺心的代表弟子是孤峰覺明（一二七一—一三六一），其知名弟子為拔隊得勝（一三二七—八七）。

## 三、蘭溪道隆與大覺派

道元的重大功績是將禪宗實修法門正式導入日本，最終卻因離京遠赴能登，對京都的直接影響力十分有限。中國禪法的實修及制度得以在日本深根化，是受到來自宋土的渡日僧給予顯著影響，尤其是蘭溪道隆、無學祖元、一山一寧的影響最為深遠。

蘭溪道隆（一二一三—七八）師從於無明慧性（松源崇岳法嗣），於寬元四年（一二四六）渡日，入泉涌寺來迎院後，又轉住鎌倉。此時寄居於大歇了心（行勇的弟子）所住的壽福寺，後入北條泰實所建的常樂寺。建長元年（一二四九）北條時賴發願建寺，四年後竣工，迎道隆為開山祖師，寺名為建長寺，成為鎌倉時代關東禪宗的核心重鎮。

兀庵普寧（一一九七—一二七六）於文應元年（一二六〇）渡日，北條時賴尊其為師，並招請普寧入建長寺，時賴則於弘長二年（一二六二）獲授印可。兀庵普寧是無準師範法嗣，與圓爾為同門。普寧渡日的原因，應與圓爾招請有關。

建長寺總門懸掛的「巨福山」額，相傳是出於一山一寧之手，後方三門上有「建長興國禪寺」額，相傳出於後深草天皇之筆。（許翠谷攝）

另一方面，蘭溪道隆入京後，於文永二年（一二六五）成為建仁寺第十一任住持，將該寺改制為純粹禪寺（「建仁寺」的「仁」與後深草天皇之諱「久仁」相同，為避名諱而改寺號為「建寧寺」）。據傳道隆在京之時，曾向後嵯峨天皇講述禪法。

此後，蘭溪道隆返回鎌倉，

再任建長寺住持。（兀庵普寧於文永二年返國）。文永十一年（一二七四）蒙古襲來之際，道隆為讒言所陷，被指為蒙古奸細，遂遭貶居至甲斐的東光寺（山梨縣甲府市），此後獲准返回壽福寺，卻再度遭到流放。弘安元年（一二七八）重返建長寺，並於此年示寂。北條時宗奏請朝廷為其封號，故道隆獲贈謚號為大覺禪師（此為禪師號之始）。語錄有《大覺禪師語錄》三卷，以及認定為其所撰的《大覺禪師坐禪論》。

蘭溪道隆成為建長寺開山祖師，曾向北條時賴、時宗父子說禪，對宋代禪法在關東穩定發展發揮了極大功能。道隆門下（大覺派）在鎌倉時代的勢力僅次於聖一派，但在南北朝時期之後並無顯著發展。

## 四、無學祖元與佛光派

鎌倉幕府的執權北條時宗曾向蘭溪道隆習禪，在大休正念（一二一五—八九）於文永六年（一二六九）渡日後，又隨正念參禪。正念是秉承松源崇岳的法孫石溪心月所傳的法嗣，故與道隆同為松源派。

蘭溪道隆示寂後，無學祖元（一二二六—八六）應北條時宗之招請而渡日。祖元為無準師範法嗣，與圓爾、兀庵普寧系出同門，據傳在中國遭元軍襲擊之際，曾念誦「電光影裡斬春風」之偈，故得以倖免於難。渡日僧傳遞的元朝消息或反元情緒，對於時宗幕府因應元朝的政策影響甚深。

弘安五年（一二八二），亦即蒙古襲來的翌年，北條時宗創建圓覺寺，迎請無學祖元成為開山祖師。祖元化導包括時宗在內的眾多武士，以「老婆禪」的方式懇切指導。祖元於弘安九年（一二八六）示寂後，獲賜佛光禪師之諡號，此後追贈圓滿常照國師之號。

無學祖元的弟子中，主要有復興世良田長樂寺的一翁院豪（一二一〇—八一）、出任南禪寺（初為禪林寺）第二任住持並奠定該寺發展基礎的規庵祖圓（一二六一—一三一三）、景愛寺（京都尼五山之首剎）的開祖尼師無外如大（一二二三—九八），但被視為首席弟子的則是高峰顯日（一二四一—一三一六）。顯日是後嵯峨天皇之子，曾參禪於圓爾、普寧，將下野國那須的雲巖寺重興為禪寺。在此階段，據傳顯日與南浦紹明並稱為「二甘露門」。無學祖元渡日後，顯日師事於祖元，又陸續出任淨妙寺、萬壽寺、建長寺住持。顯日的弟子為夢窓疎石（一二七五—一三五一），形成室町時代五山派的主流。

## 五、一山一寧與引進宋代文化

一山一寧（一二四七—一三一七）於正安元年（一二九九年）以元朝正使身分渡日，其師承頑極行彌法嗣，系出虎丘派之中的曹源派。一寧渡日後被幽居於修善寺，獲釋後朝廷准其住建長寺，此後歷任圓覺寺、淨智寺、南禪寺住持。

一山一寧不僅深諳佛法義理，亦是通曉中國文化的雅士，在廣泛引進宋代文化的文藝、書法、水墨畫方面，對日本給予莫大影響。據傳一寧是以測試學生漢詩（偈頌）的創作能力來選拔弟子。在一寧法嗣中，除了雪村友梅之外，尚有夢窓疎石、虎關師錬等在其門下參學，成為五山文學的先驅。

至鎌倉時代末期，因有漢僧脫離元朝統治而亡命日本，或漢僧與入元日僧維持友好的情況，故在中國禪宗界具有影響力的僧侶紛紛渡日。代表者如清拙正澄（一二七四—一三三九）、明極楚俊（一二六二—一三三六）、竺仙梵僊（一二九二—一三四八）等。清拙正澄以撰述《大鑑清規》（分為廣清規、小清規二種），為清規制度移植日本而功不可沒。明極楚俊、竺仙梵僊與入元日僧雪村友梅一同於元德元年（一三二九）渡日，梵僊之師古林清茂在當時是偈頌運動（將禪僧作詩主題限於佛教題材之運動）的核心人物，許多入元日僧曾向清茂習禪。竺仙梵僊的渡日行動，是將古林清茂的文學志趣移植於日本，對日後的五山文學發展趨勢產生決定性影響。

## 六、五山與林下

五山十剎的制度始於中國，是將五座主要禪寺，以及比照此制度，另行制定十座禪寺的寺格（寺院等級）。五山依序分為五種等級，十剎亦是如此。日本應是在鎌倉時代末期開始實施此制度，但其發展詳情未明。中國的十剎之下設有甲剎，日本則設諸山（進而將南禪寺定位為五山之上）。五山、十剎、諸山共約一百八十座禪寺，性質皆為官寺，由幕府派任住持，表面上指派的人選與門派無關（稱為十方住持制）。在這些官寺擔任住持的禪僧有「五山派」之稱，至高峰顯日的法嗣夢窗疎石發揮影響力後，夢窗派在實質上成為五山派主流，以五山派偈頌為主的漢詩文則形成五山文學。

相對於五山派，不屬於官寺的禪寺則稱為「林下」。以地方發展為主的林下，在五山派受到戰國時代戰亂所影響而衰微後，逐漸占居日本禪宗的主流。「林下」亦包含以道元為宗祖的日本曹洞宗，臨濟宗的重要派別則是以南浦紹明為初祖的大應派。

南浦紹明（一二三五—一三〇八）師事於建長寺的蘭溪道隆，入元後，嗣法於虛堂智愚（松源派）。中國僧侶在其返國時贈以送別詩，紹明將此編成詩集《一帆風》傳世。文永四年（一二六七）返日，與蘭溪道隆重逢之後前往九州，住於筑前的興德寺、崇福寺。後於嘉元二年（一三〇四）入京住萬壽寺，後宇多上皇建造嘉元寺，欲延請紹明成為開山祖師，卻因延曆寺反對而中止。南浦紹明此後前往鎌倉，住建長寺並於此示寂，獲諡號為圓通大應國師。

南浦紹明的弟子宗峰妙超（一二八二—一三三七，與禪大燈國師）為大德寺開山祖師，妙超的著名弟子為徹翁義亨與關山慧玄，前者為大德寺第二任住持，後者為妙心寺開山祖師。妙心寺一時斷絕續脈，興寺後由雪江宗深奠定發展基礎，並受戰國大名的外護而朝向地方發展。五山派在室町幕府式微後失勢，在此情況下，妙心寺派將五山派各寺納入旗下。五山各門派斷絕苗裔，導致臨濟宗僅存紹明（大應）、妙超（大燈）、慧玄（關山）法系，稱之為「應、燈、關」，現今日本臨濟宗全屬此三法脈。就此意味來看，不得不說南浦紹明與大應派的歷史存在意義非凡。

# 第八節　日蓮及其教團

## 一、日蓮的定位

一般雖將日蓮定位為日蓮宗各派的初祖，卻有別於其他祖師的情況。這是由於面臨一項問題，亦即日蓮是否真有創立特定宗派的意圖，以及若從更客觀角度來看，日蓮是否真的開立新宗。

法然於《選擇集》中似有宣稱淨土宗獨立之意，日蓮則未宣稱獨立新宗。建長五年（一二五三）四月二十八日，一般稱為日蓮的「立教開宗」之日，是以唱誦題目（南無妙法蓮華經）為根本，表露日蓮個人思想並開始批判淨土宗。勉強而言，此為宣稱天台宗系的日蓮派，卻未能脫離天台宗獨立成為新宗派。從日蓮遭流放至佐渡的時期，就已批判天台宗趨於密教化，進而否定比叡山戒壇而主張「本門戒壇」，雖是否定當時的天台宗教團，卻並未否定天台教學。首先最重要的，是日蓮不斷強調自身是秉承智顗、最澄的正統法脈。

一般表示宗派獨立的方式，是成立獨有的教相判釋。換言之，是從該宗派的角度來提出應如何掌握佛法義理的基準。若針對此點來看，日蓮基本上是沿襲天台宗五時八教的教判，並未提出個人教判。誠然，天台教學與日蓮在針對《法華經》詮釋上有所差別，而此差異就在於五時八教教判中的型態變化，日蓮思想的整體架構顯然仍止於天台教學。

若從客觀角度來看，日蓮於天台宗的清澄寺（千葉縣鴨川市）出家並接受佛法教育，離寺後亦有往來。日蓮得以留居鎌倉，是基於天台僧身分而獲得保障之故。日蓮及其弟子每月舉行大師講（在天台大師智顗的忌日舉行講會），即使至暮年，其門徒亦身為天台宗寺院的僧侶。

即使從日蓮個人的思想來看，或從實際社會的存在型態來看，日蓮及其教團仍屬於天台宗，在鎌倉時代極有可能只被視為天台宗的異端派（日蓮宗的宗名是屈服於天台宗攻擊後所取之名稱，在此之前通稱為法華宗）。舊佛教、新佛教的區別原本只是便宜行事，對日蓮尤其如此。在理解日蓮思想及行動方面，此點應是極重要的課題。

## 二、日蓮的生平

日蓮（一二二二—八二）並沒有如親鸞《教行信證》、道元《正法眼藏》（或相當於個人語錄《永平廣錄》）般撰有主要著述。但其遺文數量龐多，不僅有書簡，還有獨立著作，卻因具有順應當代時局而改變的特色甚強，無法呈現日蓮個人的整體思想（就此點來看，日蓮與最澄十分相似）。日蓮的著作中，有許多是屬於不可忽視其生平經歷或時代發展，否則難以理解的內容。甚至可說日蓮的主要著作就是其畢生之體現。

日蓮生於貞應元年（一二二二），為安房國（千葉縣）人氏，因強調為庶民出身，實際的身分階級不明。日蓮於清澄寺出家，並向道善房習法，此後修學於比叡山，在京都畿內的寺院累修佛道。建長五年（一二五三）四月二十八日，於清澄寺公開表述己見，以淨土宗為首，並針對各宗進行批判。此後，日蓮遭受擔任地頭（管理莊園或公領地之職）的東條景信等專修念佛信徒所攻擊，故離開清澄寺而前往鎌倉。日蓮以號稱「阿闍梨」而為人所知，故從社會層面來看，應屬於天台宗的密教僧。

當時處於天災頻仍的時代，日蓮認為歸根究柢在於淨土宗等各宗漠視《法華經》所致，故對淨土宗進行批判，並向北條時賴提出《立正安國論》，訴求停止對淨土宗的布施。日蓮在書中述及若不聽其諫言，預言將發生自界叛逆難（內亂）、他國侵逼亂（他國侵略）。實際上，日蓮曾與北條時賴面晤，交談內容則無從知悉。據天台宗資料顯示，日蓮與川崎的竹圓房於最明寺殿（時賴）面前進行辯論，據傳日蓮窮於應答（稱名寺藏〈宗要集雜帖私見聞〉），但此資料的可信度仍有待商榷。

弘長元年（一二六一）五月，日蓮在草庵遭到專修念佛信徒襲擊之後，被流放至伊豆國伊東。三年後，日蓮獲釋返回故鄉安房，又遭東條景信襲擊而改往鎌倉。日蓮遭流放之際，叡尊曾訪鎌倉（弘長二年），並為鎌倉僧俗授戒，叡尊教團（西大寺律宗）勢力大為擴張。此後，日蓮將住於鎌倉極樂寺的忍性（叡尊弟子）視為法敵，並對各宗進行批判。尤其在蒙古襲來之前，朝廷渴盼獲得密教的祈禱加持，日蓮的主要批判對象，漸從淨土宗改為真言宗。

文永五年（一二六八），元朝（蒙古）來國書，日蓮將此解釋為他國侵逼亂的預言示現，試圖再度提呈《立正安國論》，並向各宗呼籲舉行法論。幕府與各宗皆漠視其意，在此時期，日蓮的信徒應有大幅增加之勢。日蓮將幕府命令忍性祈雨一事，認為是顯現「法之正邪」的絕佳時機，故提出「忍性若能降雨，就入其門下」。這項對決中，忍性無法祈天降雨，就日蓮立場而言是獲得勝利（日蓮真蹟《下山御消息》斷簡）。忍性對日蓮深懷怨恨，無論是公然或在暗地裡皆對日蓮加諸各種攻擊。對於當時正在構築戒備體制防範蒙古來襲的幕府而言，日蓮應被視為危險人物。

文永八年（一二七一）九月十二日，日蓮遭到平賴綱逮捕，將被祕密斬首。即將行刑之前，忽有炫光從江之島方向照來，行刑者見此奇兆，遂停止行刑。此後日蓮被流放佐渡，從此時開始書寫整合個人信仰的文字曼荼羅，並將御本尊授予門徒。此外，撰有長篇著作《開目抄》、《觀心本尊抄》，開示唯有唱誦「南無妙法蓮華經」才得以成佛的法門，唯有日蓮是如《法華經》預言般的《法華經》行者。日蓮流放佐渡之際，幕府內發生執權北條時宗誅殺六波羅探題北條時輔一派（文永九年二月）。日蓮認為此事件正符合自界叛逆難的預言，對法華信仰更加篤信不移。

文永十一年（一二七四）三月，日蓮於獲釋後返回鎌倉，此時幕府（北條時宗）向其垂詢蒙古襲來的時機，卻並未聽信其批判諸宗的言論。日蓮離開鎌倉後，隱遁於信徒波木井（南部）實長所領的甲斐國身延（今山梨縣南巨摩郡身延町）。初時日蓮在窮乏困頓中勉為度日，不久建設道場化育弟子，撰有《撰時抄》、《報恩抄》等長篇著作，針對天台宗自圓仁、圓珍之後逐漸密教化的宗義提出批判。各地信徒應是以日蓮的嫡傳弟子為核心進行活動，日蓮本身則以書簡答覆有關信徒對其供養或生活上的疑問，不僅直接擔任信仰指導，並將文字曼荼羅授予信仰堅固者，掌握整體教團營運。

日蓮於文永十一年入身延山，此年正值元軍來襲，卻在暴風雨侵襲之下，船隊全軍覆沒（文永之役）。元軍於弘安四年（一二八一）再度入侵，歷經約一個月相戰後，船隊再度遭暴風雨之阻而漂流沉沒（弘安之役）。從日蓮教團的立場來看，這恰是符合預言，而其教團在預測元軍於弘安之役以後恐將第三度來襲的緊張氣氛中，逐漸伸張勢力。

在此同時，幕府與既有宗派受到日蓮教團的刺激，對其門徒及信眾採取更嚴厲的迫害。例如在家眾之中，池上宗仲、宗長兄弟因其父信奉真言律宗而被要求斷絕親子關係，四條賴基則遭受主君逼迫其改信他宗（日蓮解讀此為忍性策動所致）。日蓮以書簡予以激勵之外，又為賴基代撰辯解書，致力於解決問題，最終皆由日蓮信徒方面成功改變信仰。至於曾在天台宗寺院四十九院修學的弟子日興等人，亦遭迫害而被驅逐出寺。

「熱原法難」是日蓮晚年之際，其門下遭受最大迫害的事件，其信徒在駿河國熱原地區（靜岡縣富士市）遭遇法難。此事件原本是日蓮弟子在熱原的天台宗系瀧泉寺遭受迫害，以此為導火線，更引發領地內的農民信徒受牽連而遭處斬。加害的首謀者是瀧泉寺的代理住持行智，不僅強迫日蓮的信徒停止讀誦《法華經》，強制要求改為稱名念佛，自身甚至犯殺戒及破葷。就行智的行徑來看，應是專修念佛的信徒。此外，從遭受行智迫害的神主投靠日蓮信徒一事來看，可知行智是基於不拜神祇的立場所致。

熱原法難耐人尋味之處，是相對於專修念佛信徒破壞區域的宗教秩序，而日蓮信徒則是採取維持固有宗教秩序的立場（從神主請託日蓮門下庇護的情況顯示），此事件如實反映出日蓮教團具有雙重性，其另一身分是法華專修的天台僧。行智控訴日秀等人率領信徒違法割稻，日蓮信徒則指控此為子烏虛有，行智等人才是真正違法行事。熱原屬於北條得宗所領，事件交由侍所所司平賴綱（逮捕日蓮的主導者）裁決，被視為首謀者的三名農民遭到斬首（平賴綱以援助刊行《教行信證》而為人所知，對專修念佛採取友好立場）。日蓮對自身信徒即使被迫稱名念佛仍不受對方折伏，依舊堅持法華信仰的行舉，以「非同小可」而稱揚不已。

日蓮入身延山後體況漸衰，弘安五年（一二八二）在前往常陸溫泉療養的途中，留居於武藏國的池上宗仲邸，遂於十月十三日示寂。

## 三、日蓮的思想

簡要言之，日蓮思想就是以題目（南無妙法蓮華經）為至高真理。所謂題目是指經典題名，尤指《法華經》的經題「妙法蓮華經」，以及附加「皈依」之意的「南無」（梵語namas的音譯）所構成的「南無妙法蓮華經」。雖從平安時代就已唱誦皈依《法華經》的「南無妙法蓮華經」，日蓮的思想特色則認為唱題即是《法華經》精髓，甚至將唱題的重要性置於《法華經》之上。

日蓮根據天台宗的五時八教，將《法華經》定位為經中之王，特別強調唯有《法華經》能使一切眾生成佛。日蓮根據末法思想，主張釋尊宣說的《法華經》於末法時期已然失效，此時唯有《法華經》的精髓「南無妙法蓮華經」才是正法。

日蓮的思想發展一般是以流放佐渡為分界點，畫分為兩個時期。在流放之前（佐前），日蓮傾力於批判淨土宗，示說釋尊宣講的《法華經》較彌陀信仰更具優越性，相對於稱名念佛則鼓吹唱題。遭流放佐渡後，日蓮批判的對象轉為密教（真言宗與台密），除了題目之外，亦探論御本尊。

所謂御本尊是指信仰對象，日蓮具體所指的是奉唱經題的對象，亦可指在流放佐渡時期所製作的文字曼荼羅。此曼荼羅是日蓮最獨樹一格的「作品」，並彙集日蓮的宗教世界觀。

文字曼荼羅的正中央，是以大字書寫「南無妙法蓮華經」，左右配置《法華經》等典籍出現的諸佛菩薩及神祇、佛僧。這是表現《法華經》的說法場域，諸尊配列方式反映出日蓮的宗教世界觀。文字曼荼羅由簡至繁呈現幾種樣式，主要分為以下四大部分：

最上層：是釋尊、多寶佛（為證明《法華經》而示現的佛）、四菩薩（以釋尊入滅後宣誓流布《法華經》的「地湧菩薩」為代表）。

中層：包含文殊師利等菩薩、舍利弗等佛弟子，以及梵天、帝釋、日天、月天等諸神，以及《法華經》中登場的龍女及鬼子母神、龍樹、智顗（天台大師）等諸尊及聖賢僧。這部分在不同的文字曼荼羅中有顯著差異。

最下層：八幡大菩薩、天照大神（日本神祇中勸請的二神，日蓮認為此二神的本地為釋尊）。

外圍：四角方位是四天王，左右兩側中央分別是象徵不動明王、愛染明王的梵字。

中央題目是以特殊字體撰寫，俗稱為「髭題目」，象徵題目力量放射四方，一切眾生悉皆成佛。題目下方多為直接書有「日蓮」署名的花押，此非單純署名，而是日蓮自身融入曼荼羅中。若與日蓮一同唱題，就能與曼荼羅的世界相繫。透過向充滿題目力量的《法華經》世界來唱題，行者自身就能與題目相融一體、得以成佛，這堪稱是日蓮式佛教的心髓。

日蓮對個人信仰的正統性深具信心，認為應普及社會，故在流放佐渡前推行「立正安國」運動。他認為錯誤信仰是釀成天災人禍的根本原因，執政者若希冀社會安定（安國），就應放棄錯誤信仰，而奉持正確信仰（亦即日蓮的主張）。自《立正安國論》之後，日蓮屢對幕府表態，卻未被接納。

日蓮放棄勸服幕府後，以構思設置「本門戒壇」做為未來課題。「戒壇」是指僧侶出家受戒的場域，相對於比叡山大乘戒壇，日蓮主張設置末法戒壇的「本門戒壇」（日蓮認為大乘戒壇出現後，東大寺等寺院的戒壇喪失意義）。原本日蓮就未詳述「本門戒壇」，究竟是指具體的社會制度，或以比喻方式表現信奉者實踐信仰的場域，後世則有不同見解（前者稱為「事戒壇」，後者稱為「理戒壇」）。若認為是以比叡山大乘戒壇為參考對象，從日蓮個人的意圖來看，應可解釋為「事戒壇」。日蓮的理解方式，是如同日本諸僧在大乘戒壇受戒般，末法時期的所有佛教信徒應受「本門戒壇」，如此顯示日蓮佛教的社會正統性，「本門戒壇」則促成日蓮佛教在社會中得以延續。

## 四、日蓮的門徒

日蓮於示寂之前，決定六名嗣法高弟（後稱六老僧），依其入門順序，分別為日昭、日朗、日興、日向、日持、日頂。日蓮於身延遷化後，六名弟子輪流守護師墳，不久制度卻顯現破綻。原因在於六人皆是各地教團的核心人物，無法長留身延。

最終是由日興居於身延管理墓地，隨後日向加入。身延的地頭波木井氏逐漸與日向維繫較深，不久日興離開身延，獲得南條氏護持而遷至富士郡，並以此為據點。有關日興離開身延的原因，日興教團認為是起因於波木井氏容許拜神或念佛，以及日向對此表以妥協等，但從史料來看，仍有不少有待商榷之處。另一方面，日昭以鎌倉海濱的法華寺、日朗以武藏國池上的本門寺（東京都大田區）為據點。日持原為日興弟子，投靠日朗後，其生涯事蹟不明（一說是為傳法而入華，確切證據不明）。日頂是當時有力信徒富木常忍的繼子，曾被期許為下總地區的傳法主力，卻無法獲得當地信眾支持。富木常忍自身亦出家，法號為「日常」，以真間山的弘法寺、若宮的法華寺（二寺皆位於千葉縣市川市）為中心而形成門派。

日蓮的嫡傳弟子並未留存具代表性的著作，故在日蓮示寂後，幾乎無從得知其思想發展。日向撰有《金綱集》十卷，是批判諸宗的資料集，並非日向個人的思想發展。日興對其他五老僧提出非難，認為他們在日蓮示寂後的彈壓過程中，自稱傳承天台宗法脈而進行祈禱，並藉此免遭法難。五老僧的實際思想不明，日興強調自身尊崇日蓮則是實情，此後日興流派建構了日蓮本佛論（主張日蓮不僅是實踐釋教的菩薩，更是位居釋尊之上的根源本佛）。

日蓮門下的各教團以關東為據點，至室町時代傳入京都，隨著聚集都市民眾信仰，與兼採武力抗爭的其他宗派展開競逐。

## 五、結語——鎌倉新佛教的意義

日蓮與一遍示寂後，鎌倉新佛教面臨終結，進入由門徒主導的室町佛教。如本節最初所述，「鎌倉新佛教」的名稱過於便宜行事，各宗派的祖師思想原本並無明確的共通點。就廣義而言，或許具有共同的時代精神，而此亦能反映於貞慶、明惠、叡尊、良遍這些被歸類為「舊佛教改革派」的人物中。若將兩者差異過大檢視，如此處理態度並非適切。

筆者想從本叢書主題「新亞洲佛教史」的觀點，來探討鎌倉新佛教所具備的意義。現今日本佛教在與其他佛教圈比較之際，可發現戒律明顯衰微是其癥結所在。根據佛教基本原則，在教團生活中奉行戒律（vinaya）者才是僧侶，但在日本則難以發揮此原則。不僅是「食葷娶妻」的問題，亦欠缺教團應根據戒律營運的觀念。就此意味來看，鎌倉新佛教的成立與發展，應是「日本佛教」形成的一大里程碑。

如前所述，鎌倉新佛教各派皆以日本天台宗為母體，就教團論的層面來看，日本天台宗的最大特徵，在於主張「戒律屬於小乘佛教，大乘僧侶毋需接受其制」。姑且不管其他面向，鎌倉新佛教各派對於「律即小乘」的概念，完全沿襲日本天台宗的見解。在鎌倉新佛教各派伸張勢力的過程中，如此觀念成為日本根深柢固的「常識」。中世以後屢求復興戒律，卻無法破除此「常識」，對於戒律過度貶抑的看法，甚至延伸至近代佛教學。

既然否定佛教教團中的共同規範——戒律，各宗派遂以獨特方式自行培育僧才。宗派內部為求向心力，積極宣揚各祖師的領袖魅力。所謂強烈的宗派性或祖師信仰，這些一般被視為日本佛教特徵的課題，皆與戒律式微有所關聯。

若從「新亞洲佛教史」的觀點來看，應將鎌倉新佛教視為缺乏戒律的「日本佛教」在形成過程中的一項重要環節。

專欄二

# 未來記

小峯和明（立教大學教授）

未來記是指預示未來的預言書，在漢語中並無此詞，日本則在中世形成固定用法。未來記在中國稱之為「讖」，日本古代亦廣泛採用此稱。喜好預知未來乃是人之本性，各時代社會皆有預言存在，具有預知能力的特異人士（巫覡 shaman）成為必要所需。人們因口頭預言難以重複，聲音傳達範圍有限，更意識到對後世的影響力，故製作文字文本成為預言書，亦即未來記。未來記的撰寫本意，是試圖以文字記錄來掌控後世的發展。雖說文字世界必然有未來記存在，卻與盼能拯救未來的宗教世界因緣更深。世界上無論任何宗教，皆仰賴預言書。

說起日本最具代表性的未來記，就是〈聖德太子未來記〉與〈野馬台詩〉。未來記數量龐多，難以估量，但從對後世的影響力來看，前述的兩類型最具代表性。然而，〈聖德太子未來記〉隨時代變遷不斷重新撰造，出現數量極為可觀的文本，內容與形式亦非特定，故其名稱應被視為普通名詞。〈野馬台詩〉則是五言二十四句的短詩，內容未有顯著變化，反而因注釋極多，在傳承時隨著時代更迭而改變涵義或功能。就此點來看，兩者呈現強烈對比。

據傳〈野馬台詩〉是出自中國南梁時期寶誌和尚所作，至八世紀傳入日本，被解讀為奈良時代末期，從孝謙、道鏡事件至光仁天皇即位的政變過程的預言詩。日本近世亦有說法指出此詩是偽撰，最著名的例子是院政期的《江談抄》、《吉備大臣入唐繪卷》等著作中，描述中國皇帝命令遣唐使吉備真備解開一則難解謎題（一首以暗號詩方式表述的〈野馬台詩〉），幸蒙長谷觀音顯靈而得以解謎，此為〈野馬台詩〉傳入日本的由來。尤其是「百王流畢竭」之句，是以日本將經歷百代天皇而滅亡的百代思想為基礎而普遍流傳。「黃雞代人食，黑鼠喰牛腸」、「猿犬稱英雄」之句，被注釋成假借雞、鼠、猿、犬來擬喻當代或歷史人物，並藉此解讀事件或史實，這種注釋方式頗為盛行。例如，應仁之亂的山名宗全、細川勝元分別出生於申年、戌年，故將兩者各擬喻為猿、犬。尤其在中世後期大量製造此類注釋書，並於近世出版，似乎轉化為解讀歷史的遊戲。室町時代的公家或僧侶的日記中，亦有根據〈野馬台詩〉來解釋包括一揆在內的事件發生原由。例如，從聖德太子治世、壬申之亂以後的天智天皇與天武天皇的皇統遞嬗、源平合戰、應仁之亂，這些歷史轉換過程是受到〈野馬台詩〉的文義解釋所引導。近世以後，預言對象更為廣泛，隨著時代逐漸龐大化。其雖屬於短詩形式，至今卻包含無限的歷史延伸劇，浮現出與直線式的因果定律所連結的歷史概念迥然不同的歷史觀。

另一方面，從〈聖德太子未來記〉來看，可知《日本書紀》已將聖德太子視為可了知「未然」的人物。平安時代的《聖德太子傳曆》中，太子是以預言者的具體形象登場。早期之例如《四天王寺緣起》中出現聖德太子的預言之句，並讚頌空海、藤原道長是聖德太子再世。古代史針對聖德太子是否為真實人物而屢有論爭，但從他對後世產生極大影響此點來看，是否真實存在已非問題所在。十一世紀中葉，發生了在祭祀太子的磯長廟中掘出〈聖德太子未來記〉的碑文，暴露出試圖爭奪利益權而捏造預言的事件。在此時代，仍有與聖德太子相關的寺領為了擴張領地而假造預言的情況。至十三世紀，以承久之亂為契機，逐漸出現擴展至國家層級的預言。藤原定家在《明月記》所記錄的天王寺碑文中，出現貌似猿猴的妖怪自天而降掠人吞噬，劇情陰慘而具毀滅性，其內容與〈野馬台詩〉的注釋亦有交集，發展出令人匪夷所思的謎樣世界。尤其是《太平記》記載一則著名故事，內容為南北朝內亂之際，楠木正成因在天王寺披閱〈聖德太子未來記〉，故而追隨後醍醐天皇，此後又從此故事衍生其他的未來記（《太子未來記傳義》等）。〈聖德太子未來記〉甚至成長為占卜國家局勢發展的預言書。這與中世的聖德太子傳的成長密切相關，就某種意味來看，雖說聖德太子傳具有未來記的意義，卻具有讓寺社之爭昇華到更高層次的功能。近世依舊不斷產生〈聖德太子未來記〉，出版《日本國聖德太子未來記》等著作，成為宗教抗爭的資糧。此外，《先代舊事本紀大成經》所收錄的《未然本紀》，是內容龐大的太子傳，並以新撰〈聖德太子未來記〉的形式，特別予以獨立篇幅並附加注釋。

自近世以後，未來記因內容有誤或創造預言而遭致否定，卻依舊持續生產文本，並使其具有意義。未來記在佛教界尤其發揮重要功能，活用於講釋經典等方面。這是由於預言是表現宗教言論的本性，尤其是終末論思想在任何宗教中皆是不可或缺，成為一種能煽動現實危機感，就是最能鼓舞信仰的方便言論。而未來記正是最便利的方式，最重要的莫過於其內容如實體現了歷史認知。究竟應如何解讀曖昧不明的現實或歷史，這正考驗未來記的存在價值。現代已無法目睹的歷史觀點，堪稱是存在於未來記中。

預言書不僅只有未來記，其他尚有託宣記、家訓或遺囑、遺告、遺戒、夢想記等類別，並具有預言書的涵義。遺告或遺戒並非只針對某特定家族或個人，而是對後世的一般、普遍言論。今後，這些課題有待從廣義角度一併做進一步研究。

此外，未來記（預言書）並非日本所獨有。例如朝鮮的《鄭鑑錄》，或在中國是以《推背圖》為代表的多部讖書。越南則有漢字史料《讖記秘傳》寫本，其內容尚有待解讀。閱讀未來記時，應將之視為一種以東亞為首，在浩瀚世界中發展的「預言文學」。

**文獻介紹**

小峯和明，《中世日本の予言書——〈未来記〉を読む》，岩波新書，二〇〇七年。

小峯和明，《〈野馬台詩〉の謎——歴史叙述としての未来記》，岩波書店，二〇〇三年。

第三章

# 佛教徒推行的社會活動

松尾剛次

山形大學教授

# 第一節　律宗教團與社會活動

## 一、叡尊與忍性

提到佛教徒推展的社會活動，是以僧侶行基（六六八—七四九）、重源（一一二一—一二〇六）最為著名，尤其在提供活動模式方面，對後世佛教界產生莫大影響。至中世（十二世紀末—十六世紀），佛教徒才全面發展公共社會事業，並以全國規模來接納委託建設或維持管理橋樑、道路、港口等設施。在此筆者特別關注奈良西大寺的叡尊（一二〇一—九〇），以及身為優秀弟子的鎌倉極樂寺忍性（一二一七—一三〇三）所代表的律宗教團，並具體述說佛教徒從事的社會活動。

之所以探討他們的原因，是基於律宗教團在中世佛教徒推行的社會活動中十分引人矚目，恰成為中世佛教的典型之例，甚至可從其活動過程中，理解中世佛教徒的活動組織型態及思想（松尾剛次，二〇〇四）。

## 二、何謂律僧

過去提到中世的叡尊、忍性等律僧，往往認為其等同於古代南都六宗之中的律宗。然而，無論在個人身分或活動層面上，皆具有決定性差異，必須予以區別。換言之，若從身分來看，南都六宗的律宗是指屬於興福寺、東大寺的官僧（官僚僧）身分的戒律研究僧團。叡尊、忍性則是脫離官僧身分（當時用語為「遁世」）的僧侶（遁世僧），並以戒律與密教為核心，形成包含在家眾所構成的教團（松尾剛次，一九八八）。

近世以後，叡尊教團被稱為真言律宗教團，中世則稱之為律僧。尤其是以奈良西大寺為據點，尊奉叡尊為祖師的律宗教團，亦以叡尊教團的方式體現。

至於律僧在當時是否為官僧則是重要課題。如同後述般，原因是官僧在面對死穢等以穢厄禁忌為代表的活動上受到限制，難以從事喪葬儀式等社會活動。相較之下，脫離官僧身分的遁世僧則無此束縛，得以積極投入與穢厄相關的社會活動。

# 第二節　救度亡者

## 一、喪葬與僧侶

律僧的社會救濟活動相當多元，首先關注的是與喪葬的關聯。現今的日本僧侶是以處理喪儀為首要之務，雖說律僧只顧著辦喪事，卻總顯得提不起勁。

然而，中世僧侶在推行喪葬活動之際，卻出現重大革新。如前所述，這是基於古代、中世的僧侶，基本上是由興福寺、東大寺、延曆寺、園城寺的官僧所構成，他們在活動之際，受到避諱穢厄的限制所影響。

穢厄的種類包括死穢、產穢等方面，死穢是指觸碰屍體或與屍體同坐所造成的穢厄，接觸（觸穢）之後，需於三十日間禁足於室，原因是觸穢被認為具有傳染性，為了避免傳染於他者，在穢厄消除期間不得外出（山本幸司，一九九二）。

在避諱穢厄方面，如《延喜式》對穢的規定是比照執行神事般，原本就與神事有所關聯。神佛習合自十世紀以來持續進行，寺院兼設鎮守神社，官僧於神前讀經，導致官僧亦將避諱穢厄視為一種義務。

即使身為僧侶，若在平安時代僅是一介貧僧，亡骸遭人遺棄乃是司空見慣之事（勝田至，二〇〇三）。

例如，《今昔物語集》卷十三第三十話，比叡山東塔僧侶廣清入京後，病歿於一條北邊之堂，據傳「弟子將其屍棄於近郊」。此後，廣清的「置身處（墓所）」於每夜傳出誦讀《法華經》之聲，弟子聞聲後，改將其師的骷髏放置於山中清幽處，依舊傳出誦經聲不絕。

如文中所示，當時僧侶雖有弟子，卻無法舉行正規喪儀，亡骸慘遭遺棄。

至於《今昔物語集》卷二十八第十七話，擔任藤原道長的讀經僧（或許是興福寺僧）誤食毒香菇而亡，道長心存哀愍而賜其喪儀費，故而得以風光下葬。另一名東大寺僧亦是道長的讀經僧，遂言：「後事免於寒酸，著實令人稱羨，我等若命盡，恐被棄於道旁。」

從興福寺僧與東大寺僧的故事來看，可知當時的僧侶若非具有舉足輕重之身分，其他僧眾將無法為其送終，故而深陷於曝屍道畔的恐懼中。其背景因素不僅是送葬費用的問題，更包含官僧必須避諱死穢所致，故僧侶（尤其是官僧）難以參與一般民眾的喪儀。

至中世時期，始有零星出現僧侶在面臨百姓懇請做法事之際，雖懷著忌憚死穢的忐忑之心，卻以慈悲為懷，終究為其舉行喪儀的例子。例如，鎌倉時代前期撰成的《發心集》卷四第十話，則有以下故事情節。

某位地位崇高的僧侶發願前往日吉神社參詣，時間為期百日，卻在參拜至第八十日的途中，遇見一名啼泣不已的孤女。原來此女因無法為亡母下葬而悲泣，僧侶心生憐憫，遂代為處理喪事。此後僧侶一路提心吊膽，擔憂是否身染穢厄，終於抵達日吉神社。就在參拜之時，日吉神示現神蹟，不僅褒揚他具有慈悲心腸，並接受其參拜。

換言之，不僅有期盼僧侶為其舉行喪儀者，亦有基於慈悲心且不避穢厄、寧願代為舉行喪儀的僧侶，以及因慈悲行而觸犯忌諱的僧侶存在。這些僧侶看似各自從事活動，另一方面，遁世僧卻是以教團型態形成組織，此點十分值得矚目（松尾剛次，一九九八）。尤其是律僧的情況，與禪僧同樣與公家政權、武家政權相結合，以行動力擴展至全國規模，上為天皇、下為庶民舉行喪葬儀式。

## 二、清淨戒無垢染

其次是從伊勢岩田圓明寺（廢寺，三重縣津市岩田）僧侶覺乘（一二七五—一三六三）的故事中，可知律僧是如何超越穢厄障礙的邏輯思維，內容極具啟發性。覺乘為叡尊法孫，曾任西大寺第十一任長老（住持）。

據傳覺乘於伊勢弘正寺（三重縣伊勢市楠部）之際，伊勢神宮的神明曾宣諭指示其應住圓明寺。某日，虔誠尊奉神祇的覺乘渴盼拜見御神，立誓從圓明寺以百日參拜的方式參詣伊勢神宮。至結願之日，就在行經齋宮用地時，遇到一名客死他鄉的旅人。覺乘受此旅人的相識者之託，為逝者舉行超度儀式，並擔任喪儀主法法師。此後抵達宮川畔時，忽有一老翁現身，問道：「汝甫行喪事，染死穢惡，欲參神宮，豈非失儀？」覺乘遂答：「清淨戒無垢染，難不成與末世相應，命我就此打道回府？」問答之間，一名白衣童子驀然現身，詠歌道：「往後凡有來自圓明寺者，不以穢厄視之。」詠畢，就此杳然無蹤（〈三寶院舊記〉十四，《大日本史料》六—二十四，八六八頁）。

如前所述，官僧若涉及喪葬之厄，將禁足三十日方能奉行神事。然而，律宗根據「清淨戒無垢染」的邏輯思維，對死穢無所怖畏，甚至參詣嚴格杜絕禁忌的伊勢神宮。換言之，所謂的「清淨戒無垢染」是指每日嚴持戒律，建構免受不淨之災的防護網，如此主張可說是超越死穢的邏輯表現。

在老翁與覺乘的問答中，明確顯示嚴持戒規的律僧，在身處於護持戒律與從事社會喪葬救濟活動的夾縫中，對於遵守戒律是抱持何種看法。由此可知他們是以律僧身分在生活中恪守戒律，守戒不只不會阻礙社會救濟活動，反而更能達成守護功效，使其免受穢厄所害。在前文所舉的文獻中，伊勢神宮的神明亦認同守戒可摒除穢厄。

前文略提到的說話集《發心集》，原本即有此類故事型態。僧侶欲直接參詣神社，途中卻為年輕女子的亡母送終，在處理喪事後方能前往參拜，御神則示現稱揚其慈悲為懷。覺乘的例子堪稱是特定故事類型，關鍵點在於覺乘不僅未被視為染穢，在「凡有來自圓明寺者」的情況下，叡尊教團一切僧眾皆不受穢厄所染。換言之，叡尊教團的律僧皆以「清淨戒無垢染」的邏輯思維，顯示出得以擺脫穢厄禁忌而自由行事。進而從說話故事等領域中，更可發現如此類型反而凸顯僧侶在神佛習合時代從事喪儀之際，若無法遵守消除死穢的禁足規則而就此參詣神社，則是屬於觸犯禁忌的行為。

因有「清淨戒無垢染」的邏輯思維，方有可能讓叡尊教團得以從事喪儀等穢厄活動。律僧超越官僧被束縛的死穢禁忌，推出可掌控死穢禁忌的劃時代邏輯推論。除了死穢之外，這種邏輯思維亦成為律僧以教團型態在救濟非人等與穢厄有關活動之際的思考型態依據。

叡尊教團的律僧進而組織齋戒眾，令其專門處理送葬或救濟非人的活動實務。齋戒眾是指身為俗眾，卻如後述般依然護持齋戒，介於俗人與律僧之間，並從事律僧難以直接涉入的活動（例如戒律禁止涉及金錢相關事宜）。在組成齋戒眾的過程中，顯示官僧將喪葬活動視為觸穢而有所避諱，律僧卻表現出試圖以組織型態來處理的決心。

圖一　弘正寺五輪塔（松尾剛次提供）

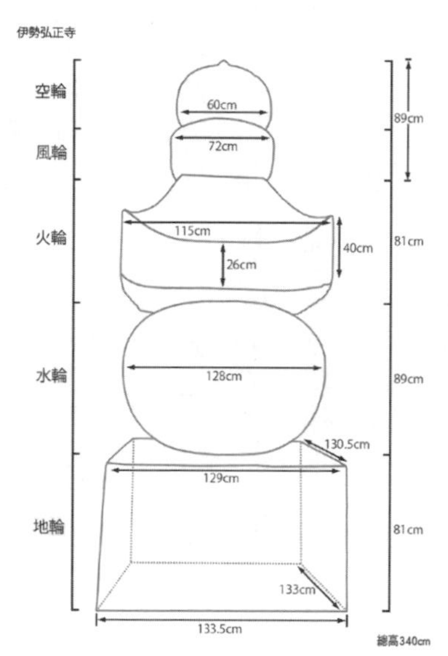


圖二　弘正寺五輪塔測量圖（松尾剛次提供）

## 三、五輪塔與律僧

律僧透過組織化從事喪葬事宜，甚至形成律僧的「死亡文化」。換言之，就是建造五輪塔、寶篋印塔等石塔（墓塔、供養塔），或製作骨灰罈、構成喪葬儀式等。

首先參閱圖一或圖二，圖一是筆者於西元二〇〇七年在三重縣伊勢市楠部弘正寺發現的五輪塔照片，圖二是將圖一照片經由電腦處理後附上測量數值的圖示。這座五輪塔是由花崗岩製成，是高達三點四公尺的巨型五輪塔。

伊勢的弘正寺目前為廢寺，以

叡尊為開祖，弘安三年（一二八〇）建為律寺（或許重建），曾是伊勢首屈一指的寺剎。圖一的五輪塔規模與西大寺奧之院的叡尊塔一致，叡尊教團認為塔高應按僧侶身分定其比例，或許是叡尊分骨塔。

五輪塔是由五塊石頭堆積的墓塔或供養塔所構成，由下往上依序是方形的地輪、球形的水輪、三角形的火輪、半球形的風輪、團形的空輪所構成。平安時代後期，五輪塔以密教系統的石塔呈現，此後超越各宗派成為流行式樣（川勝政太郎，一九八八）。

據傳五輪塔原型是中國傳來的五輪圖，並由高野山的覺鑁勸請製作。

現存最早的五輪塔，是仁安四年（一一六九）奧州平泉中尊寺所建的銘塔，材質為砂岩。五輪塔的稱謂見於〈教王護國寺文書〉，康和五年（一一〇三）文書中的「五輪塔安置佛舍利（中略）水精五輪塔」（千々和実，〈初期五輪石塔の資料〉，《史迹と美術》三十五—四）。

又據《兵範記》所述，仁安二年（一一六七）七月，藤原基實的遺骸葬於宇治木幡山，墓上造有五輪塔成為墓碑。

鎌倉時代的五輪塔是由律僧大量建造，尤其造立高逾二公尺的巨型石塔。目前規模超過二公尺的巨大五輪塔，在日本全國可知約有七十座，大量出自叡尊教團的律僧之手，多為寺院開山祖師之墓。

尤其是平安時代的五輪塔多屬砂岩材質，律僧所建的五輪塔則有別於此，是由堅硬花崗岩或安山岩所製。律宗僧團將具有替堅岩從事加工技術的石工團體納入管轄，如後文所述般，這些石工團體亦被動員負責港灣管理。

五輪塔若屬於墳墓性質，一般會在地輪下埋入火葬骨灰罈。

例如，圖三是從極樂寺（鎌倉市）忍性的五輪塔，從地輪下出土的骨灰罈，材質為金銅製。忍性塔是高達二七六點八公分的巨大五輪塔。忍性於嘉元元年（一三〇三）示寂，荼毘於極樂寺。弟子遵其遺言，將忍性遺骨分裝兩只金銅製骨灰罈，各置於鎌倉極樂寺（叡尊教團在鎌倉的據點，塔高三〇八公分），以及竹林寺（大河郡山市，塔已遭破壞）所建的五輪塔（松尾剛次，二〇〇四）。此骨灰罈正是叡尊教團基於「死亡文化」創造的遺物。

圖三　極樂寺忍性五輪塔中出土的骨灰罈（松尾剛次提供）

此外，另有在水輪鑿洞，將骨灰罈藏納其中之例。圖四是唐

圖四　唐招提寺西方院證玄塔（松尾剛次提供）

圖五　證玄塔地輪出土的金銅製骨灰罈（松尾剛次提供）

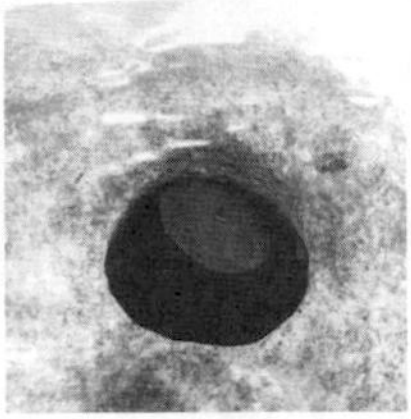

圖六　證玄塔水輪部分鑿有小孔穴（松尾剛次提供）

圖七　證玄塔水輪出土的骨灰罈（松尾剛次提供）

招提寺西方院的證玄塔，是塔身高達二三八點五公分的巨型五輪塔。昭和四十四年（一九六九）六月修繕之際，從地輪下掘出如圖五所示的金銅製骨灰罈。此外，如同圖六般在水輪部分鑿有小穴，掘出如圖七般再度追葬的骨灰罈。

這些五輪塔的例子，皆是做為高僧墓的象徵而建造。關注點則在於西方院成為當地居民的核心墓區，律僧促成寺內墓地或公共墓地，並成為管理者（細川涼一，一九八八）。

# 第三節　救濟非人

## 一、忍性提議下的布施

如前所述，律僧的社會救濟事業是超越死穢及救度亡者，對於創造喪儀文化影響甚深，其救濟對象更廣及身染穢厄至極的非人。所謂非人是以癩病患者為主，並包含掘墓者、死屍處理者、乞討者。他們被稱為犬神人、宿者、坂者等，叡尊教團亦針對非人採取極重要的救濟活動。

平安時代末期、中世初期，畿內的非人集團形成聚落，稱之為宿，集居地點為奈良、京都的都市邊界。朝廷、貴族、寺社受制於避諱穢厄的觀念，遂將非人集體驅離至郊外。非人為求謀生，必須從事乞討或掘墓、處理死屍等清除穢厄的工作，故而選擇能通往市街的郊區形成宿。

十三世紀前期在畿內的非人集團，分為以京都清水坂宿為主，以及在奈良般若寺（西大寺末寺）附近、以北山宿為主的兩大類群，兩者甚至因管理宿的問題而引發紛爭（大山喬平，一九七八）。

以下是有關非人的史料紀錄：

**御施行人數**

| 御施行 | 人數 |
|---|---|
| 北山宿 | 三百九十四人 |
| 和爾宿 | 一百四十三人 |
| カモサカ（kamosaka） | 十八人 |
| エヒノ（ehino）宿 | 十二人 |
| コマノ（komano）宿 | 二十九人 |
| 額田部宿 | 一百七十三人 |
| 西京宿 | 三十五人 |
| 脇森宿 | 四十三人 |
| ヤマサキ（yamasaki）宿 | 十九人 |
| 竹鼻宿 | 十八人 |

| | |
|---|---|
| 今宿 | 十人 |
| 井出宿 | 八人 |
| ワツカ（watsuka）宿 | 十五人 |
| 以上山城國<br>以上各宿非人 | 九百一十七人 |
| 浪人 | 八十六人<br>略有三文配 |
| | 共計一千零三人 |

這項史料是根據金澤稱名寺所傳的〈金發揮抄紙背文書〉（《金澤文庫古文書》五七四九號），該寺曾受叡尊教團管理，在中世成為鎌倉極樂寺的末寺。此文書的記錄年代是鎌倉時代末期至南北朝時期，應是叡尊教團的相關文書。施行是指布施，當時是施予錢或米、布等物。

史料內容是出自叡尊教團布施非人的人數注文（以下簡稱人數注文，注文意指記載物品種類或數量的文書）。在「人數注文」之中，如同前述史料記載包括北山宿在內的十三處非人宿，末尾則有「以上山城國」等字。如其所述，十三處非人宿是位於山城國之宿。這些宿之中確實包括大和國的額田部宿，應是大和與山城的非人宿。

由此史料可知叡尊教團的布施對象，是山城國、大和國的非人宿九百一十七名非人與八十六名浪人。亦可知位於奈良般若寺附近的北山宿，聚居多達三百九十四名的非人集團。

叡尊教團之所以從事救濟非人的活動，是基於其優秀弟子忍性的提議。忍性於貞永元年（一二三二）出家，一時曾為額安寺官僧，卻於延應二年（一二四〇）脫離官僧身分，同年三月末入叡尊門下。

忍性入叡尊教團之前已懷夙志，曾描繪文殊菩薩像以憑弔在他十六歲離世的亡母，並置於大和國的七處非人宿，使非人於每月二十五日晝夜持念文殊菩薩聖號，做為充當迴向其母的功德。

忍性即將正式入叡尊教團之前，曾描繪一幅文殊菩薩像，置於奈良額安寺西側的非人宿（額田部宿）舉行開眼供養（供養於三月六日舉行），並於此時進行非人施行（布施非人）。

建長四年（一二五二）之後，忍性赴關東弘傳律宗，起初於三村寺（茨城縣筑波市），後以鎌倉極樂寺為據點活動，並以救濟癩病患者等慈善事業而被尊為生身佛。

忍性於奈良修行時就已救濟非人，《元亨釋書》（虎關師鍊撰，一三二二年成立）記載一則軼事。

在奈良北部的奈良坂，一名乞丐因罹患嚴重癩病而寸步難行，無法前往乞討處，只能忍受飢餓之苦。當時西大寺的忍性悲憫其處境，每隔一日初晨，就前往乞丐居處，揹他至奈良街上乞討，傍晚又揹回奈良坂，數年風雨無阻，從未間斷。乞丐臨終之際，向忍性說道：「來世我必投胎報此恩德，屆時臉生一瘡，您便可識出我來。」日後，果真有一名臉生瘡的弟子現身，為忍性竭盡心力，眾人皆稱他是癩病患者轉世。

記載這則軼事的《元亨釋書》撰於鎌倉時代末期，是日本最早的綜合佛教史書，作者為京都東福寺禪僧虎關師鍊。虎關與律宗既處於競爭關係，由此看來其內容應非杜撰。

此篇事蹟值得矚目的是，背負癩病患者的忍性是採取與病患直接接觸的方式進行慈善救濟活動。當時的東大寺官僧則光是靠近非人溫室（澡堂），就覺得遭穢氣所襲，故而避諱接觸癩病患者。從這則故事可知忍性並不畏懼觸穢。

## 二、救濟三要素——授戒、布施、治療

非人的救濟活動是始於忍性個人發願，在入教團後，仍持續從事個人活動，救度非人成為叡尊教團救濟活動的重要環節。根據史料記載，可知忍性的救濟活動如下表所示。

## 叡尊教團救濟非人之表

| 年代 | 日期 | 事蹟 |
| --- | --- | --- |
| 一二四〇 | 三・六 | 忍性於額安寺西側的非人宿（額田部宿）安奉文殊菩薩繪像，完成供養。 |
| 一二四一 | 十一・十八 | 叡尊的弟子長岳寺繼實於三輪宿安奉文殊菩薩像，舉行開眼供養。 |
| 一二四二 | 一・二十五 | 於鄰近叡尊母墳附近的和爾宿舉行文殊供養。 |
| | 三・二十五 | 於奈良坂宿舉行文殊供養。 |
| 一二四三 | 二 | 於額田部宿舉行文殊供養。 |
| | 二・二十五 | 於大路堂市場舉行包括額田部宿在內的四宿文殊供養。 |
| | 二・二十九 | 於三輪宿舉行文殊供養。 |
| 一二四四 | 二・二十五 | 於今里野各宿奉請文殊菩薩，為千餘名非人設齋粥。 |
| 一二四六 | 十・二十五 | 於土師寺舉行河內一國各宿的文殊供養。 |
| 一二六二 | 五・一 | 叡尊的弟子忍性、賴玄分別至鎌倉海濱、大佛兩悲田舉行施食及授戒（十善戒）。 |
| | 五・二十五 | 於鎌倉的非人宿施食、授戒（齋食，戒師盛遍）。 |

| | | |
|---|---|---|
| | 六・十 | 將羅漢供的供物施予乞丐、癩宿、獄舍（地點為鎌倉）。 |
| | 六・十一 | 於癩宿（鎌倉）施食、授戒（為四十餘人授菩薩戒，戒師盛遍）。 |
| | 六・十五 | 賴玄前往癩宿（鎌倉）授齋戒。 |
| | 六・二十四 | 賴玄前往癩宿（鎌倉）授齋戒。 |
| 一二六六 | 十二・三 | 於河內國真福寺舉行塔供養。布施飲食於和泉、河內、攝津三國的一千名非人。 |
| 一二六九 | 三・二十五 | 舉行般若寺文殊供養，布施非人。此時，促使北山的非人鋪整土地，提出各宿的非人名冊。 |
| 一二七五 | 八・十八 | 於天王寺藥師院舉行非人布施。 |
| | 八・二十七 | 舉行非人宿塔供養，於塔庭授齋戒於八百七十三名非人。自二十四至二十七日布施三千三百三十五名非人。接受非人長吏的請狀。 |
| 一二八二 | 十・二十一—二十二 | 於久米田寺布施非人。接受取石宿非人的起請文。 |
| | 十・二十九 | 於北大和寺為非人舉行文殊供養，布施飲食於二千餘名非人。 |

| | | |
|---|---|---|
| 一二八三 | 三・二 | 於三輪非人宿堂授菩薩戒於四百五十八人。 |
| | 三・二十九 | 於越智布施非人。 |

（資料來源：《金剛佛子叡尊感身學正記》、《關東往還記》）

況且從鎌倉時代末期至南北朝時期的救濟非人活動，大多由叡尊教團的律僧所推行。自鎌倉時代末期，他們的活動獲得朝廷或幕府後援，範圍從九州的律宗末寺遍及關東以北。

由此表可窺知，忍性的救濟非人活動是基於文殊菩薩信仰，主要濟助方式有三，亦即授戒、布施、治療。

所謂授戒是宣誓遵守不淫戒等戒律的儀式，在此則指由癩病患者立誓護持齋戒或菩薩戒。齋戒是指八關齋戒，八戒加上齋戒（非時，即過午不食），兩者合稱為九戒。

換言之，欲出家為僧者，除了離金銀寶物（不持有錢財）之外，應誓守十戒中的九戒。其中，又以齋戒最具象徵性及重要性，故有此簡稱。至於菩薩戒是菩薩（自能成道而志在度他者）應守之戒，依不同戒律文本而種類有別，叡尊等人要求癩病患者立誓護持《梵網經》下卷所示說的十重四十八輕戒，認為授戒是成佛的殊勝因緣，可藉此消弭癩病患者的罪業。

如前所述，所謂布施是將食糧或金錢（或提供澡浴）施予非人。如表所示，叡尊等人屢至非人據點的非人宿進行布施。例如，文永六年（一二六九）三月，奈良般若寺舉行完成建造文殊菩薩像的供養法會，此像高達丈六（四公尺八十公分），當時舉行的非人布施，是針對兩千名非人施予袋裝穀米一斗、陽傘一支、約一百八十公分長草蓆一張、團扇一支、纏頭布（癩病患者以白布裹面）等，給予糧食及乞討的所需用具。

春日社（奈良寺）的神主中臣祐賢曾記載非人布施為「希代之勝事」（罕見到令人驚愕莫名）。中臣對穢厄深懷恐懼，並視為忌諱，對他而言，叡尊等人無懼於穢事之舉，簡直是破天荒、令人難以置信（松尾剛次，一九九八）。對當時貴族而言，中臣祐賢的感受才是普遍心態。

有關治療方面，叡尊等人於奈良西大寺建造施藥院，大阪四天王寺亦有醫療設施，稱為療病院、悲田院。在奈良坂，則以稱為北山十八間戶的長屋式治療設施而為人所知。忍性曾在此建造五座風呂（類似今日的蒸氣浴室）及五間療病宅，在鎌倉極樂寺的寺內構圖中繪有癩宿和病宿，此為癩病患者與其他病人的收容所及醫療設施。這些設施，皆明確顯示叡尊教團是以癩病患者為主要對象所從事的救濟活動（松尾剛次，一九九三）。

據《元亨釋書》所述，忍性設於鎌倉的桑谷療養所，據說二十年間治療多達五萬七千

①請雨池　②仁王門　③四王門　④金堂　⑤講堂　⑥方丈華嚴院　⑦鐵塔　⑧金塔
⑨戒壇堂　⑩尼寺　⑪藥師堂　⑫療病院　⑬癩宿　⑭藥湯室　⑮無常院　⑯給藥悲田院
⑰病宿　⑱坂下馬病屋　⑲福田院　⑳真言院　㉑飛龍權現　㉒田那谷龍池

註：此圖為摹寫極樂寺繪圖，原畫撰有一百餘座塔頭名稱，布局相當混亂，故以最低限度列出重要建築。

極樂寺繪圖

兩百五十名病患，治癒者超過五分之四，人數為四萬六千人。其中亦有現代醫學判定並非癩病，而是嚴重皮膚病患者（經由沐浴清潔，給予飲食和醫藥後即能治癒）。當時眾人認為可治癒不治之症的癩病，是忍性締造的「奇蹟」。

## 三、奇蹟的慈善事業

律僧在風呂替癩病患者洗刷汙垢，治療怵目驚心的傷口，卻絲毫不以為穢厄。起初，眾人對他們的舉動感到匪夷所思。然而，透過原本以為無藥可醫的癩病患者竟能治癒的「奇蹟」，逐漸將施予救濟的代表人物忍性尊為「生身佛」。有關於此，可見於以下史料：

> 又稟一事，非人入澡湯之際，僧眾為其刷洗硬垢，結緣者尤感心悅。此僧奉告詳細事由，懇請十位施主予以協助。
>
> 晤面之後，有數事相告。（中略）又該寺畔有非人宿，極樂寺古長老曾安奉文殊像。又該宿設有溫室，此僧前往為其加溫。今月十二日舉行文殊供養，以報古長老之恩。
>
> （旁線為筆者添加）

此史料（《神奈川縣史　資料篇》一六三三號）的撰寫時間，應是嘉元元年（一三〇三）至延慶元年（一三〇八）之際，極樂寺發生火災後隨即上呈的書狀（細川涼一，一九八八）。此為斷簡形式，無法獲知撰寫者及呈交對象，但從「極樂寺古長老」的表現方式，可推知應是在忍性示寂後所撰，對象則是極樂寺或稱名寺等處的律僧。

總之從劃線內容可知，在忍性示寂後，律僧是以讓非人澡浴或為其除垢的直接觸穢（碰觸身體）救濟方式從事活動，此點備受矚目。

又透過史料可知，極樂寺附近坂下的非人宿內曾安奉文殊菩薩像。由此可理解忍性在鎌倉救濟癩病患者之際，同樣是以文殊信仰為基礎。

> 御布施
>
> （中略）
>
> 錢百貫文　非人布施金　施予極樂寺
>
> 錢三十貫文　放生錢　同
>
> （《鎌倉市史　史料編第二》圓覺寺文書六十九號）　（旁點為筆者所加）

此為元亨三年（一三二三）十月，於圓覺寺（神奈川縣鎌倉市）舉行的北條貞時十三回忌的「供養記」部分內容。從旁點可知極樂寺擔任布施非人的工作。既然是由圓覺寺舉行十三回忌的供養法會，應可布施非人，幕府卻蓄意交由極樂寺處理。值得關注的是，即使在鎌倉時代末期忍性示寂之後，極樂寺仍以非人為對象，代替幕府一手包辦此類「慈善事業」。

## 四、文殊信仰

上述的叡尊教團在救濟非人之際，是以文殊信仰為思想背景，在此則針對文殊信仰來做探討。誠如「三人成就文殊之智（中國有類似諺語為三人行必有我師）」所示般，文殊菩薩以智慧著稱，為釋迦如來脇侍，以獅子為坐騎。每逢考季，許多考生紛紛前往供奉文殊菩薩的各地寺院祈求金榜題名。文殊菩薩成為智慧象徵，現今日本福井縣敦賀市的快中子增殖反應爐（編案：日本政府於二〇一六年決定廢爐），因是集科學技術之「粹」，故而取名為「文殊」。古代及中世的日本則為了防範天災，在舉行護國祈禱之際，亦將文殊菩薩奉為主尊。

當時，文殊菩薩不僅是智佛、祈求護國的主尊，亦被視為與救濟貧民等社會福祉事業相關的尊佛。文殊信仰是根據《文殊師利般涅槃經》（以下簡稱《文殊經》）。《文殊經》是西晉的聶道真所譯，並於奈良時代傳入日本，經文闡述文殊菩薩具大威神力，示說：1.聽聞文殊之名而禮拜者，能受文殊守護，滅生死之罪；2.文殊化現為貧苦或孤獨的非人之姿，欲測人心是否真能發慈悲而成福業（福祉事業），若人能以慈悲心行善，文殊菩薩則示現其身。

說到根據《文殊經》推展的濟貧社會福祉事業，就不可輕忘舊佛教僧侶發起的文殊會。根據元興寺泰善等人於天長五年（八二八）二月向朝廷申請，每年七月八日於全國各村舉行文殊會，在法會中供養文殊菩薩及布施貧民。至十二世紀中葉，東寺、西寺仍以年度慶事的方式繼續舉行。

文殊菩薩以智慧著稱，為釋迦如來脇侍，以獅子為坐騎。圖為西大寺本堂中的文殊菩薩騎獅像。（秦就攝）

叡尊等人雖同樣以《文殊經》為典範奉行文殊信仰，藉此推行救濟非人的活動，卻與過去方式大相逕庭。原因是昔日的文殊會僅於每年七月八日舉行福祉事業。相對於此，叡尊教團不僅每年舉行一次布施活動，每逢造立文殊菩薩像（有時為繪像）之際亦舉行供養法會。況且並非暫時布施，而是常時舉行授齋戒儀式，長期為非人醫疾。藉由建設及維持北山十八間戶等方式，長期從事救濟活動。

如前所述，當時一般認為非人是因前世或今生造惡業而遭受佛譴。這種對於「癩病佛罰觀」的認知方式，即使是救濟癩病患者的叡尊及其教團亦無例外。

故有見解認為，叡尊等人的救濟非人活動，在布施儀式的場域（此指晴之場，「晴」＝ハレ，指儀禮、祭祀或節慶等非日常活動）中，雖將非人視為文殊菩薩，但在另一方面，叡尊等人的布施活動對非人的助益有限，反而導致在日常生活（此指褻之場，「褻」＝ケ，指平時生活）中，一般民眾（包括非人在內）相信非人是因前世或今生造惡業而遭受佛譴。而此認知觀念不斷擴大，助長不當的歧視行為並衍生成見。

然而，上述見解僅關注前述的《文殊經》第二項要素，而忽略第一項。的確，筆者認同「癩病佛罰觀」廣泛滲透於社會中，卻並非以「晴」與「褻」的方式來區別而導致歧視深植人心。若關注第一項要素，則認為非人可受到文殊菩薩守護而滅罪，故能付諸實踐。換言之，律僧在非人宿（非人的根據地）附近（或非人宿內）造立文殊像，並於像前唱誦文殊聖號及供奉此像，積極為非人消除罪業，亦即消弭癩病患者遭受佛譴的罪過。藉此形成某些癩病痊癒的「奇蹟」，或來世將能成佛的情況。

律僧認為護持戒律是成佛的殊勝之因，可促使非人接受齋戒或菩薩戒，並以非人成佛為目標。在救濟方面，不僅止於觀念層次，甚至從事日常醫療活動，諸如設置醫療設施、提供非人澡浴並接觸其身為其刷垢、提供施藥等方面。

# 第四節　全國港灣管理與河海管轄

## 一、中世的國際交流

如前所述，叡尊教團的社會活動甚至包括救濟非人，至於其他社會救濟活動中，則有管理及維護港灣、管轄河海航運，是極為重要之一環。過去研究者往往認為島國日本抱持鎖國心態，尤其過於低估停止派任遣唐使後的海外交易成果。日宋、日元、日明貿易所發揮的功能，遠遠超乎過去推估之外。日本人渡海入華，中國貿易船來日頻繁，在人力、物資、資訊的國際交流方面，其發達情況超乎想像。

在此試舉一例，近年，韓國新安外海打撈上岸的新安沉船（東京國立博物館，一九八三），船身全長二十八點四公尺，船寬六點六公尺，重量約達兩百噸。此船於元亨三年（一三二三）從中國（寧波）前往日本，卻在新安外海沉沒。自昭和五十一年（一九七六）起，歷經十餘次調查後，從海底打撈超過三萬件遺物，由此可知日元貿易的確實情況。

打撈物品為兩萬件白瓷及青瓷，以及重達二十八噸、多達八百萬枚中國銅錢（日本放棄通貨發行權）。從囤積貨物所附木簡的墨書銘，可推知應是京都東福寺借用的貿易船。約有四艘囤積商貨的船隻組成船團從事貿易，抵達鎌倉的和賀江津、六浦津等港口。

另一方面，寺院管理港灣的史料如下：

> 有關本寺於飯島用地領取關米及築島，於前灘禁止殺生等事，依照舊有管領，無論嶋築興行、或禁止殺生，皆應嚴謹裁決。尤其禁止殺生之事，乃為天下安泰、延命長生，故遵忍性菩薩之例，應予以制裁。惶恐謹言。
>
> 貞和五年二月十一日　尊氏在判
>
> 極樂寺長老
>
> （旁點為筆者添加）

上述史料（《鎌倉市史　史料編第三》四二六號）顯示足利尊氏於貞和五年（一三四九）二月十一日，對極樂寺表示有關「飯島用地領取關米及築島、於前灘禁止殺生等事」仍照舊承認其管轄權。換言之，承認極樂寺在飯島（和賀江津）用地享有可向停泊船隻徵收關米（一石取一升，抽成百分之一）的權利，此為「嶋築興行」，亦即做為維持及管理飯島的代償費用，並承認該寺具有禁止在前灘殺生之權。由旁點可知，這項權利是始於忍性以來。

若以新安沉船的貨品為參考之例，極樂寺索取的百分之一利潤，相當於該船所提供的兩百件白瓷及青瓷、八萬枚銅錢。瓷器應在販售中國貨品的市集中出售。

和賀江島亦稱為飯島，曾是位於材木座海岸，今日則是光明寺前方海灘突出的人造岸壁，據傳是填埋岩石而形成江河，目前僅剩下退潮之時露出的黝黑圓石。

鎌倉的由比濱因外灘無法停泊中國船等大型船舶，武藏國的六浦津則適於舟船入港。貞永元年（一二三二）七月十二日，身為念佛僧的往阿彌陀佛曾向鎌倉幕府建言：「為除舟船泊岸之勞，應築和賀江島」（《吾妻鏡》同日條）。當時的幕府執權北條泰時聞言大喜，准其倡議，往阿彌陀佛與眾人協力建造和賀江津。然而，淤沙堆積導致港口難以維持航運，和賀江島的修建及管理，是以忍性為中心的極樂寺發揮重大功能。

日蓮對此則在《聖愚問答抄》中批判忍性：

> 極樂寺良觀上人（忍性）上至主君、下至萬民，皆奉其為生身如來。若見其行儀，實是如此。於飯島津取六浦關米，作諸國之道，於七道入口建造關門，逐一向人索錢，方許過橋。（《昭和定本日蓮聖人遺文》第一卷，頁三五三）

換言之，向飯島渡口的船舶徵收穀米，做為修建諸國道路之用。在此筆者特別指出，飯島的關米是由在光明寺原址建造的末寺萬福寺所徵收。

在鎌倉時代，鎌倉的化妝坂曾有燈爐堂，在闇夜點燃燈火，應可發揮指引航行的燈塔功能（石井進，二〇〇二）。

隸屬唐招提寺系統的律僧琳海於建治元年（一二七五）創建大覺律寺，該寺是以被委任管理兵庫縣尼崎的河尻燈爐堂而為人所知。倘若如此，接受鎌倉幕府委任海路管理的忍性，極有可能在鎌倉時代末期接受鎌倉化妝坂的燈爐堂管理。

前文史料指出認同寺院具有禁止在前灘殺生之權，是意指禁止一般百姓捕魚，要求漁民需向寺院捐出固定額度的金錢及物品，方才准許捕魚。由此可知，極樂寺故能獲得漁民的管轄權。就此點來看，此事如同叡尊於弘安九年（一二八六）修築宇治橋之際，朝廷認同叡尊擁有宇治川的禁止殺生權般，多由極樂寺及其末寺負責管理河川。

如今在光明寺前灘退潮時露出的圓石中，據傳主要產地多來自相模川、酒匂川、伊豆海岸。這些石塊應是經由木筏等工具來搬運（奧富敬之，一九九九）。這些採掘石頭的河川，極有可能是由忍性等人掌控管理權。

如前所述，可知叡尊教團透過關東根據地的極樂寺，掌握鎌倉的內港及和賀江津。由此可說在六浦津方面，亦是由金澤的稱名寺負責管理。

## 二、管理博多津的大乘寺

叡尊教團的律僧並非只管理或維持鎌倉的內港和賀江津、外港六浦津，而是掌控全國主要港灣。

例如，西大寺末寺的尾道淨土寺以瀨戶內海的主要港口尾道而知名。此外，據推測鄰近福山的中世港灣都市草戶千軒應是由明王院掌控。

在此探討一項課題，就是過去幾乎不曾受到關注的博多與叡尊教團的關係。中世的博多（福岡市）取代古代的大宰府，成為九州、甚至是日本邁向亞洲世界的玄關港口，並得以蓬勃發展。在博多，大乘寺在叡尊教團中正是享有舉足輕重之地位的律寺。先參照以下史料：

筑前國

（博田）大乘（多）寺　　（宰府）最福寺

安養院　成實宗寺歟　　（田村）神宮寺

長福寺　「（三室）」

這是明德二年（一三九一）重撰的〈西大寺末寺帳〉（以下簡稱為〈明德末寺帳〉），松尾剛次，一九九五）的「筑前國」部分內容。據其所述，舉出以博多大乘寺為首的五座寺院，尤其首先舉出大乘寺此點，十分值得關注。如在其他文章所述般，〈明德末寺帳〉僅列舉西大寺的直屬末寺，亦即僅有掌握長老補任權的西大寺管轄寺院的末寺帳。根據其記載順序可顯示寺格，博多大乘寺是竺前國（福岡縣）最具優勢的叡尊教團所屬寺院。過去大乘寺幾乎不曾受到關注，這是基於該寺在今日已成廢寺，現存史料甚少之故，但昔日應發揮如同鎌倉極樂寺般的功能。

其次的關注點，是大乘寺是依照龜山上皇敕願所建。大乘寺遺址內保存通稱為「龜山法皇敕願石」的石碑，碑陽、碑陰各刻銘文如下（松尾剛次，二〇〇六）：

（碑陽）

南方火德星君聖眾

今上皇帝聖壽萬歲　　法皇山

大檀那本命元辰星年　　大乘寺

（碑陰）

應永十七天（一四一〇）

後龜山天皇石塔也

□月　　大乘寺譽□

從碑銘來看，此非龜山天皇石塔，而是祈求後龜山天皇（？—一四二四，一三八三—九二在位）萬壽無疆的石塔。後龜山天皇是南朝末代之君，龜山上皇是創建南朝系（大覺寺統）之祖。大乘寺是依照龜山上皇敕願所建，故而造立石塔，這堪稱是足以成為補充說明該寺為敕願寺的史料。換言之，大乘寺的寺格極為崇高。

博多大乘寺出土的船碇（松尾剛次提供）

大乘寺位於博多西南部，面向那珂川，並鄰近當地的總鎮守櫛田神社。根據發掘結果，位於冷泉地區的大乘寺遺蹟出土許多文物，據推測當地在中世應是博多港。尤其從大乘寺遺址中出現圖八，此為大正八年（一九一九）至九年（一九二〇）建造冷泉小學校之際出土。這塊船碇，顯示博多津就位於大乘寺前方不遠處。

值得矚目的是，北條實政在蒙古來襲的危

機中，於建治元年（一二七五）十一月前往鎮西，在出任鎮西探題的先決條件下，成為金澤稱名寺的施主。北條實政應是比照稱名寺管理六浦津般，極力支持大乘寺維持及管理博多津。北條實政於永仁四年（一二九六）赴博多就任鎮西探題，後由其子政顯繼任其職。

倘若如此，大乘寺就如同極樂寺、稱名寺的立場般，極有可能接受委託管理博多港及那珂川（可行使禁止殺生權）（松尾剛次，二〇〇六）。

如前所述，叡尊教團不僅在鎌倉內港，以及外港賀將津、六浦津，極有可能透過大乘寺掌控博多津。其他則有淨土寺控管瀨戶內海的主要港口尾道，以及莊嚴淨土寺控管大阪灣的住吉津。現今位於三重縣津市，在日明貿易中扮演重要角色的安濃津，亦有可能歸由岩田圓明寺管理。叡尊教團掌控中世的主要港口，此點是值得關注的重大課題。

原屬於唐招提寺系統的律僧琳海，曾於建治元年（一二七五）創建的大覺律寺，如同其曾被委任託管兵庫縣尼崎的河尻燈爐堂般，唐招提寺系統的律僧勢力雖不如叡尊教團規模宏大，卻有接受託管港口之例。

# 第五節　橋與道路的建管

## 一、忍性在一百八十九處造橋

叡尊教團的重要社會活動之一是建造及管理橋樑和道路。叡尊個人甚少從事土木工程，修築宇治橋是唯一例外。有關此部分將在下節說明，首先關注的是忍性推動的事業。據忍性的傳記《性公大德譜》所述，其造橋地點多達一百八十九處。這些橋樑與和賀江島的情況同樣，是為了避免人事紛亂而在河上架橋，並藉由造橋而被委任管理相模川、酒匂川等河川。

> 遠江國天龍河、下總國高野川兩處造橋之事，如其所言之處，可及早遵照前例處置，且依言上呈文書如其所述。
>
> 元亨四年八月二十五日　　相模守北條高時（花押）
>
> 　　　　　　　　　　　　修理權大夫金澤貞顯（花押）
>
> 稱名寺長老釼阿

據此史料（《鎌倉遺文》二八八〇五號）所述，元亨四年（一三二四）八月二十五日，鎌倉幕府命令稱名寺負責管理及維護天龍川、高野川的橋樑。天龍川位於遠江國、駿河國邊界，高野川即是利根川，流經下總國、武藏國邊界。這些橋樑依照前例，准許交由稱名寺維護管理，並設通關之用的關所且具有收取通行費的權利。這些權利應來自於忍性（石井進，一九八一）。

上述之例是有關遠江國、下總國的河川，忍性亦在關東諸國（相模、武藏、伊豆、駿河）的河川架設橋樑，並掌握管理權。據相田二郎所述，極樂寺及其末寺負責管理並維護東海道大河川的橋樑設施，此權利可溯及忍性建造橋樑的時期（相田二郎，一九七八）。換言之，忍性極有可能被委任管理相模川、酒匂川等河川，這些河川是生產修建和賀江島用石的產地。

忍性亦在畿內進行造橋事業。叡尊築造京都的宇治橋，忍性則建造從東國入京的瀨田橋，該橋成為軍事要衝。換言之，《近江輿地志略》記載從琵琶湖南端流出的瀨田川上曾有架橋，是由忍性修造，可知其曾參與造橋工程（細川涼一，二〇〇四）。

忍性的造橋事業亦擴展至畿內的主要橋樑。或許在忍性示寂後，管轄權劃分為二，分別是由西大寺及其末寺管理西國橋樑，以及由極樂寺及其末寺管理東國橋樑。

網野善彥曾提出重要假設，認為西大寺及其末寺應曾獲得北條氏的後援，方能掌握水

宇治橋是連結京都、奈良的主要衢道。（邱淑芳攝）

陸交通（網野善彥，一九七四），確實其主張逐漸獲得證實。若說起律僧與造橋活動，就不能忽略橋寺放生院（京都府宇治市）。

## 二、橋寺放生院

宇治橋是連結京都、奈良的主要衢道，發揮極其重要的功能，在平安時代是與山崎橋、勢多橋並稱為三大橋樑。因其具有重要性，即使屢遭沖毀仍反覆重新修築。其中，最為人知的就是叡尊於弘安九年（一二八六）的重修事例。

宇治橋畔建有橋寺放生院，正式名稱為雨寶山橋寺放生院，現為真言律宗寺院。在中世，該寺是叡尊教團在山城國名列第五的直屬末寺，並擔任宇治橋修築，是盛極一時的寺剎（松尾剛次，二〇〇八）。

平等院原為藤原道長的別墅，後由兒子藤原賴通改為佛教寺院。（邱淑芳攝）

有關放生院創建與宇治橋的關係，則有如下說明。據寺傳所述，橋寺於推古天皇十二年（六〇四），由秦河勝遵奉聖德太子本願所建，但實際真相未明。橋寺的確在宇治橋重建之前就已存在，創建目的或許是管理古代官營渡船及橋樑的機構，最初是以奉祀地藏菩薩祈求安全為目的，時而充為旅宿之用。自古亦稱為地藏院或橋寺，放生院的寺名，是源於叡尊在宇治川禁止殺生之際修築該寺，故而得名。在此關注的焦點，則在於橋寺與聖德太子有所淵源的傳說。

誠如其名，橋寺放生院是位於宇治川的宇治橋畔。平等院則位於左岸，是處於對岸地點。

尤其值得矚目的是，寶德元年（一四四九）大乘院的經覺被要求捐助修建宇治橋，他卻以該院僧侶行經宇治橋時，已被索取通行費為由而拒絕出資。

換言之，即使至十五世紀，橋寺仍收取通行費，並負責修建宇治橋。

說起叡尊與橋寺的關聯，弘安四年（一二八一）四月二十一日，叡尊於橋寺舉行堂供養，在此之前無法得知其與橋寺的關係。葉室淨住寺於弘長元年（一二六一）、東山太子堂於文永三年（一二六六）十一月三十日，皆成為叡尊教團的末寺。叡尊從西大寺前往京都寺院之際，理應同樣行經橋寺。尤其對於奉持聖德太子信仰的叡尊而言，應會期待修築與聖德太子有所淵源之寺，故極有可能於弘安四年四月之前派遣弟子前往修築。當時，可能是由教律房禪意實際負責修繕寺院（松尾剛次，二〇〇八）。

弘安四年四月，叡尊舉行橋寺堂供養，並毀棄定置網而施行放生，當時平等院僧請其修築宇治橋。叡尊一度回絕，最終接受請託，決定修建此橋。值得注目的是，這不僅是修築宇治橋，而是配合永久全面停止在宇治川一帶設置定置網的成套措施。叡尊在獲得朝廷協助下，對宇治川一帶提出禁止殺生令，該橋則於弘安九年（一二八六）竣工（守屋茂，一九七四；宇治市歷史資料館，一九九五）。

鄰近宇治橋的中州地方，建有浮島，在島上矗立著高達五丈（十五公尺）的巨大十三層石塔，塔下埋有棄置漁具及定置網。石塔高五丈十三層，據傳是象徵密教的五佛與十三會。建造此塔時，理應動員如前述般能為堅岩從事加工技術的石工團體。

宇治川浮島上的十三重石塔（秦就攝）

如前所述，叡尊修築及管理宇治橋，其交換條件是禁止在宇治川殺生，此點十分重要。如此關係，堪稱是同樣運用在叡尊教團參與維護及管理其他橋樑（港口）方面（至少在建造及維護橋樑方面，其交換條件是要求禁止殺生）。

# 第六節　修造寺社

## 一、大勸進職（一）——具有長久性

勸進（勸募）活動是叡尊教團最令人驚歎的社會活動之一。所謂勸進，原指勸化眾人皈依佛教之意，此後轉為替寺社建造或修復堂塔、造立佛像、鈔經、鋪設道路等從事各種佛教善事而募資的活動，並請求協助之意。尤其在十二世紀末期之後的中世，甚至被稱為「勸募的世紀」，替營建寺社或修復堂塔的募資方式逐漸一般化。擔任者被尊稱為勸進聖、勸進上人，他們跟隨身為總負責者的大勸進遍行諸國，不分貴賤、階級而募化資金。這些勸募活動在理解僧侶與信徒（或可能成為信徒者）的關係上，顯得極為重要。原因在於勸進的場域是僧侶與信徒的銜結點，包含了祈求建設或增設僧侶堂舍，以及期待救濟信眾，就是形成所謂的競爭場域，在理解社會救濟活動的本質上十分重要。

尤其從鎌倉時代後期至室町時代初期，是由律僧及禪僧組成僧團來進行募化活動，成果十分卓越。尤其是律僧，不僅擔任興福寺、東大寺、東寺、祇園社這些固有傳統寺社，更負責地方寺院國分寺的勸募活動。他們的勸進活動不僅是募化集資，更組織技術人員團體，甚至包括建築或修繕在內。在此首先關注的是東大寺。

中世的東大寺建造事業，是以重源為核心而為人所知。在此若關注重源之後的大勸進，可知以下事實：1.至大永年間（一五二一—二八）為止，固定是委任大勸進處理；2.自忍性之後，則委任禪僧及律僧（多為律僧）擔任。

在探討中世勸進活動方面，第一項是非常重要的因素。過去極為關注的課題，是將徵收關錢及棟別錢（全國家舍以每棟為單位徵收租稅）做為新勸化方式，而此方式與中世勸進活動的體制化、組織化有所關聯。必須留意的是，所謂關錢及棟別錢的徵收權，對寺院而言根本就是臨時享有的權利。

若寺院營建一旦結束，就必須歸還權利，故此權利並非穩定。相對之下，所謂的大勸進職不僅是公家活動，並以「職」來表現般，是屬於應該承襲的職銜，而非臨時存在，此點才是中世勸募活動成立的意義。原本藉由募化資金來修建寺社的情況，是例如某寺因火災焚毀而需要募資重修般，這純粹只是臨時偶發的狀況。東大寺亦曾因治承年間發生大火而募資修建，故在重修完成之後，理應不需繼續募集資金，至少不再需要勸募之職。相對於此，設置大勸進一職，不僅在於恢復寺社，而是為了更能擴大發展，讓東大寺成為長久設置，並獲得公家勢力承認而得以進行，此點才是設置大勸進職的最大意義。

## 二、大勸進職（二）——多知識禪律僧

至於第二項，若一併考量修建東寺、興福寺、祇園社的大勸進是由律僧擔任，則是值得極為關注的事實。那麼，為何必須將勸募一職委任禪僧或律僧（尤其是律僧）？在考慮此問題之際，以下史料極為重要。

（一）

需由關東多知識禪律僧之中，選定有識者，因有住京黑衣僧貪取周防國之聖米。唯知身飾名利，諂緣朝野（中略）之故。

（二）

因關東偏袒，國之興行，寺之修營，隨其功達，蹤跡太繁，不遑羅縷。（中略）向後大勸進職，應由關東名譽持律得禪僧遞補國衙興行，造寺之職。

無論是史料（一）（〈東大寺文書〉〔東大史料編纂所所藏影寫本，以下簡稱為「東史影本」，頁數為「東史影本」四次採訪九十三（以下簡稱四之九十三），一百四十四頁〕），或是（二）（〈東大寺文書〉「東史影本」四之九十三，七十九頁），皆是延慶

四年（一三一一）東大寺僧向朝廷請求解聘圓瑜（京都戒光寺長老）的大勸進之職，改由委派關東的「多知識禪律僧」出任。

從史料（一）可知，1.東大寺僧請求關東的「多知識禪律僧」出任大勸進，原因在於如同在京的黑衣僧圓瑜般，出現為了追求個人名利而貪取周防國聖米之例。從史料（二）可知，2.對於修築東大寺而言，鎌倉幕府的後援發揮極大成效。3.關東的禪僧、律僧擔任大勸進之際，無論是修築寺社或重興國衙（周防國衙）皆能順利進行。

從史料（一）中，反映出東大寺僧委派關東禪僧、律僧擔任大勸進的理由，是基於他們的行舉清廉正直。但其實不僅如此，如同史料（二）所示，理由亦包括當時若無幕府協助，就無法順利重建東大寺，關東禪僧、律僧是基於地理關係等因素，不僅便於與幕府維繫關係，更易於獲得修繕方面的助力。

倘若如此，史料（一）、（二）顯示了鎌倉幕府在重修東大寺所發揮的重大機能，以及幕府因修復東大寺而與律僧形成密切互動。

此外，史料（一）的「多知識禪律僧」意指為何？「知識」並非智慧或知見之意，顯然是指「為了造立佛像或寶塔而捐助金錢物品、協助造立佛像或寶塔事業，或其協助者、捐助的金錢物品、向神佛供養金錢物品、勸募」之意。換言之，「多知識」是指擁有許多協助者，可彙集許多供養物資之意。總而言之，「多知識禪律僧」是指具有卓越勸募能力的禪僧、律僧。

在此主要焦點置於「關東」與「在京」禪僧、律僧之間的比較，前述史料並未直接顯示這些禪僧、律僧的能力。但東大寺要求的大勸進特別以「多知識」來形容，由此判斷至少期盼新任大勸進是具備「多知識」。

以上是禪僧、律僧（尤其是律僧）被委任為東大寺大勸進的理由之一，是基於他們具備「多知識」，亦即擁有卓越的勸募能力。其背景因素在於禪僧、律僧比其他宗派更為恪守戒律，並能公平分配營建資金。律僧之所以被委任成為其他寺社的大勸進，應是根據上述因素而成。

## 三、何謂推動社會活動的佛教徒

以上是關注以叡尊為首的律僧，探討中世佛教徒的社會活動。若說起叡尊等人的社會活動，往往只偏向關注復興戒律。但如同本章所探討，是由律僧廣泛推展社會救濟活動。若概觀中世佛教徒的社會活動，初期包括了重修奈良東大寺的念佛僧重源、修築鎌倉和賀江島的往阿彌陀佛、建造鎌倉大佛的念佛僧淨光，皆是以念佛僧發揮極大功能。至十二世紀中葉以後，禪僧、律僧（尤其是律僧）卻在社會活動方面有顯著表現。

在中世，禪、律、念佛僧十分活躍於社會活動，至於念佛系統的親鸞教團或日蓮教團的活動幾乎不太受矚目。這是由於兩者非常重視念佛或唱題，著重於精神救濟所致。

另一方面，被稱為遁世僧或有黑衣之稱的禪僧、律僧、念佛僧，多數從事與穢厄相關的喪葬儀式、非人救濟、修築橋樑或道路、港灣、寺社等方面。藉由他們的行動，促使佛教式的喪禮文化根植於日本社會。為何遁世僧會從事如此活動？這是由於遁世僧可免受與福寺、東大寺、延曆寺、園城寺等官僧限制的束縛，故能從事與穢厄相關的工作。在日本發展的供養亡者佛教，正是由遁世僧擔任並予以確立。

尤其是本章關注的叡尊等人，將皈依釋尊視為理想，試圖重興釋教正法及救濟民眾。其發展的背景因素在於中世對破戒、末法的自覺，即使在「無戒」的現代，叡尊、忍性等人的社會活動，依然可說是替佛教徒提供參考模式。

室町幕府設置禪律方，做為禪、律二宗的保護及統管機關（松尾剛次，一九九五）。進而為了元弘年間以來戰歿者的鎮魂為目的，在日本全國設置安國寺及利生塔。不僅是五山派的禪宗寺院，律宗寺院亦多被指定為安國寺或設置利生塔（松尾剛次，一九九三）。室町幕府創設這些機構及寺院的原因，不可否認的，其背景因素就在於鎌倉時代後期至南北朝時期曾由禪宗、律宗從事社會救濟活動之故。

專欄三

# 持經者

菊地大樹（東京大學史料編纂所副教授）

## 持經者的起源與原型

「持經者」一詞可見於某些漢譯大乘經典中，其中最引人矚目的是《法華經》。例如〈法師品〉云：「有人求佛道，而於一劫中，合掌在我前，以無數偈讚。由是讚佛故，得無量功德，歎美持經者，其福復過彼。於八十億劫，以最妙色聲，及與香味觸，供養持經者。」如其所述，持經者是指《法華經》中的理想修行者，其具體修行方式則如經文所示的五種法師行，亦即受持、讀、誦、解說、書寫。然而，從梵文原典中很難找出完全符合「持經者」的術語。「持經者」是漢譯造詞，堪稱是產生於東亞的獨特修行領域。唐代成立的《法華傳記》、《弘贊法華傳》等驗記文學（記錄經典中的教理或靈驗事蹟的說話文學）是以五種法師行為基礎，將各種傳奇故事予以分類。從這些傳說故事的存在，可知作者欲將在中國實修《法華經》五種法師行的持經者形象予以現實化。

在日本修習《法華經》等大乘經典之際，亦有理解持經者的修行法，並予以付諸實踐。最初活動可見於佛教律令制確立的八世紀，律令國家為了配合官僧錄取考試，要求應試者需背誦《法華經》或《最勝王經》，許多修行者勤勵於背誦經典或陀羅尼，國家則將持經者定位為制度的表徵。在古代，背誦經典不僅是記誦經文，而是在此過程中深受咒術觀念所影響。九世紀成立的《日本靈異記》是詳細描述此課題的著作，其中包含幾則持經者的故事。他們身為山林修行者或優婆塞，勤勉背誦經典，為了達成此目標，必須具備克服前世業緣或神佛示現的契機因素。就此點來看，持經者與山林修行關係密切，隨著修驗道成立於平安時代，修驗者亦形成了有持經者之稱的傳說修行者形象。自此時期之後，背誦經典在中世成為持經者的特別修行法門而備受重視。就此點來看，梵文表示「受持」的語彙，亦符合與「總持」（陀羅尼）等語彙具有同樣的詞根，此點頗耐人尋味。

平安時代中期，以天台宗僧源信為分界點的淨土教得以興盛發展，另一方面，法華信仰在此時期亦盛極一時。鎮源以與源信交流而為人所知，他所編纂的《法華驗記》不僅受到中國的《法華傳記》等著作影響，亦根據鎮源的個人邏輯或觀點，彙集為持經者的傳說故事，並成為理解持經者活動的最佳史料。至院政期，可發現修行者以經典或故事中的理想持經者為典範，試圖積極實踐的情況逐漸增加。至於在家眾中亦有持經者，由此可知持經者的活動在現實社會中逐漸擴大。過去將持經者視為聖之類型，不斷強調其民眾特質。但至中世成立期，從當時史料可知後白河院（一一二七—九二）、源賴朝（一一四七—

九九）被視為持經者，擔任天台座主的慈圓（一一五五—一二二五）同樣應是持經者。

## 持經者的中世發展

持經者的修行重點在於熟記、口誦經文或陀羅尼，故被認為原本與念佛者有關。至鎌倉時代後期，虎關師鍊所編的《元亨釋書》卷二十九〈音藝志〉明確述說此事。法然創立專修念佛後，念佛者為確立自我立場，被迫與他者的修行方式明確有所區隔。他們將持經者的修行視為雜行（稱名念佛之外的修行）之典型，並蓄意予以抨擊，此後持經者被視為與念佛者形成對立。《鶴岡放生會職人歌合》是傳達中世持經者形象的最佳史料，其中描繪的持經者與念佛者是基於相輔相成的立場。

至鎌倉時代，開始盛行在讀誦諸經之際進行音義（為佛典中的難解詞句注釋發音或詞義）。其中，依照《法華經》的字彙逐一探討其使用先例，認為應採用吳音、漢音，或清音、濁音，進而加入聲明要素，逐漸形成所謂的讀經道。讀經道的發展與王權有關，並在書寫山、比叡山、南都等誦經古例的發展下，衍生出各種流派。與其說持經者的修行是舊時的背誦式，毋寧說是轉變成沿襲讀經道的能讀（優秀讀經僧）。如前所述，持經者的活動方式未必在規制之外，反而如東大寺般的大寺，亦確保持經者的活動場域。鎌倉時代初期重興東大寺的俊乘房重源曾保護持經者，並推展相關活動，其傳承系譜從此根植於東大寺，亦可發現法華、中門的堂眾之中有許多持經者從事活動。他們確保堂眾的寺僧身分，並依此身分從事各種活動，尤其在二月堂修二會（以「取水」的汲水儀式而馳名於世）中以誦經而備受矚目。至十四世紀之後，持經者的活動朝向多元化發展，例如以遍行諸國的方式從事《法華經》埋經行動的如法華聖，或巡禮六十六處靈場並於各處供奉一部《法華經》的六十六部聖，其活動隨著中世終結而步入歷史，並從社會上銷聲匿跡。

## 文獻介紹

高木豊，《平安時代法華仏教史研究》，平楽寺書店，一九七三年。

菊地大樹，〈持経者の原形と中世的展開〉（《中世仏教の原形と展開》），吉川弘文館，二〇〇七年。

間宮啓壬，〈身体の《法華経》化、《法華経》の身体化〉（《法華仏教研究》二），二〇一〇年。

第四章

# 儀禮與神話

伊藤聰

茨城大學教授

# 第一節　天照大神信仰的發展與伊勢神宮

## 一、從本地垂迹思想發展為中世神道說

至平安時代末期為止，將日本諸神視為佛菩薩化身的本地垂迹思想，幾乎遍及全國。這種趨勢在鎌倉時代以後依然延續，在此情況下，逐漸產生將神祇信仰予以教理化的趨勢，就是今日所謂的「中世神道說」。

有關於此，以《古事記》、《日本書紀》為代表的古代神話經由改編後，出現依照中世的社會構造或以心性為基礎的新神話敘述，稱為「中世神話」或「中世日本紀」。有關中世神道說或中世神話的相關文本，亦即《日本書紀》及其注釋、《麗氣記》之後的神道書、切紙或印信等，稱之為神道灌頂、神祇灌頂。這些灌頂儀式是仿效密教的傳法灌頂、受明灌頂的儀軌而傳授相承。自室町時代以後，甚至形成負責此類灌頂儀式的神道流派。

神道流派逐漸擺脫佛教，尤其在應仁之亂之後出現的吉田神道，實際上與佛教諸宗及各流派斷絕關聯。近世之後，吉田神道逐漸演變為儒家神道。

本章將從平安時代末期至室町末期時代，針對與佛教相關的神祇信仰、言論、儀式方法來做概觀。

## 二、伊勢神宮與對佛教的避諱

對於與佛教關係十分疏遠的伊勢神宮而言，依然與本地垂迹說有些許淵源。至奈良時代中期為止，伊勢神宮亦設神宮寺（天平神護二年，七六六年）等，與其他神社同樣深受神佛習合所影響。然而，有鑑於稱德天皇在位時期引發的即位危機（道鏡事件），光仁、桓武朝確立將宮內神事、佛事予以區隔的原則，神宮對佛教亦有所避諱。首先，將度會郡的神宮寺遷至神郡之外（寶龜三年，七七二年；寶龜十一年，七八〇年）。此外，根據延曆二十三年（八〇四）撰成的《皇太神宮儀式帳》記載，神域及神事的忌詞（忌諱用詞）中，除了打擲、哭泣、血、獸肉之外，並舉出部分佛教用語，規定必須更改名稱如下：佛—中子、經卷—志目加彌（染紙）、堂塔—阿良良支、法師—髮長、優婆塞—角波須、寺—瓦葺、齋食—片食。即使至鎌倉時代以後，僧侶參詣伊勢神宮已成慣例，仍需遵守此原則，限制僧眾及持經者僅能至神殿前參拜（《文保記》、坂十佛《伊勢太神宮參詣記》等）。

然而，上述針對佛教的忌諱規定與宮中規制相同，並非基於排斥佛教信仰。所謂的神，原本是指司掌祭祀地點或維持整個祭祀團體的安定及繁榮，至於個人的現世或未來命運則非神所管轄，涉入這些領域則是佛教。兩者在特性上的歧異，成為神佛信仰得以圓融並存的背景因素。

神宮的情況亦是如此，大中臣氏（祭主、大宮司）、荒木田氏（內宮禰宜）、度會氏（外宮禰宜）等神官氏族與同一時代的僧俗並無不同。尤其是伊勢神宮嚴格禁止進獻私幣，唯能緊緊依隨佛菩薩而祈求出離生死、欣求往生。

這種信仰模式，確切可見於朝熊山經之峰（位於伊勢神宮後方）的經塚所出土的一只陶製經筒。此經筒刻有承安三年（一一七三）銘文「祈願現當二世安穩」，並列有荒木田氏、度會氏之名。這種埋經信仰，可廣泛見於平安時代末期至中世時期，伊勢神宮的神官亦透過此類佛事行儀來求取個人救度。神官之中有許多是面臨死亡，或辭去禰宜之職後，為求出家或在俗入道。他們與當時的俗眾並無差異，亦有許多寺院是由神官所建造。

## 三、天照大神與本地垂迹思想

伊勢神宮的神官過著前述般的信仰生活，其所尊奉的天照大神必然受到本地垂迹思想之影響。早於十一世紀初，就已出現天照大神的本地為觀音菩薩的說法（《明文抄》所引〈政事要略〉）。例如，鎌倉時代的說話集有以下記述：

伊勢國蓮台寺者，祭主永頼建立也。永頼從神事之間，依憚佛事，思而送年月。為祈請此事，限三日參籠內宮。夢中被開御殿，乍驚奉見之處，三尺皆金色觀音像也。仍其後所立之堂也。

（《古事談》卷五——五十一〈伊勢國蓮台寺事〉）

永頼因奉神而無法為來生而行佛事，在獲得神宮本地示現後，感悟到神事即是佛事。從這則故事中，可窺知天照大神的本地說被定位成具有某種作用，就是成為將忌諱佛教的神宮傳統，與神官個人信仰生活之間所產生的矛盾予以揚棄的依據。更進一步說，這種在其他神社並未存在的神佛之間緊張關係，反而成為孕育神道說的壤土（此待後述）。

在平安時代後期之後，宮廷中彷彿出現與伊勢神宮同時並進的轉變般，對於天照大神的信仰亦產生變化。天照大神的御神體為八咫鏡，與瓊瓊杵尊一同降臨於人世，此鏡從崇神天皇時期離宮，至垂仁天皇時期祭祀於伊勢，故不應存於宮內。但自十世紀起，宮內從中國傳入之鏡中選擇一面取代八咫鏡，並供奉於溫明殿內侍所。尤其約自十一世紀初，此鏡逐漸神聖化，自內侍所初次創造天岩戶神話的神樂後，神鏡與神劍、神璽合稱為三種神器。

至十二世紀之後，天照大神信仰與二間觀音習合。清涼殿（天皇日常作息的空間）東側有稱為二間的屋室，由山門（比叡山）、寺門（園城寺）、東寺的護持僧，以緊鑼密鼓的方式輪流為天皇誦經及祈禱。在此室內安置天皇念持的觀音像，與天照大神（內侍所）同樣被尊崇奉持。雖不清楚這種習合方式與神宮的觀音、天照大神本迹說究竟有何關聯，但可確認的是，二間觀音的供奉與內侍所的習合，是從堀河天皇時期（十二世紀初）以來就已存在（《讚岐典侍日記》）。

如同與觀音習合般，與大日如來的習合亦出現於宮內的天照大神信仰中。其例首見於後三條天皇的護持僧，亦即真言宗小野流的成尊（一〇一二—七四）向天皇進呈的《真言付法纂要抄》中，內容為述說日本盛行密教之因，其梗概如下：

（前略）昔威光菩薩（大日如來）常居日宮，除阿修羅王難。今遍照金剛，鎮住日域，增金輪聖王（天皇）福。神號「天照尊」，剎名「大日本國」乎。自然之理，立自然名……。

換言之，是將日本盛行密教的根據，求諸於天照大神即是大日如來化身，故王權與密教結合是必然趨勢。如此主張受到成尊之後的小野派醍醐流的護持僧所繼承，例如成尊的法孫勝覺（三寶院流之祖，一〇五七—一一二九），曾以大日如來的化現來說明二間觀音與內侍所（神鏡）的關聯。

大日如來與天照大神習合說的影響返歸於伊勢神宮，甚至對東大寺造成影響。有關此說法的詳細形成過程不明，但至十二世紀前期為止，卻形成以下一則故事。祈願興建御願寺的聖武天皇，曾派遣右大臣橘諸兄前往伊勢神宮，祈求神之裁奪准其立寺。敕使返回宮廷後，一名光輝燦爛的「玉女」出現於天皇夢中，示說天照大神與大日如來（盧舍那佛）是神佛同體，建造佛寺恰能符合神意，最終建成東大寺（《東大寺要錄》、《大神宮諸雜事記》）。換言之，日本佛教核心的東大寺盧舍那佛，與至尊無上之神的天照大神是一體。

## 四、重源與伊勢神宮

東大寺與伊勢神宮習合說形成於十二世紀前期，僧眾因此對伊勢神宮更為關注，至十二世紀末，東大寺的重興事業促成此說大為發展。治承四年（一一八〇）十二月，南都興福寺因反對平氏政權，大將平重衡率領平家軍進行攻擊，東大寺與興福寺一併遭兵火吞噬。平家沒落後，主要是由後白河院推動東大寺的復興事業，高野山的勸進聖重源（一一二一—一二〇六）則是擔任營建的總指揮。至建永元年示寂為止，重源致力於重建大佛及大佛殿、法華堂等處，復興東大寺長達二十餘年。在此期間，重源為求圓滿竣工，曾數

東大寺法華堂，為重源上人所重建。（秦就攝）

度參詣伊勢神宮並舉行佛經供養。

大佛開光的翌年，亦即文治二年（一一八六）三月，重源即將著手建造大佛殿之際，曾私下參詣伊勢神宮。當時，天照大神宣諭：「吾近年身疲力衰，難成大事。若欲遂此願，汝早可令肥我身。」（《東大寺眾徒參詣伊勢大神宮記》）東大寺僧眾聽聞此說，遂於此年四月為祈求重建大佛殿而參詣神宮，並舉行法樂供養而在神官的氏寺轉讀《大般若經》及輪流進行論義。建久四年（一一九三）、六年（一一九五）則分別舉行同類型法會。

重源參詣伊勢神宮的原因，顯然是沿襲前述的天照大神與盧舍那佛（大日如來）同體說，並非出自個人的特殊信仰心。此時，適逢僧與聖開始參詣神宮的時機漸熟，除了重源之外，其他尚有鑁阿（與重源親近的勸進僧）、西行、隆聖（西行之子）、雅緣（興福寺）等人相繼參詣神宮。

在此情況下，為了對抗神宮忌諱佛教的傳統，理當要求是否有先例可循，如此可藉此保證僧眾參詣神宮是正當之舉，故而產生行基參詣神宮的故事。其內容是描述協助聖武天皇建成東大寺的行基，或許是早於天皇派遣橘諸兄之前，或在其後參詣伊勢神宮（參詣順序依不同文本而有所差異），並獲得天照大神宣諭。據史料顯示，可確知行基參詣神宮的故事，在十二世紀末的重源與東大寺眾徒參詣神宮之時就已存在（《中臣祓訓解》）。行基被視為勸進聖之祖，而其參詣神宮的故事，完全是為了試圖證明他曾仿效重源等聖或遁世僧的先例，故而虛構此事蹟。總而言之，因有重源等人參詣伊勢神宮，以及行基參詣神宮的故事做為契機，故從鎌倉時代至南北朝、室町時代，僧侶逐漸盛行參詣伊勢神宮。

# 第二節 中世神道說的形成

## 一、兩部神道

如前節所述，僧侶、聖、修驗者在因緣和合之下，開始盛行參詣伊勢神宮。在此過程中，開始出現以密教、天台思想、道家思想為基礎，來針對伊勢兩宮的祭神、神宮領地、社殿、別宮、攝末社、神宮創建由來、祭神用品、祭祀儀式等進行解釋的著作祕要。其中蘊涵密教特色的著作，後世稱之為兩部神道書。外宮（豐受大神宮）的神官度會一族所撰述的著作，則稱為伊勢神道書（度會神道），其內容與前者互為影響。此外，內宮神官參與撰寫的著作亦受到認同，另有兼具伊勢、兩部神道內容的著作。

最早以傳述方式撰寫的神道著作，是成立於平安時代末期、鎌倉時代最初期的《三角柏傳記》、《中臣祓訓解》等，其撰寫地點應是志摩國吉津的仙宮院。吉津地方曾設有外宮御廚，並栽植三角柏做為神宮禮奠（供品）之用。換言之，神道書在形成新文本之際，是從神宮周圍地區開始發展。

《三角柏傳記》首先記載仙宮院的由來，是婆羅門僧正從南天竺攜來的三角柏種植於此地，行基在此建造公家祈禱所。此後，則由最澄、空海、圓仁擔任院主。從尊奉行基為開山祖師一事，可窺知仙宮院撰述神道著作的動機，與前節所述的行基參詣神宮的事蹟有密切關聯。

《三角柏傳記》繼而記載院主空海於承和三年（八三六），（據稱是）神主河繼獲受天照大神的相關祕傳。換言之，所謂「神」、「天照大神」是法性身的太元尊神，以日月（照皇天）、遍照尊（大日霎尊）之身分居於天界，並以天照二所皇大神之身分居於地界。此神為三身（法身、報身、應身）與三諦（空、假、中）即一。進而將神祇分類，在與本覺神伊勢大神相對之下，則有從迷界覺醒的始覺神（八幡、廣田等），以及尚未覺悟的不覺神（出雲等），並以本覺神為根本來闡述人心。進而述及伊勢神宮內、外二宮的關係，將內宮的天照大神配置為日天子、胎藏界大日、陰、水，外宮豐受皇大神則配置為月天子、金剛界大日、陽、火。在此幾乎具備了此後兩部神道的核心教理。

《中臣祓訓解》包含了部分與《三角柏傳記》相同的內容，被認為是具有套書性質的著作。如其題名所示，是針對《中臣祓》的祓詞加入密教式的解釋，並由空海傳授於河繼。兩部神道書的作者多假托於空海，《中臣祓訓解》應是最初之作，故而後世將兩部神道的開創及倡導者托名於空海。如同前述般，《中臣祓訓解》是提及行基參詣神宮的最早期著作。

在此值得關注的是，兩部神道未必是以純粹東密（真言密教）為教理，而是包含許多諸如三身即一、三諦即一的天台教義。由此可窺知，與其說是出自正統的密教僧之作，毋寧說是與兼修諸宗的聖、修驗者有關。實際上，仙宮院位於伊勢神宮與熊野相連結的熊野街道畔，亦有研究者提出假設，認為是由熊野修驗者（或園城寺修驗者）來擔任撰述。《中臣祓訓解》的內文中亦加入高野山的祕儀，其成立背景更為複雜。

此後至鎌倉時代中期為止，在仙宮院周圍地區出現《仙宮院秘文》、《天地靈覺秘書》、《太神宮秘文》。至於在仙宮院以外的地區亦出現此類著作，至鎌倉時代後期為止，則出現以下兩部神道著作。首先是托名於空海或與其相關的著作，亦即《兩宮形文深釋》、《兩宮本誓理趣摩訶衍》、《神性東通記》、《大日本國開闢本緣神祇秘文》、《續別秘文》、《豐受皇太神繼文》。此外，亦有假托於行基所撰的《大宗秘府》、《大和葛城寶山記》。

其中，對後世影響最深的是托名於醍醐天皇所撰的《麗氣記》，其內文是由正文十四卷、繪圖四卷，共十八卷所構成，內容是與伊勢神宮相關，並以真言密教為基礎集成的深密說（深密為密教四重祕釋的「深密釋」之略）。在整個中世時期，《麗氣記》與《日本書紀》並重為神道聖典。

## 二、顯密各宗、各流派融入神宮

在兩部神道書不斷問世的背景因素中，尤其是從鎌倉中期之後，顯密各宗及各流派勢力正式進入伊勢神宮的周圍地帶。首先是東大寺的僧眾，因該寺在重源示寂後仍繼續重建，故由參與事業的學侶、勸進聖、遁世僧屢次前往伊勢神宮參詣，祈求圓滿建成。其中，又以西迎上人（？—一二五六）為代表者，白嘉禎至建長年間（一二三五—五六）參詣神宮多達數十次。西迎上人為東大寺戒壇院的勸進聖，是為了祈求重建戒壇院而往詣神宮（《西迎上人行狀》）。戒壇院的重建事業，是由擔任東大寺大勸進的圓照（一二二一—七七）續承其志。圓照於文永九年（一二七二）參詣神宮，當時獻呈探討神佛關係的著作《無二發心成佛論》。圓照的胞兄聖守（一二一九—九一）身為真言院主，亦為了祈求重建真言院而三度參詣伊勢神宮（據《真言院再興略記》記載，分別是寬元年間、建長六年、正嘉三年）。聖守與其弟同樣，亦出任東大寺大勸進一職。

如前所述，東密小野流的初祖成尊在《真言付法纂要抄》之中，倡說大日如來與天照大神為同體，成為中世神道形成之先驅。尤其是小野流的支派三寶院流（源於醍醐寺的院家三寶院），與此後中世神道說的形成有密切關聯。首先，曾任醍醐寺座主、東大寺東南院主的勝賢（一一三八—九六）與重源關係深厚，建久四年（一一九三）曾於荒木田氏的菩提寺天覺寺舉行大般若供養（《東大寺眾徒參詣記》），並配合此供養法會而參詣伊勢神宮（《大神宮參詣記》上）。如後文所述般，從勝賢創立的三寶院御流法脈，可確認有數部神道書得以延續傳承。

此後，勝賢的法脈是由成賢（一一六二—一二三一）、憲深（一一九二—一二六三）延續傳承。從文獻中有跡象顯示憲深曾參詣神宮（真福寺藏《真言行者最極秘傳》），但更重要的是，憲深曾有弟子與伊勢神宮關係深厚。除了前述的聖守之外，尚有通海（一二三四—一三〇五）。通海為神宮祭主大中臣隆通之子，在獲受憲深的印可後，曾任大中臣氏的氏寺蓮花寺（三重縣度會郡棚橋）的住持。通海將該寺視為醍醐寺的末寺，寺號改為法樂寺，凸顯此寺是為了舉行伊勢二神的法樂供養而建造。另一方面，通海在蒙古來襲之際，亦於內、外神宮之側建造祈禱及修法用途的法樂舍（《大神宮參詣記》下）。

與對三寶院流造成影響的情況同樣，蒙古來襲成為各宗及各流派勢力正式進入伊勢神宮的歷史分水嶺。興正菩薩叡尊（一二〇一—九〇）及其教團（西大寺流）的勢力，約於此時進入神宮。叡尊分別於文永十年（一二七三）、建治元年（一二七五）、弘安三年（一二八〇）率領僧伽參詣神宮（《伊勢御正體廚子納入文書》、《金剛佛子叡尊感身學正記》），並於弘安三年，在與內宮極近之處建造供奉本尊大日如來的弘正寺（《西大敕

伊勢神宮（內宮）為供奉皇室的祖神「天照大神」的神社（吳宜菁攝）

謚與正菩薩年譜》），此後神宮的西大寺流就以此為據點擴大傳法路線。

上述著作與這些流派有何具體關聯，未必能夠確知，但除了可確認聖守或其弟子聖然在《東大寺八幡驗記》記載東大寺手向山八幡宮的創建由來，而該書是除了參照《兩宮形文深釋》之外，更可得知從鎌倉時代末期至南北朝時期，西大寺流在神道著作傳承方面發揮了極大作用。

## 三、伊勢神道

如同與前述兩部神道書的成立互為呼應般，外宮的神官氏族度會氏在神宮周邊完成許多神道著作。伊勢神宮是由天照皇大神宮（內宮）與豐受大神宮（外宮）所構成，皇祖神天照大神是唯一主神，豐受大神則被視為司掌天照大神御膳的御饌都神。度會氏為了提高外宮地位，一連撰寫數部伊勢神道書。

其中最初問世的著作，是與兩部神道書同樣採取假托書的形式。《伊勢二所皇太神宮御鎮座傳記》有「太田命訓傳」之稱，於雄略天皇二十二年，前大神主彥和志理命等人編纂太田命（迎請供奉神鏡的倭姬命移駕神宮某處之神明）的傳述事蹟。據傳《天照坐伊勢二所皇太神宮次第記》是由奈良時代的神主阿波羅波命等人所撰述，《豐受皇太神御鎮座本紀》是由奈良時代的人大神主飛鳥所撰，故亦稱「飛鳥記」。此外，更加上神龜二年撰述（一說行基撰），並於天慶五年由荒木田行真抄寫的《造伊勢二所太神宮寶基本記》，以及由大神主御主所撰，麻呂於神護景雲二年五月所繕寫的《倭姬命世記》，以上總稱為「神道五部書」。然而，「五部書」是後世名稱，在鎌倉時代當時將此五部書加上其他著作而成為「神藏十二卷祕書」，或以《傳記》、《次第記》、《本紀》而稱為「神宮三部書」。

這些著作中較早撰成的應是《寶基本記》，其次是《倭姬命世記》，此後約至文永、弘安年間為止，陸續撰成《傳記》、《次第記》、《本紀》。此外，與《倭姬命世記》一併撰成的著作，尚有構成「太神宮本紀」（可見於前述的「神藏十二卷祕書」）的《神祇譜傳圖記》、《新撰姓氏錄》的別錄《神皇實錄》、傳聖德太子所撰《神皇系圖》、傳推古天皇時期撰述《天口事書》、傳天平二年神主安丸所撰《往代希有記》，這些著作最晚應成立於弘安年間。

這些著作內容，若從基本上是述說內、外二宮及別宮、攝社（神社境內之小社）的由來，或殿舍、慶典活動此點來看，其性質應屬於說明神社創建緣由的類別。內、外二宮分別以日輪、月輪來表示，並根據五行說，將外宮定為水德、內宮定為火德，其目的在於顯示兩宮平等。提出此說的《寶基本記》、《倭姬命世記》等初期伊勢神道書，受到《中臣祓訓解》等兩部神道書的直接影響。至較晚成立的《次第記》、《傳記》、《本紀》，甚至說明豐受大神與開天闢地時的造物主天御中主神為同體，欲主張豐受大神的地位更尊於天照大神。瓊瓊杵尊（天孫降世成為皇族的祖神）之母萬幡豐秋津姬命因身為豐受大神之孫而被崇奉為神，故試圖將豐受大神尊為與天照大神同樣的皇祖神。

「皇字沙汰（如何處置皇字）」事件，堪稱是主張兩宮維持對等關係，甚至外宮地位凌駕內宮之上的代表事例。永仁四年（一二九六）至翌年，內、外二宮為了是否應在外宮冠以「皇」字，進而改稱為「豐受皇大神宮」而引發爭論。當時提及的歷史典據就是《寶基本記》、《倭姬命世記》、《傳記》、《次第記》、《本紀》。

度會行忠（一二三六—一三〇五）不僅身為外宮的論爭核心人物，亦主導伊勢神道形成。行忠撰有《伊勢二所太神宮神名秘書》，並於弘安八年（一二八五）上呈當時的關白鷹司兼平，另有《心御柱記》、《古老口實傳》等著作。此外，極有可能參與「神宮三部書」的撰寫過程。尤其是《伊勢二所皇太神宮御鎮座傳記》，近來發現於真福寺所藏的軸木上，有度會行忠之名的墨書，最終確定此書為其所持，可知行忠極有可能參與撰述。從行忠曾獲授《天地靈覺秘書》，以及在列舉神宮極祕之書《豐受皇太神御鎮座本紀》或《神皇實錄》之時，亦舉出《大和葛城寶山記》、《大宗秘府》一事，顯然可知他在撰寫之際，曾大量參考既有的兩部神道書（《古老口實傳》）。

繼度會行忠之後傳揚伊勢神道的人物，則是度會家行（一二五六—？）、常良（常昌，一二六三—一三三九）。家行試圖將兩部、伊勢神道的教說予以分類彙整及體系化，形成元應二年（一三二〇）撰成的《類聚神祇本源》十五卷。尤其是第十五卷〈神道玄義篇〉發展的「機前」論，所謂「機前」是指開天闢地之前的混沌狀態，亦指人之本心，作者試圖藉此發現神道本質。此外，家行的著作尚有《瑚璉集》、《神道簡要》、《神祇秘抄》。度會常良因與後宇多院、後醍醐天皇較為親近，依此因緣而與三寶院流的道順有所交涉，並致力於伊勢神道密教化。與常良關係深厚者，尚有天台宗僧慈遍。慈遍身處於鎌倉時代末期至南北朝時期，撰有山王神道的理論書《天地神祇審鎮要記》，另有其修習伊勢、兩部神道說的著作《舊事本紀玄義》、《豐葦原神風和記》等。

# 第三節　中世神話與中世日本紀

## 一、《日本書紀》在古代的傳承

說起日本神話，今日一般是以《古事記》為代表。然而，這種認知是受到近世後期的本居宣長主張以「和語」撰寫的《古事記》才能忠實傳達「古昔之事」，且較漢文體的《日本書紀》更為優越的說法所影響，此後才逐漸擴大形成的概念。古代、中世、甚至到近世中期為止，《日本書紀》才是日本神話的正典（canon），《古事記》與《先代舊事本紀》、《古語拾遺》同樣只被定位在補足正典的二次文獻。故在敘述日本神話的中世發展之際，換言之，就是在追溯如何讀取及傳承《日本書紀》的過程。

《日本書紀》成為符合東亞律令國家所必須的「正史」，藉由正規漢文書寫及記錄（養老四年，七二〇年），與以和、漢文交融並用的《古事記》大異其趣。《古事記》在當時的閱讀情況已無從知悉，但至少沒有採取全文訓讀的形式（例如〈神代卷〉第一的篇首顯然是以《淮南子》、《三五歷記》為依據）。

自平安時代以後，在宮內宜陽殿定期舉行日本紀講，開始出現以全文訓讀《日本書紀》的趨勢。在此時期總共舉行六次，分別是：1.弘仁三年（八一二）、四年；2.承和六年（八三九）六月；3.元慶二年（八七八）二月至元慶五年六月；4.延喜四年（九〇四）八月至延喜六年；5.承平六年（九三六）十二月至天慶六年（九四三）；6.康保二年（九六五）。

日本紀講的舉行目的在於確認《日本書紀》的訓讀形式，將翻譯成漢文的口承文本以訓讀方式再次還原其貌。日本紀講的講師稱為博士，助手稱為尚復（複誦者），參與者為大臣、大納言之下的朝臣，天皇有時亦臨席聽講。誠然，《日本書紀》是由全三十卷所構成，卷帙浩繁，並非一次完成，而是歷經兩、三年或更長久的時間進行。當時講義的備忘錄或問答，今日仍有部分留於《日本書紀私記》之中。紀講結束後舉行筵宴及歌會，在席間吟詠的和歌，則以日本紀饗宴和歌的形式留存於世。

值得注意的是，在舉行日本紀講的平安時代前期，除了《古事記》與《日本書紀》之外，亦曾出現其他的神話著作，例如忌部氏的《古語拾遺》，或假托聖德太子的偽書，更包含物部氏的古老傳承《先代舊事本紀》。隨著對神話領域更為關注，日本紀講亦增添此類題材。

日本紀講於康保二年最終一次舉行，此後除了部分專家研讀《日本書紀》之外，幾乎乏人問津長達一百餘年。十二世紀之後情況復變，眾人漸從和歌世界轉為關注神話領域。

最初見於藤原仲實《綺語抄》（撰於一一〇七—一一一六）、源俊賴《俊賴髓腦》（撰於一一一一—一一一五），此後則有藤原範兼《和歌童蒙抄》、藤原清輔《奧義抄》、勝命《古今集序注》、藤原教長《古今和歌集注》、顯昭《古今集序註》及《袖中抄》等，探討歌學的著作或古今集注的解釋，並可從中散見援引「日本紀（記）」的內容。

和歌對神話主題的關心，就如同「和歌始於開天闢地之時」（假名序）、「逮于素戔烏尊，到出雲國，始有三十一字之詠」（真名序）所述般，可溯至《古今和歌集》的時代，在開始矚目於十一、十二世紀更為顯著的「日本」或「神」等國家概念的過程中，逐漸關注「和歌起源即是日本起源」的課題，就此發現文本根源的「日本紀」。然而所謂的「日本紀」，未必僅限於《日本書紀》，而是涵括《古語拾遺》或舉行日本紀講時所記錄的注記、日本紀饗宴和歌或詞書。換言之，「日本紀」一詞是用於針對神話敘事的總稱（伊藤正義，一九七二）。

在此時期出現的「日本紀」敘事有一項特徵，就是可從中發現異傳或異說，其內容不僅沒有參照《日本書紀》，甚至連已知的神話書或注釋亦不採納，中世神道書就是由此潮流中衍生而出。至鎌倉時代之後，《日本書紀》被定位為神道書的代表著作。此外，亦有包括在《日本書紀》之後撰寫的六國史，以及涵括神道書在內而稱為「日本紀」的例子，成為日本發展本源及歷史相關文本的總稱。

## 二、中世的《日本書紀》注釋

中世出現各種《日本書紀》注釋書，最初成立於十二世紀中葉，是藤原通憲（信西）所撰的《日本紀抄》。編纂目的是為了順應和歌的研究學者所關注的《日本書紀》，並擷選書中的三百零五項重要語句進行注解。

至鎌倉時代之後，在因緣促成下，出現了主要由卜部氏進行研究《日本書紀》的現象。原本卜部氏是以龜卜之術在宮中奉侍，自院政期起被擢陞為可世襲神祇大副等要職，並約於此時發展研究及傳承《日本書紀》。其研究成果，正是卜部兼方所撰的《釋日本紀》。此書為作者之父兼文於文永十一年（一二七四）至翌年，將前關白一條實經等人舉行的日本紀講問答，以及曾擔任日本紀講博士所撰寫的講義記錄編纂而成的著作。《釋日本紀》的內容是由開題、注音、亂脫、帝皇系圖、述義、祕訓、和歌的七大領域所構成。此書多引用日本紀講的記錄（《日本書紀私記》）等著述，是平安時代以來《日本書紀》研究之集大成。卜部氏的「日本紀之家」地位，是以研究及管理《日本書紀》的世襲家系而獲得確立。現今傳世的書紀傳本，多援引自卜部氏的研究系統。

另一方面，當時對中世神道發展發揮核心功能的寺院，亦有傳承《日本書紀》及撰寫注釋書。首先舉出叡尊的西大寺流，此流派的惠觀、道果、道祥、春瑜等人在叡尊管理的興光寺、弘正寺等位於神宮周圍的寺院內，不僅繕寫多部神道書之外，亦進行《古事記》、《日本書紀》的抄寫工作。其中，包含道祥、春瑜抄寫傳承的記紀注釋書《古事記裏書》、《日本書紀私見聞（道祥本）》、《日本書紀私見聞（春瑜本）》。

至今相模國金澤的稱名寺仍保留許多神道聖教，尤其是第二任住持釼阿擁有數部《日本書紀》，甚至撰寫注釋書《日本紀私抄》。尾張國中島郡大須的真福寺（今遷至名古屋市），從鎌倉時代後期至南北朝時期所繕寫的大量伊勢、兩部神道書傳承之中，亦藏有《古事記》的最早寫本。

天台僧良遍於高野山舉行《日本書紀》講義，撰有筆記《日本書紀第一第二聞書》、《日本書紀私見聞》。淨土宗鎮西派的了譽聖冏（一三四一——一四二〇）則撰有《日本書紀私鈔》。

這些注釋書的特徵，在於將中世神道的主張大為運用在解釋中，蘊涵諸多祕說傳承的旨趣。例如良遍在進行講義之際，附帶舉行日本紀灌頂的密教儀式，受講對象則趨於小眾。日本紀灌頂是屬於兩部神道的灌頂，除了設置灌頂壇，並在壇上傳授密印，並授予許多記載密說的切紙。良遍更一併舉行《麗氣記》講義及傳授灌頂（據稱為麗氣灌頂），《日本書紀》與《麗氣記》皆被視為兩部神道最殊勝的密書，是屬於祕密傳承。

卜部氏系統繼承《釋日本紀》傳統的注釋書出現在室町時代後期，此為一條兼良（一四〇二—八一）與卜部吉田家的日本紀注。兼良的著作《日本書紀纂疏》是以當時流行的三教一致思想為依據，廣泛蒐羅日本及中國的漢籍或佛書，從中導引出《日本書紀》的蘊意。兼良對注釋的基本態度，並非偏離中世學問的範疇，在典據研究及構成論方面對後世影響甚鉅。

另一方面，過去被視為日本紀研究核心的卜部氏支脈平野家式微之後，以南北朝對立為歷史分水嶺，漸改由另一支脈吉田家的勢力逐漸抬頭。尤其是室町時代前期的兼熙、兼敦父子深受足利義滿所器重，確立「日本紀之家」、「神道之家」的地位。在此系脈中，吉田兼俱（一四三五—一五一一）發展家學傳統，創立並提倡唯一神道（吉田神道）的神道說（此待後述）。兼俱推廣其說的重要環節之一，就是舉行《日本書紀》講義，今日仍留存許多講義本及筆記。從講義內容中可發現曾受《日本書紀纂疏》所影響，出現許多以唯一神道教理為基礎的說明。自吉田兼俱之後，後繼者依舊注釋《日本書紀》，其子清原宣賢、其孫吉田兼右亦編纂注釋書。吉田神道流派的日本紀研究，對吉川神道與垂加神道影響亦深。

此外，尚有忌部正通撰有《日本書紀神代口決》，其中包括貞治六年（一三六七）所撰的自序，內容深受儒家思想所影響。忌部正通的生平經歷全然不詳，此書在近世以後才被發現，由此可見極有可能是偽撰的託名之作。

## 三、中世神話的世界

以《日本書紀》注釋書為首的神道書或寺社緣起中的中世神話描述，若以術語來定義，則可稱之為「中世日本紀」或「中世神話」。就狹義而言，「中世日本紀」是指從《日本書紀》的注釋或引用中可見的異說及特殊解釋，廣義則是指中世神話敘事的總稱。「中世日本紀」一詞，最初用於伊藤正義〈中世日本紀の輪郭〉（一九七二）的考證研究。身為謠曲研究者的伊藤指出，從中世的謠曲及軍記物語，或《古今和歌集》、《伊勢物語》的注釋書等各類文獻中，可發現廣泛冠有「日本紀」一詞的內容，大多不是以《日本書紀》的文本為依據，而是引自《書紀》的注釋書，甚至是已知或未知的神話著作。這種有關中世神祇或日本起源的敘事內容，則命名為「中世日本紀」。中世文學研究者率先採用此術語，自西元一九九〇年代以後，又擴展至歷史學或思想史研究。「中世神話」是關注於室町物語（御伽草子）或寺社起緣的內容與古代神話具有同樣的物語構造。自西元一九七〇年代以後，中世文學研究者亦使用此術語。

在此舉出中世神話（中世日本紀）的實例，題材是有關治國及王權方面，內容為天皇家的始祖天照大神與藤原氏的始祖天兒屋根命彼此約定的傳說。在神代時期，天照大神與天兒屋根命相互約定，雙方的子孫今後將維持君臣關係，換言之，就是藤原氏歷代得以擔任天皇攝政、關白之由來。此神話初見於長曆四年（一〇四〇），後於院政時期、鎌倉時代的《愚管抄》、《春日權現驗記》、《神皇正統記》等多部著作中亦有描述。內容與藤原氏的起源神話有關，並將攝關政治是必然存在的政體而求其正當化。以《古事記》、《日本書紀》中的天岩戶與天孫降臨（天兒屋根命在兩則傳說中皆現身）為素材，當時的皇族與藤原氏的關係應是藉由神話而予以正當化，並經由重新構想而成。至於其他與藤原氏相關的中世神話，則有即位灌頂的起源，是始於藤原氏的始祖中臣鎌足曾獲得荼吉尼天傳授密法（《天照大神口決》等），或堪稱是藤原北家的始祖神話，亦即藤原房前之母曾身為海女取得寶珠的傳說（謠曲《海女》）等。

另一方面，與天皇家有關的是天照大神、八幡大菩薩誓願守護百王的神話（百王鎮護），故事靈感取自《日本書紀》的天孫降臨之段，內容卻大異其趣。身為皇祖神的天照大神、八幡大菩薩於太古時期立誓守護天皇至百任為止，故歷代天皇得以受到二神庇護而延續統治。乍見之下，會認為是將以神國思想為基礎的王權鎮護觀予以神話化，但在此另有其他涵義。永承七年（一〇五二）被視為末法元年，在末法思想瀰漫的時代，天皇已傳位六十餘任。誓願鎮護百王意味著預示王朝將亡，此神話如實反映了日本從王朝國家轉變為中世國家。

中世的宗教及思想無疑是以本地垂迹思想為基調，「中世神話」的神祇多以佛菩薩垂迹來保證其神聖性。例如，若閱讀中世的開闢國土傳說，將發現創造國土的天照大神（此亦是中世神話的特色）是大日如來化身，國土亦是象徵大日如來三昧耶形的獨鈷形狀（春瑜本《日本書紀私見聞》等），這應是與密教習合的神國思想所蘊生的神話。

與開闢國土傳說有關的，則是第六天魔王的神話。內容是在開創日本之前，第六天魔王預知此國將成為佛土，故欲滅之而降臨於世。此時大日如來的化身天照大神為能安其心，假稱即使創造日本、自身成為國主，亦將避諱佛教，而將魔王驅返天界（《沙石集》等）。此神話經由更改後的版本，則是魔王在離開日本之際，給予一項信物做為憑證，就是三種神器之一的神璽（《太平記》）。

本地垂迹的關係，亦出現在神佛領域之外。《熊野の本地》記述天竺王及王妃、王子在日本垂迹後，並成為熊野之神。至於在吉野或出雲的起緣故事中，不僅有靈鷲山被削取的部分是飛來或漂流至日本的傳說，亦有日本國土的創生是削自部分須彌山的故事（《塵滴問答》等）。在此可發現國土神聖性的根據是來自外部（尤其是佛教發祥地天竺）。「中世神話」濃厚反映出中世的世界觀，是在自尊與自卑的複雜糾葛中形成。

# 第四節　神道流派形成與神道灌頂

## 一、顯密各派的神道說

在中世，逐漸形成專門負責神道知識或儀法的神道流派。但在鎌倉時代，神道著作雖已問世，神道流派卻尚未成立。當時有關神道的論述隱沒在顯密諸宗及各流派中，絕對無法說是獨立派別。在此筆者想探討主要的顯密流派在鎌倉時代的發展趨勢。

首先探討的是三寶院御流，此流派是由勝賢傳授於仁和寺御室的守覺法親王（一一五〇—一二〇二），屬於三寶院流的支派。如前所述，勝賢為了重建東大寺大佛，曾參與在伊勢神宮舉行的供養法會。近年研究則指出，在勝賢向守覺陸續傳授數部著作的目錄中，亦包含《兩宮形文深釋》、《二所天照皇太神遷幸時代抄》、《神性東通記》（真福寺藏《野決目錄》、阿部泰郎，二〇〇七）。究竟是實際傳授或後世假托之作，學者見解不一，但至少神道書在此後的三寶院御流法派中確實延續傳承。

實際上，現存南北朝時期的麗氣灌頂（待後述）的數種血脈，與三寶院御流的血脈有所重複。若根據名古屋大須的真福寺所藏資料顯示，該寺所傳的三寶院御流法脈是「勝賢、守覺、道法、道助、道深、法助、性仁、賴位、宏瑜、鏤海、儀海、宥惠、信瑜（真福寺第二任住持）……」。另一方面，「麗氣灌頂」的血脈是「大日、金剛薩埵、龍猛、龍智、不空、惠果、空海、堅惠、聖寶、觀賢、醍醐天皇、村上天皇、圓融天皇、一條天皇、後一條天皇、性信、寬助、覺法、覺性、守覺、道法、道助、道深、法助、性仁、賴位、宏瑜、鏤海、儀海、宥惠、信瑜」，底線部分為兩者一致。由此可明確得知真福寺傳承《麗氣記》全卷，並經由三寶院御流的法脈傳入該寺。至少可知三寶院御流是汲取神道著作及其相關的密法傳承。

其次最值得矚目的，是鎌倉時代後期三寶院流派的發展動向。大覺寺統的後宇多院獲得持明院統所欠缺的祕法相承，藉此顯示王統優越性，並求取伊勢神宮所傳的即位灌頂祕儀。擔任此任務的道順（？—一三二一）深獲院所信任，並與傳揚伊勢神道的度會常昌有所交流。在此過程中，形成道順所傳的伊勢神宮祕法，智圓《鼻歸書》、覺乘《天照太神口決》則是記載此祕傳的著作。道順因在三寶院流派的嫡傳之爭中敗退，故其祕法並未成為該流派傳承，反由覺乘所屬的西大寺流延續命脈。此後，西大寺流專門傳揚在神宮周圍發展的兩部神道說。

進而必須探討的流派，是崇奉三輪上人慶圓為始祖的三輪流，此派衍生出三輪流神道，但在鎌倉時代的階段尚未形成神道流派。慶圓是以三輪山為活動根據地的遁世僧，記載其生平事蹟的《三輪上人行狀》中，描述許多慶圓與神或魔（天狗）交流的情形，如實提示其具有修驗者的特質。慶圓有弟子寶篋、如實，其名曾出現在批判「立川流」的著作《受法用心集》、《寶鏡鈔》之中。由此可見三輪流是屬於密教諸法派的邊緣系統，是在易於吸收立川流或神道等「異端」教法的環境中發展。

此外，叡尊教團（西大寺流）的勢力在鎌倉時代後期進入慶圓等人的據點三輪山，因此將伊勢神道說引入聖山的周邊地帶。文保二年（一三一八）撰成的《大三輪大明神緣起》主張天照大神與三輪神為同體，是深受伊勢兩部神道說所影響的著作。

另一方面，室生山周邊地區亦出現新動向，據傳空海曾於此山埋藏惠果的如意寶珠（《御遺告》），成為院政期至中世的舍利、寶珠信仰的據點之一。寶珠信仰在多元發展下與天照大神信仰互為連結，例如假托仁海所撰的《宀一山秘密記》之中，述說天照大神為如意寶珠之垂迹。鎌倉時代後期的僧侶圓海，在室生山的神道說形成上發揮了最大功能。圓海屬於西院流，卻分別透過聖守與三寶院流、以及透過忍空、圓照與西大寺流而有連結。有如圓海重興世義寺的傳承般，其與伊勢神宮的神道說亦有所接觸。

現今位於神奈川縣的稱名寺，依然保留第二任住持釼阿所留存的一束神道切紙。這束切紙原本是傳自於圓海及其付法弟子秀範，內容主要與伊勢神宮相關，其中有數處提及室生山的寶珠，極有可能是相關人士參與撰述而成。稱名寺的相傳書之中有「神祇灌頂血脈」，記載其傳承系脈是以天照大神為本源，歷經四代地神而至神武天皇，又歷經數代天皇而至嵯峨天皇，繼而由空海繼承，再延傳至「圓海—秀範—釼阿」。

以上是有關真言各宗流派，天台宗山門派（比叡山）則是自鎌倉時代之後，開始出現撰述神道書的趨勢。比叡山的神祇信仰核心是地主神日吉山王信仰，至十世紀中葉為止，形成山王七社（大宮、二宮、聖真子、客人、八王子、十禪師、三宮）。在本地垂迹思想中，至平安時代末期個別配置本地佛，日吉山王教理則出現於鎌倉時代以後。

最早述及山王信仰的文獻是貞應二年（一二二三）撰成的《耀天記》，書中並未提及佛家神道說的要素，僅見於附加的「山王事」內容，山王信仰應在更晚時期成立。但可確認的是，身為比叡山最優秀的學僧慈圓（一一五五—一二二五），在當時曾觀想山王神與一字金輪佛頂為同體，並嘗試從神祕角度來予以詮釋（慈圓《法華別帖》）。

至鎌倉時代後期之後，方出現山王信仰的核心著作《山家要略記》，在質量上是足以匹敵伊勢神宮的神道文獻。此書是根據天台教學所記述山王諸社的由來及來歷，從最澄、圓仁、圓珍、安然、相應、大江匡房的各種著作中集萃而成（稱為「三聖二師二十卷」）。但實際上這些著作並不存在，而是為了促使個別言論權威化而予以編撰。被視為該書作者的義源，其生平事蹟不詳，唯知身分為記家，負責掌理內典之外的諸說或記錄。有關日吉山王的教理，亦構成記家所輯錄的部分言論。義源的弟子光宗（一二七六—一三五〇）所撰的《溪嵐拾葉集》，則是集其思想之大成。以上所述的天台系神道說，則稱之為山王神道。

## 二、神道諸流派的形成

以上是鎌倉時代的神道書、神道說的傳承，除了度會氏、荒木田氏、卜部氏之外，完全是由三寶院御流、三寶院流、三輪流、西院流（室生山）、天台宗山門派的顯密諸宗或諸派中的部分祕法相承所構成。但在室町時代逐漸產生變化，至南北朝時期出現了如同前述的「麗氣灌頂血脈」、「神祇灌頂血脈」般，形成獨特的神道系脈傳承。至室町時代之後，更個別形成三輪流衍生而出的三輪流神道，以及室生的圓海、秀範所發展的御流神道。

首先是三輪流神道，是由「三輪流」的密教流派變質為神道流派。《三輪上人行狀》記載一則慶圓向室生龍神傳授「即身成佛印言」（亦稱為即身成佛義言、瑜祇切文）的傳說，至室町時代則構思出將龍神轉化為三輪明神的由來，稱之為「互為灌頂」（慶圓與神彼此相授灌頂，故有此稱）。原本屬於密教廣澤流末派的三輪流，因將三輪神與慶圓之間的神祕交流視為自身流派的根本祕說，故成為以神道為重心的流派。

其次說明的是御流神道。如前所述般，圓海傳授秀範的「神祇灌頂血脈」之中，記載是由嵯峨天皇傳於空海。至應永年間，尤其是針對麗氣灌頂傳承，更附加是由嵯峨天皇祕密傳授於空海（《麗氣制作抄》、猿投神社藏《神祇口訣私》）。麗氣灌頂的傳承者是依循嵯峨天皇祕傳空海之說，故自稱為「御流」。

御流神道的特徵之一，是從天照大神之後歷經數代天皇，而至嵯峨天皇傳授空海的系脈「日本紀相承」，以及從大日如來傳至空海，再由其傳授嵯峨天皇的「麗氣相承」，兩者經由相互組合及傳授而成（《八十通印信》所收〈血脈圖〉）。將王法與密法的相互關係，與《日本書紀》與《麗氣記》的祕法相承互為交疊，構思成為獨特的神道思想。御流神道正是呈現兩部神道的典型形式。

如前所述，至室町時代後期為止，已有數種神道流派成立。例如，卜部兼邦約於文明十八年（一四八六）撰成的《兼邦百首歌抄》之中，提示了「神道四流有」，分別是：1.「聖德太子」；2.「吉田卜部」；3.「弘法大師（善女龍王之說）」；4.「三輪慶圓聖人（同前）」。其中，除2.之外，皆屬於兩部神道流派（此項將於下節探討）。此外，屬於中世後期資料的《諏訪大明神深秘御本地大事》之中，在「神道」部分舉出「諏訪流」、「伊勢流」、「筑波流」、「關白流」、「大師御流」、「三輪流」。又於真福寺藏《神祇秘記》中，記述「但聞神道有數流，共十二流。稱為伊勢流、三輪流、吉田流、熱田素戔尾流、八幡、御室、諏訪、御流」，可知尚有多種流派。

與前述真言宗系統的神道發展趨勢相較之下，天台山的山王神道則有不同發展。《山家要略記》或《溪嵐拾葉集》所收的日吉山王教理，被納入天台宗學體系，此後並未轉變或形成獨立流派。這主要是基於寺院（比叡山）與地主神（日吉山王）的關係難以切割所致，自室町時代之後，日吉山王信仰在教理方面並無新進展。至近世的天海（一五三六？—一六四三）則添加德川王權神話，重新編成山王一實神道。

## 三、神道灌頂

那麼，前述的中世神道各流派又是如何傳承聖教或祕法奧旨、祕密之說？在中世廣泛獲得共識的認知，就是認為真正貴重的知識是必須經由祕傳或傳承。祕儀「灌頂」之所以備受關注正是基於此因，不僅是佛教，甚至擴展至一切學問及藝術領域。在神道方面，則稱之為神道灌頂（神祇灌頂）。神道灌頂是以麗氣灌頂為首要，其他尚有日本紀灌頂、伊勢灌頂、父母代灌頂、和歌灌頂、天岩戶灌頂、三種神器灌頂等。

有關中世神道傳授灌頂的儀軌，可確認自鎌倉時代中期就已存在，《麗氣記》則是具體執行的文本。如同前文所述，《麗氣記》全十八卷是與伊勢神宮相關的密法集成，為假托醍醐天皇之作。從編纂《麗氣制作鈔》、良遍《麗氣聞書》、聖冏《麗氣記私鈔》及《麗氣記拾遺鈔》等多部注釋書來看，如實顯現出《麗氣記》在中世備受重視的情形。

在傳授《麗氣記》之際連同舉行的灌頂儀式，則稱為「麗氣灌頂」。麗氣灌頂在成立當時的實際情況雖不得而知，南北朝至室町時代的麗氣灌頂儀法次第書及印信卻依然存世，可復原當時灌頂的原有樣貌（《麗氣制作鈔》、猿投神社藏《神祇口決私》）。這種儀軌大致仿效密教的印明傳授，其特徵是向本尊高捧利劍、蛇形、三種神器（皆為神之表徵），阿闍梨與受灌者各伸單手同結一印，不斷更換座位反覆結同印。密教的灌頂儀軌則無此儀式。師弟同結一印蘊涵男女合和之意，具體而言，應是重現神話中的伊弉諾尊、伊弉冉尊的「男女交合」。此外，如前所述般，《日本書紀》亦有灌頂儀式，稱為日本紀灌頂，連同在寺院宣說《日本書紀》講義一併舉行（良遍《日本書紀聞書》）。

在探討神道灌頂的起源之際，應該關注的課題是即位灌頂。即位灌頂是指在舉行即位儀式之際，新帝一邊結印、一邊念誦真言，並登壇於高御座的儀法。天皇所結的印契為智拳印，象徵天皇與大日如來為同體。據傳即位灌頂的實修儀法，是始於正應元年（一二八八）伏見天皇即位之際。當時提及曾有先例是在後三條天皇於治曆四年（一〇六八）即位的儀式中，天皇手結智拳印而登壇，並由成尊（《公衡公記》）擔任主法法師。如前所述，成尊是最初在《真言付法纂要抄》中述及天照大神與大日如來習合的人物，即位灌頂堪稱是從神佛習合的構想中產生。實際上，即位灌頂記載於後世所傳的《天照大神口決》、《鼻歸書》等兩部神道書或天台、真言傳書中，神道灌頂的道場亦舉行即位灌頂儀式。

中世後期以後，父母代灌頂成為御流神道舉行的神道灌頂之一。其灌頂程序因不同著作而有若干差異，首先是迎請出雲大社的神明而唱誦咒歌，繼而舉行三鳥居、三世通用大事、神璽、寶劍、常陸帶、內侍所、系灌頂的儀式後，再舉行父母代灌頂及麗氣灌頂。所謂的父母代，是指擬似體驗父母的人生經歷，並感謝其恩德。此灌頂的特色是不問僧俗、男女皆可受灌，以及其本尊的三種神器，可依照受灌者的身分性別而另行設置。例如武士是設置太刀、刀、弓，世俗（農民）是鎌刀、鋤頭、鍋具，婦女則是紅粉或白粉（或懷紙）、鏡子等神器。父母代灌頂絕非寺內祕傳，而是兼具唱導的特色。神道在中世後期形成巨大流派，從祕法相承演變為弘教性質。

# 第五節　脫佛教化的神道

## 一、神祇觀的變遷

在中世的本地垂迹思想之下，並非諸神皆是佛菩薩垂迹。實際上在中世之後，某種既有觀念依舊存在，就是認為神是盼求脫離神身的眾生之一。如此結果導致神祇被區分為佛菩薩垂迹的權神，以及不具本地的實神（實類神）。被稱為宗廟或社稷的伊勢、八幡、春日等最高位階的京畿或地方大社，以及祇園社、北野社等具有神佛習合性質的諸社是屬於權神、垂迹神，而中社及小社的地方神或鬼神則多屬於實神、實類神。

這種神祇分類方式，從舊佛教至新淨土教系統的諸宗中皆廣泛可見。尤其對淨土宗或淨土真宗而言，與傳統的神祇信仰達成某種程度的妥協，並維持專修念佛的立場。另一方面卻便宜行事，斷然採取權神與實神的二分法。例如，根據親鸞的曾孫存覺所撰《諸神本懷集》所述，神祇分為「權社的靈神」與「實社的邪神」，前者是「往古如來，深位菩薩，為眾生利益，假以神明之形化現」，後者是「生靈、死靈等神」，「既無如來垂迹，……若作祟令人生惱，則崇奉為神以安撫之」。「權社的靈神」信仰與本地阿彌陀佛信仰互為融通，故能獲得認同。

另一方面，部分密教思想則否定二分法的神祇觀，認為諸神是眾生煩惱的化現。換言之，具有實神性格才是神的本質，是欲從佛菩薩毅然化現為熱惱纏身之像，來發現其利益眾生的究竟姿態。例如，《溪嵐拾葉集》卷六述及「神明者，和光同座體故，似同凡夫給也。凡夫者，三毒等分極成體也。三毒極成，無作本有形體者，必蛇體也。（中略）一切神義迹化歸虫類」（〈山王御事〉）。所謂三毒（貪、瞋、癡）是煩惱之根髓，凡夫眾生之本質。佛菩薩毅然以三毒之相示現為蛇身，同受眾生苦惱，而此稱之為神。

認為以神祇示現佛菩薩是最激進的普濟眾生方式，這種思維型態亦反映於國土觀之中。例如《沙石集》或《發心集》等著作中，可發現神祇才是最適合日本國土人民的佛菩薩化身的相關解釋。首先，在與國土關係方面，神祇被視為符合當地的佛之示現型態。中世日本在時間上屬於末法時期，在空間上屬於遠離印度的「粟散邊土（位處邊陲，猶如粟米散落的小邦）」。此國眾生機根低劣，無法理解佛法，佛菩薩為救度邊境惡土的日本居民，故而化現為與眾民相應的神祇形象。

## 二、反本地垂迹思想

本地垂迹思想逐漸滲透後所形成的問題，就是佛菩薩以其形貌廣施各種利益於眾生之後，為何還需毅然化現為神的樣貌？這並非針對佛菩薩，而是對於為何必須崇敬化身後的神祇所提出的質疑。在此情況下，因提出神祇才是佛菩薩最適合救濟日本的形象這種解釋，結果產生了與其信仰佛菩薩，更應優先信仰神祇的主張。例如，某種典型說法是「不應重視他國有緣之身，而輕本朝相應之形。我朝為神國垂迹之大權，又我等皆彼孫裔也，氣同而因緣非淺。若尋此外之本尊，恐反疏於感應。畢竟唯有祈求機感相應，和光方便，出離生死之要道」（《沙石集》卷一〈向神明祈求出離之事〉）。換言之，在救度眾生的層面上，是將「佛—主、神—從」的關係逆轉為「神—主、佛—從」。

在中世神道說等文獻中，進而出現促使本地垂迹思想解體的說法，就是提出「本覺神」（《三角柏傳記》、《中臣祓訓解》）、「法性神」（《豐葦原神風和記》）的觀念。這些說法並非提倡垂迹神或權神的佛菩薩化身，而是主張神祇本具的法性，且與法身大日如來同等（並非權化、垂迹）。在中世神道說的初期階段是僅指伊勢兩宮（天照大神、豐受大神），此後亦指住吉、諏訪、鹿島、熱田等諸神（《神祇祕抄》等），山王神道則將尊為主神的日吉山王明神視為法性神（《溪嵐拾葉集》）。在伊勢神道書中，將豐受大神（天御中主神）稱為「大元神」，被定位為根源神。吉田神道則將超越伊勢兩宮的「太元（尊）神」置於教理的根本之位，成為中世神道說的重要觀念。

法性神的觀念，並非只是在過去的權神、實神之外附加的概念，而是藉由將神（尤其是天照大神）視為與大日如來同等，而將過去的神佛關係予以相對化。如此形成反本地垂迹說，「天竺云，以佛為本地，以神為垂迹。我朝云，以神為本地，以佛為垂迹」（《麗氣制作鈔》）。

在經此變遷過程中，將天竺（印度）↓震旦（中國）↓本朝（日本）的佛法東漸作用力方向予以反轉，形成日本才是佛教本源的主張。若以佛教的顯密關係來探討，換言之，顯教是以「印↓中↓日」，密教則以「日↓中、印」的傳播方式進行。例如，鎌倉時代末期的著作《鼻歸書》記載：「我國為獨古形，生佛法之種，佛法之花開於天竺、唐土，花開極至而來我邦，落菓必成種下落義也。」意指佛法源於日本，經中土開花於梵地，闡述所謂的「根本枝葉花實說」。這種比喻式的說明，此後由慈遍、吉田兼俱所承襲，成為反本地垂迹思想的典型表現，多被援引於其他著作中。

## 三、吉田神道的形成

神佛關係的逆轉現象，雖在本地垂迹說的發展過程中出現，結果在實際上，卻是促成神道從佛教之中獨立。吉田神道（別稱唯一神道、宗源神道）就是其典型流派。

吉田神道的倡說者吉田兼俱出身於吉田卜部氏，以「神道之家」、「日本紀之家」的家學傳統為根柢，創立並提倡嶄新的神道思想，教理則是根據其主要著作《唯一神道名法要集》來發展。兼俱在書中開端將神道分類為三，除了固有神道為本迹緣起神道、兩部習合神道，並將自創流派稱為元本宗源神道，定位為從佛教傳入日本之前延傳至今的正統神道。然而，元本宗源神道主要汲取佛教思想，仿效佛教有顯、密二教之別，故而分為顯露教與陰幽教。其根本經典（徒有題名而無實作）為《天元神變神妙經》、《地元神通神妙經》、《人元神力神妙經》，此亦根據《大毘盧遮那成佛神變加持經》（《大日經》）而命名。進而在「神道」的內涵方面，與佛教同樣根據體、用、相來予以說明。分別將體分為三元、用分為三妙、相分為三行，並將各種用分為神通、神變、神力，設立三妙九部妙壇。又將相分為天地人（三元）五行，又將三元各添六神道而成為十八神道。至於儀禮方面，則設置神道護摩、宗源行事、十八神道行事的三壇行事，無疑是仿效密教的四度加行。

如前所述，吉田神道在成立教理或儀禮方面，多仿習密教的教相與事相，進而攝取或變更既有的兩部、伊勢神道之說。正因如此，對吉田兼俱而言，個人主張與過去的「本迹緣起神道」、「兩部習合神道」有何差異，則成為重大課題。兼俱以當時三教一致的風潮為前提，將「神道」定位為萬物之根源，並倡說總攝諸教於其中。即使針對本地垂迹，兼俱亦主張神為本地，將垂迹全分配於佛菩薩之下。

吉田兼俱的神祇觀，成為以上主張形成的前提。兼俱於文明十八年（一四八六）向足利義政獻呈的《神道大意》中，則有其要旨略述。兼俱在文中主張神先於天地而定天地，於天地稱為神、於萬物稱為靈、於人稱為心，神遍滿於天地人三才及森羅萬象之中，佛菩薩不啻是出於神之流脈而已。

然而，吉田兼俱所依據的神存乎人心之說，是以原本的兩部神道為基礎。如前所述，此項觀念是源自於將神視為眾生煩惱之本體。人畢竟是出於父母欲望之所生。所謂神是指為了救度眾生，而以相彷姿態現世的佛分身。內在神的觀念，是中世基於罪業與救濟的宗教思維之下的產物。然而，兼俱繼承此思想所創立的吉田神道，僅在於闡述神祇廣泛存在的特性。吉田神道的思想淡化過去神祇觀念中對內在「惡」所保有的自覺，僅凸顯其肯定面向。

從中世至近世的神祇論在脫離佛教的過程中，喪失既有的多元涵義，逐漸單純化而成為質樸的肯定現實論理。透過佛教為中介，在經由王權與國家以間接化或相對化的方式互為連結，逐漸成為更直接、更絕對的思想模式。

## 四、對中世神道的評價

以上是針對中世神道說、中世神話（中世日本紀）的言論及儀禮所做的概觀。最後，筆者想藉由敘述中世神道說與日本垂迹思想的關係做為代結語。

對於如何評價中世神道說方面，自明治時代以來有兩種見解，其一是始於古代本地垂迹思想的發展，其二是從神祇信仰（神道）的本地垂迹思想中逐漸獨立的過程。如此形成了前者主要是由佛教史學、佛學者，後者是由神道學者提出主張的趨勢。

對於試圖從廢佛毀釋的沉重打擊中復原，並重新建構佛教的佛學研究者而言，為了能良好配合近代以神道為核心的宗教發展狀況，將古代至中世的日本宗教流派視為是以神佛習合為基礎，並試圖以歷史來證明神道與佛教本來是互為融通（例如辻善之助、島地大等等人）。

另一方面，神道學者及部分文化史家認為在佛教傳入之前，固有純粹的神祇信仰才是原本神道，認為應藉由神佛分離來回歸原有樣貌（例如西田直二郎、宮地直一、西田長男等）。故將明治維新之前的神佛關係變遷，描繪成自中世以後在面臨古代發展的神佛習合之際，逐漸對固有信仰產生強烈意識，至明治維新時期終於促成神佛分離。換言之，中世神道說被視為是為求自立而萌生的反本地垂迹思想。

上述的兩種觀點，皆過於將對象單純化。當初中世神道說是以本地垂迹說為開端，逐漸呈現反本地垂迹說的傾向。然而，與其說這是對固有信仰的自覺化表現，更應說是如前述般，是由本地垂迹思想逐漸深化所產生的結果。

專欄四

# 夢

河東仁（立教大學教授）

若從與佛教史有何關聯來看夢這個標題，首先在腦海中浮現的是距今三十多年前，當時筆者仍是一名高唱榮格、榮格之名的大學生，在課堂中曾聽聞研究榮格心理學與佛教學的學者秋山達子提起一事。那就是伊呂波歌的「あさきゆめみし」，原本是以濁音讀作「浅き夢見じ（zi）」，卻常被誤讀成清音的「浅き夢見し（shi）」。當時筆者不明就裡，並未當一回事。

此後，筆者從早島鏡正監修《仏教・インド思想辞典》（春秋社，一九八七年）的「無常」項目中，了解佛教既有的「無常觀」與日本化的「無常感」並不相同。更透過井筒俊彥《意識と本質》（岩波書店，一九八三），得知唯識派提出的「三性說」。至此總算從模糊概念中，漸能理解秋山氏所言的意涵。「浅き夢見じ」就是指「可別被膚淺的幻夢所迷惑」，而這種具有意志力的覺悟被轉換成「浅き夢見し」，則含有「豈能在膚淺的幻夢中虛度啊」的詠歎之念。雖說筆者在不明就裡的情況下自我摸索其道，最終了知其意，卻也耗費十餘年的歲月。

儘管如此，無知真是令人可畏。此後，筆者年逾四十才開始嘗試某些愚行，例如全心投入發掘日本古典文學中記載的各種夢譚，試圖藉此描繪某部分的日本精神史（思想史、文化史）。換言之，就是探求人們如何接觸或理解夢境。如此一來，為了解夢而運用的佛教或陰陽道，以及自古有關神祇信仰的知識見解或時代特徵逐漸顯現。筆者推敲認為，若從古典文學作品中追尋，應該讓日本的佛教與陰陽道、神祇信仰的變遷發展同樣浮上檯面。結果完成了拙著《日本の精神史——宗教学から見た日本精神史》（玉川大学出版部，二〇〇二），最終仍是無法跳脫愚行的框架。

在此情況下，筆者得以接觸佛教對夢所採取的各種表現方式，在執筆過程中，每日感到雀躍不已。從這種佛教觀點的探討中，首先舉出和歌中的「夢」或《金剛般若波羅蜜經》的「如夢幻泡影」般，在闡明夢具有森羅萬象的非實體性之際，是在譬喻無常的情況下使用夢的語彙。反之，亦有從夢中發現某種神祕性的探討方式。例如，入胎夢是指母親夢到吞入日月或聖物，或目睹這些象徵之物入懷，故而懷胎受孕或生產。以聖德太子為代表，其他如最澄、空海、源信、法然、親鸞，甚至包括豐臣秀吉等人，其母藉此方式懷孕或生產的例子不勝枚舉。對日本入胎夢譚造成極大影響的例子，無疑就是《過去現在因果經》記述的摩耶夫人身懷釋迦的入胎夢。另一種發現夢具有神祕特質的表現方式則是預兆夢，就是所謂的託夢，在包括最初的《日本靈異記》在內的各種佛教故事中屢次被提及。

然而，更接近佛教的夢境則是「夢中見佛」。經由天台智顗予以體系化的「常行三昧」，在冥想之際所感應的佛菩薩示現則稱之為「定中見佛」。相對之下，「夢中見佛」是指在修行結束後夢見佛菩薩示現。由此衍生出所謂的「修行夢」，就是根據修行過程中的白日夢或修行後的夢境來推估修行境界如何。例如在十一世紀的中國遼代，由道㲀所撰的《顯密圓通成佛心要集》，曾具體記載隨著修行境界提昇可夢見何種心象。

至於「往生夢」，堪稱是極具佛教特色的幻夢。如此型態的夢境，據稱是約於西元一〇五二年末法之世所述說的夢譚，多記載於《今昔物語集》等著作。其類型如下：1.即將往生者夢見阿彌陀佛與聖眾來迎；2.即將往生者的夢中出現已往生者，告知其將往生淨土；3.第三者於夢中目睹即將往生者飛往西方；4.第三者的夢中出現故人，告知其已往生。

若觀察佛教對夢的觀點，則會為其種類之豐富多元而再度驚嘆不已。然而，從最初的振奮恢復平靜後，如今總算發現這趟由夢領導的旅行是如此艱難困苦，唯有由衷感嘆當時懷著如此高昂意志，但在如今看來則是恍如幻夢一場。

**文獻介紹**

西鄉信綱，《古代人と夢》，平凡社，一九七二年。
酒井紀美，《夢から探る中世》，角川書店，二〇〇五年。
名島潤慈，《夢と浄土教——善導・智光・空也・源信・法然・親鸞・一遍の夢分析》，風間書房，二〇〇九年。

第五章

# 室町文化與佛教

原田正俊

關西大學教授

# 第一節 室町文化與禪宗

## 一、室町文化的特色

鎌倉幕府滅亡後，京都成為後醍醐天皇推行建武新政、足利尊氏開創幕府推動政權的所在地。京都是以天皇為中心的公家與以將軍為中心的武家共同交流的空間，除了將軍側近的奉行人及奉公眾，亦有守護大名在京鎮守，造成武士明顯遽增。京都因有天皇家、公家、寺社領莊園的年貢，以及來自守護大名領國的年貢聚積，故而成為政經重鎮。彷如「花都」般的京都繁華成長，將發展迄今，以天皇為中心的公家文化與武家文化相融合，綻放充滿新氣象的室町文化。

室町文化受到鎌倉時代後期及室町時代前期，亦即日本與元、明蓬勃發展的人際交流及物品輸入所影響，呈現大幅發展。日、元交流是民間商船之間的活絡貿易，明朝建立後並未受限於海禁政策，人員物資在日、明勘合貿易的基礎上持續往來。

支持日、中交流的力量，正是以禪僧為主力推動的僧伽弘化活動，尤其是禪宗掌握了中國文化媒介的主導權。一般稱為鎌倉新佛教的宗派，必須晚至十六世紀的戰國時代以後才成長為正式教團，並對社會造成影響力。但在禪宗派別中，是以臨濟宗最早超越各派獨立，並受到朝廷及幕府保護而構築龐大勢力。即使縱覽室町文化的相關書畫或建築，亦可發現主要受禪宗或中國文化所影響，室町文化與禪宗可謂息息相關。

室町幕府歷經凌駕天皇家勢力、形成南北朝的王權激盪期，但在政治上室町殿仍逐漸壯大勢力。室町殿一詞，是當時針對室町幕府的權力核心者所使用的稱謂，無關乎將軍是否在職或將軍邸的所在地。本章提及室町殿之時將採用此詞意，有時亦可指歷代足利氏的最高執權者之統稱。

在足利義滿執政時期有一項著名事蹟，就是義滿讓公家成為朝臣，形成公武一體政權，並在出家後仿效法皇掌控政事。此後，足利義持、義教、義政在政治立場或勢力消長上雖有變化，但在義持與義教的執政時期，以室町殿為中心發展的儀禮體系或年節慶事獲得整頓規畫，成為武家規範而延續傳承。

室町殿並透過權力主導文化發展，武家與禪宗文化、公家的宮廷文化亦包含在內，促使室町文化逐漸形成。不僅來自中國文化，和歌或管弦、大和繪等亦成為室町文化的構成要素，無疑形成一種複合型態。然而，最重要的莫過於中國文化經由禪宗傳入所造成的廣大影響，實際成為占據室町文化構成要素的精要部分。

由室町殿為核心發展的文化，是以歷代將軍邸內建構的會所為中心，會所是屬於公武或僧俗聚集的場域。例如繪畫、書道、書籍、庭園、會所的茶道、猿樂能等，綻放繽紛多彩的文化。

此外，歷代將軍邸皆與禪寺為鄰，彼此保持密切關聯。在將軍邸或禪寺舉行的佛事及法會，成為室町時代宗教文化特色的表徵。在將軍邸及禪寺內，不僅是禪宗方面，亦舉行顯密諸宗的佛事或法會，並以室町殿為中心制定佛教體制。

昔日的一般通論，是將足利義滿的北山殿、足利義政的東山殿視為室町文化的巔峰，以北山文化、東山文化的形式予以介紹。但從將軍的繪畫蒐集來看，足利義持與義教時期更為重要。在這些室町殿傳承的文化行動下，主導了室町文化發展。無論各將軍的特性如何，室町殿文化被視為規範，除了對武家社會造成影響，亦擴展至公家社會。

歷代室町殿的蒐藏品中包含繪畫及各種道具在內，是以「東山御物」的形式在室町時代末期享有文化權威。自應仁之亂後，隨著將軍權力衰退，「東山御物」外流寺社，或落入新興大名之手。進而在茶道普及下，京都與堺地區的高階工商名流亦能取得各種茶具，促使戰國時期的文化形成。就此意味來說，室町文化是構築與近世及近代相連結的日本文化根柢，其形成過程備受矚目。

本章是以室町時代為中心，並針對室町文化的內容與佛教各宗派的關聯進行檢討，進而重新檢討室町佛教的發展樣貌。雖說是室町佛教的各宗發展勢力，卻非僅有禪宗得以榮盛。從古代末期發展至中世的南都六宗、天台宗、真言宗，這些顯密諸宗勢力在成為中世佛教之際已然變質，並成長為大莊園領主。即使在南北朝或室町時代，顯密諸宗無分京都或地方，依然形成一股難以忽視的巨流。

此外，時眾（時宗）與淨土宗、淨土真宗、法華宗漸能獲得信眾，得以擴展勢力。從南北朝至室町時代，以時宗為代表的淨土教發展動向，是相當令人矚目的課題。

以下是探討室町文化與佛教的動向，並觀察其發展樣貌。如前所述，禪宗與中國文化深具影響力是令人關注的課題，首先就以禪宗發展為主軸來做探討。

## 二、渡來僧及其弟子

如同有「渡來僧世紀」之稱般，自十三世紀中期至十四世紀前期的一百年間，北條氏積極招聘渡來僧，促使南宋及元朝文化大量傳入日本群島（村井章介，一九九五；榎本涉，二〇〇七；伊藤幸司，二〇〇九）。在此同時，前往中國的日本求法者亦增，從鎌倉時代末期至南北朝時代，主要由禪僧進行的東亞交流十分活絡。

蘭溪道隆於寬元四年（一二四六）接受北條時賴招請而渡日，其日本弟子為約翁德儉（一二四四—一三二〇）。約翁赴南宋求法，歸國後受到後宇多上皇延請，成為南禪寺住持。約翁的弟子寂室元光（一二九〇—一三六七），曾師從渡來僧一山一寧修行，後於元應二年（一三二〇）入元，參學於中峰明本、古林清茂，分別修習中峰的隱遁學風與金剛幢下的典雅宗風之後返國。寂室是室町幕府的守護大名佐佐木氏賴的外護，以創立近江的永源寺而廣為人知。足利義詮曾請其擔任天龍寺住持，寂室卻堅決辭退。

文應元年（一二六〇），兀庵普寧渡日，東福寺的開山祖師圓爾辨圓（一二〇二—八〇）曾參與招請兀庵之事。圓爾入宋後繼承無準師範的法嗣，此後返國，與兀庵同為無準門下的師兄弟。

弘安二年（一二七九）渡日的無學祖元，入其門下的日僧甚眾，代表者如重興世良田長樂寺的一翁院豪，以及接受龜山上皇招請而成為南禪寺第二任住持的規庵祖圓。此外，高峰顯日（一二四一—一三一六）繼承無學法嗣，成為那須雲巖寺的開山祖師。

無學與高峰的問答，是以「機緣問答」（《佛國應供廣濟國師行錄》）方式記錄，可知藉由南宋禪問答而化導弟子的情形。透過師徒之間瀰漫緊張氣息的禪問答，重視引導弟子開悟及師授印可的過程，可窺知從大慧宗杲（一〇八九—一一六三）以來的看話禪在日本發展的樣貌。

此外，高峰顯日獲得其師無學祖元嗣法於無準師範的法衣傳承。無準為南宋五山首剎的徑山萬壽寺住持，此舉象徵著眾多日僧所崇拜的無準教法是經由無學傳於高峰。高峰的弟子夢窓疎石（一二七五—一三五一）現身後，從南北朝時代以來將無學奉為初祖的佛光派，則進一步發展為夢窓派。

日、中關係因元朝攻日一時惡化，一山一寧於正安元年（一二九九）持元朝國書渡日，西磵子曇與一山之甥石梁仁恭亦隨同而至。

繼承一山法嗣的雪村友梅（一二九〇—一三四六）於德治元年（一三〇六）入元長達二十二年之久，返國後受金剌滿貞敦請，成為信濃國慈雲寺住持。正慶元年（一三三二）接受小串範秀迎請，成為京都嵯峨的西禪寺住持，又受大友氏泰之請，赴任豐後國萬壽寺住持。室町幕府成立後，又成為播磨國守護赤松則村在領國內創建的法雲寺開山住持。雪村受到足利尊氏、直義的屢次迎請，出任京都萬壽寺及建仁寺住持。此外，高峰顯日、虎關師鍊、夢窓疎石等人，皆曾於某段時期在一山一寧門下修學。

延慶二年（一三〇九），東明慧日（一二七二—一三四〇）渡日，弘揚曹洞宗宏智派。東明接受北條貞時招請，成為圓覺寺、建長寺住持，門下有別源圓旨、不聞契聞等眾多入元僧。其門派與臨濟宗各門派並稱，在五山派中占有一席之地。身為東明的法兄，亦是雲外雲岫的弟子東陵永璵於觀應二年（一三五一）渡日，據稱是最後一位頗具盛名的渡來僧。東陵與受到室町幕府外護的夢窓疎石亦有深交，曾任天龍寺、南禪寺住持。

嘉曆元年（一三二六），清拙正澄（一二七四—一三三九）渡日，致力於整頓日本禪林的清規。清拙是當時首屈一指的名僧，曾受北條高時敦請而入鎌倉，歷任建長寺、圓覺寺住持。元弘三年（一三三三），清拙奉後醍醐天皇之命，出任京都建仁寺、南禪寺住持，並接受擔任守護大名的小笠原貞宗、土岐賴貞、大友氏泰的依止，甚至連足利直義亦皈依成為其弟子。

清拙正澄的弟子主要有天境靈致，以及在室町時代刊行流布《勅修百丈清規》的古鏡明千。著名的五山文學僧希世靈彥，以及擔任遣明船正使的天與清啓亦屬於大鑑派。

在渡來僧接連渡日的情況下，明極楚俊（一二六二—一三三六）、竺仙梵僊（一二九二—一三四八）亦於元德元年（一三二九）抵達東瀛。當時，著名禪僧明極楚俊是出自松源派，此派在元朝聲勢日隆。明極在接受北條高時招請後，成為建長寺住持。後醍醐天皇推動建武新政之際，又迎請明極至京都，成為南禪寺、建仁寺住持。

竺仙梵僊為古林清茂法嗣，據傳在中國曾於保寧寺關照三十二名日僧，是日僧熟稔的人物。渡日後，竺仙投入備受推崇的古林（金剛幢）門下，不僅深具影響力，更成為受人敬重的禪僧。

鎌倉幕府滅亡後，竺仙梵僊接受足利尊氏、直義的皈依，成為淨智寺住持。歷應四年（一三四一）受請為南禪寺住持，足利尊氏、直義聞其陞座說法。康永二年（一三四三），竺仙重任南禪寺住持之際，光嚴上皇訪詣其寺。竺仙於南禪寺後山修假山、引水路，整頓成為中國式景貌。

相較於明極楚俊在渡日八年後示寂，竺仙梵僊的影響力則更為深遠，與其成為識交的日本禪僧亦多。尤其是與同船返日的雪村友梅、物外可什、天岸慧廣的交情尤為篤厚。竺仙與聖一派的乾峰士曇、接受花園天皇皈依的月林道皎、石室善玖、古先印元等亦有深交。此外，夢窓疎石的門弟春屋妙葩，曾於金陵保寧寺修習誦經及誦讀迴向經文的旋律。

有些僧侶雖非渡來僧的弟子，卻積極入華求法。例如，東福寺圓爾的弟子，亦即聖一派的無關玄悟（一二一二—九一）、白雲慧曉（一二二八—九七）、山叟慧雲（一二二七—一三〇一）、藏山順空（一二三三—一三〇八）等渡宋修行，返國後拓展聖一派的勢力。聖一派從筑前、播磨、伊予等地迅速擴展至地方，在室町時代的五山派之中，成為與夢窓派並重的重要門派。

此外，以無本覺心為初祖的法燈派弟子之中，亦有孤峰覺明（一二七一—一三六一）於應長元年（一三一一）入元，師從中峰明本、古林清茂。孤峰返國後，接受後醍醐天皇及南朝臣僚的皈依。

十三世紀末至十四世紀前期，渡來僧在日本積極傳法，曾赴中國的日本修行者則陸續返國。由於鎌倉幕府執權北條得宗的政權滅亡、後醍醐天皇推行建武新政、室町幕府成立及政權轉移導致世局紛亂，朝廷與幕府紛紛維持禪宗信仰，禪僧則備受禮遇。令人值得關注的是，這些禪僧不僅受請於京都的主要寺剎，甚至被延請至地方寺院。

隨著禪僧活絡往來而將唐物（中國物品）傳入日本，更引進豐富的中國宗教思想及文化，為日本佛教界與文化發展帶來鉅變。

## 三、備受珍重的唐物

當時日本社會中，從中國大量攜回的物品稱為「唐物」，是備受重視的珍品。在鎌倉時代末期，武士在邸宅會所內飾以琳瑯滿目的唐物，如此嗜好已蔚為風潮。誠如吉田兼好所主張般，除了藥材之外，實無必要甘冒風險而渡海求取唐物（《徒然草》）。然而，世間對唐物趨之若鶩，競相取得做為邸宅裝飾。

至南北朝、室町時代蒐集唐物的風氣更盛，其中又以佐佐木道譽邸內擁有大量唐物裝飾而聞名（《太平記》卷三十七）。《喫茶往來》中則描述當時流行的擺飾，是懸掛諸如牧谿的水墨觀音、寒山拾得的唐繪，並擺設唐物家具及享受喫茶之樂。原本喫茶風氣是根據禪院清規而在儀式中進行，但在世俗社會卻成為遊興之宴而逐漸普及化。

著名史料〈佛日庵公物目錄〉的內容，是記載五山禪院收藏為數龐大的中國唐物（〈圓覺寺文書〉一六七、《鎌倉市史》史料編二，以下皆同）。此目錄記錄了圓覺寺佛日庵所藏的歷代寺寶目錄，並於貞治二年（一三六三）輯錄而成。內容記有大慧宗杲法嗣的頂相三十九幅、布袋和尚等繪畫八幅、墨牛及墨梅等繪畫四十一幅、無準師範等南宋禪

圓覺寺佛日庵（秦就攝）

僧的墨寶十五幅，更包含大慧等宋朝高僧所用袈裟、青瓷花瓶等多種唐物。

值得矚目的是這些繪畫、墨寶、盆器等物，皆用來進獻足利尊氏及義詮、基氏等人。此外，亦有適逢尾張國富田庄發生爭訟，為求土岐直氏代為斡旋而餽贈山水畫之例。由此可知這些唐物被視為餽贈品，從五山流入世間。此外，室町幕府將軍與五山僧有所交流，又因五山僧與中國禪林往來密切，故由天龍寺船等傳入的唐物亦匯集於將軍邸。

# 第二節　五山禪宗的發展及其文化

## 一、五山成立

日本的主要禪宗寺院被列入五山，並制定階位順序。雖無法確知五山制度何時出現，但在鎌倉時代後期的北條得宗執政下，意識到中國已設五山制度，故將鎌倉的建長寺、圓覺寺納入五山寺格。至北條貞時執政之際，應已決定五山順序。在此同時，永仁二年（一二九四）貞時以制定圓覺寺的寺規為開端，就此推行保護及統管寺僧和寺院營運。

鎌倉幕府滅亡後，後醍醐天皇推行建武新政，招請來自中國的明極楚俊、清拙正澄至京都。過去研究者將後醍醐天皇極為崇信密教的課題視為關注重點，但由前述內容可知，他對禪宗亦深表關心。

後醍醐天皇強烈意識到五山制度的存在，元弘三年（一三三三）將個人皈依的宗峰妙超在京都開創的大德寺定為五山首剎。翌年，又將明極楚俊擔任住持的南禪寺擢升為五山之首，位階高於建長寺、圓覺寺之上。在此之前，建仁寺、東福寺、萬壽寺亦列入五山，可知後醍醐天皇變更鎌倉時代末期成立的五山制度，並定位為國制之上。此後，五山制度被迫在室町幕府掌控下延續傳承。

## 二、夢窓疎石與天龍寺

室町幕府成立後，足利尊氏、直義兩兄弟為了替後醍醐天皇祈求冥福，決心於曆應二年（一三三九）創建天龍寺（最初寺號為曆應寺），貞和元年（一三四五）舉行落成法會。並藉此改定五山，制定為准五山，首剎是建長寺、南禪寺，其次是圓覺寺、天龍寺，第三是壽福寺（鎌倉），第四是建仁寺，第五是東福寺、淨智寺（鎌倉）。五山是奉光嚴上皇院宣所確立，再經幕府制定，室町時代的五山順序仍是經由國家認定。

夢窓疎石接受迎請成為天龍寺開山祖師，在繼北條高時、後醍醐天皇之後，亦接受足利尊氏、直義兄弟的皈依。夢窓原有隱遁風範，隱棲於諸國，自建武新政之後始於京都活動，曾於南禪寺、嵯峨臨川寺等處擔任住持。

夢窓不僅對於五山禪宗發展，在文化層面亦具有深遠影響力。著名事蹟是將洛西的西芳寺（苔寺）改築為禪寺及禪風庭園，西芳寺庭園原本沿襲淨土教的風格要素，夢窓依唐代禪僧南陽慧忠與肅宗機鋒問答的〈肅宗請塔樣〉（《碧巖錄》第十八則）公案，分別設置命名為西來堂（佛殿）、無縫塔與琉璃殿（二層舍利殿）、黃金池、合同船、湘南亭、潭北亭等建築物或池庭。夢窓又參照宋代的熊秀才與西山亮座主的問答，取名為縮遠亭、

天龍寺中著名景觀曹源池庭園，為開山祖師夢窗疎石禪師所設計。（張晴攝）

向上關、指東庵，更於修築天龍寺之際，在方丈裏建造庭園，並以曹源池為主要景點。

據傳各地皆有夢窗所建的庭園，其造庭目的反映在西芳寺廊壁上，題筆書為「仁人自是愛山靜，智者天然樂水清。莫怪愚蠢翫山水，只圖藉此礪精明。」（〈夢窗國師年譜〉）

《夢中問答集》是夢窗藉由漢字結合假名文字的混和文體來教示禪學的著作，在書中敘述造庭並非為了裝飾居所或賞玩珍奇，而是禪修者應知山河大地、草木瓦石皆是自性本具。進而「山水無得失，得失在於心」，探詢觀山水者的主體性。

茶亦是同樣，當時喫茶既非為了去昏沉、助修行，亦非為了養生或禪修，而是流行舉行大事鋪張的茶會。故遭批判是導致佛法式微的弊因，人心本好品茗的蘊意因而變質。

夢窓疎石的思想透過山水或喫茶所蘊涵的禪修意境，被定位為更崇高的精神層次，此點備受矚目。社會整體基於禪思想，透過山水或喫茶而重組且不斷擴大。如此思想不僅對於禪僧，亦對室町殿周圍造成影響，進而讓山水或喫茶更為普及化。就此意味來說，應可評斷夢窓正是開拓禪宗與室町文化相互連結途徑的重要人物。

## 三、足利義滿與相國寺

永德二年（一三八二）足利義滿創建相國寺，初時考慮建造小規模禪院做為自身坐禪修行之處，經其側近的春屋妙葩、義堂周信等禪僧勸薦，改為築造大禪院。原本勸請夢窓疎石為開山祖師，實際開祖卻是其弟子春屋妙葩。相國寺東鄰室町殿，以義滿為首，歷代室町殿屢次往詣相國寺及塔頭，聽聞供養法會的宣講。

相國寺開創後重新改定五山順序，南禪寺位居五山之上，五山首剎則是天龍寺、建長寺，其次是相國寺、圓覺寺，第三是建仁寺、壽福寺，第四是東福寺、淨智寺，第五是萬壽寺、淨妙寺，確立後世的五山順序。

相國寺方丈北側庭園（胡德揚攝）

十剎首位是足利家菩提寺的等持寺，將足利尊氏以來虔誠信奉的臨川寺（由夢窓疎石開創）奉為第二。此次改定之後，導致京都寺院位居鎌倉之上，十剎亦以與足利氏關係深厚的寺院為優先。五山禪宗的勢力藉由武家政權深植於京都，並以公武政權所在地的京都為中心編制而成。在五山之下指定十剎及諸山，形成全國的五山禪宗網絡。

相國寺內設有鹿苑院，是足利義滿的修行道場（弁道所），在義滿與春屋、義堂等禪僧交流的過程中，勤勵於坐禪及讀經、鈔經。

鹿苑院的南坊一隅，設有義滿居室及持佛堂、書院，稱之為蔭涼軒。此名稱是源於「蔭涼大樹」公案（《鎮州臨濟慧照禪師語錄》行錄），不僅是古則公案之代表，蔭涼一詞可令人聯想到大樹即是將軍，是適於將軍禪室的名稱。

足利義滿於康曆元年（一三七九）聘任春屋妙葩為天下僧錄，命其統轄禪林。春屋是夢窓疎石的嫡傳弟子，自足利尊氏皈依夢窓以來，夢窓派在五山中漸能擴大勢力。自春屋之後，五山派的總管轄權交由夢窓派的禪僧擔任。夢窓派發展為五山一大勢力，以天龍寺與相國寺為據點的著名禪僧輩出。

鹿苑院主之職是由絕海中津出任，絕海是以五山文學僧而久享盛名。春屋示寂後，原本為僧錄身分的絕海於應永初年再度擔任鹿苑院主，此後院主一職交由僧錄兼任（今枝愛真，一九七〇）。此後，陸續由空谷明應、大岳周崇、鄂隱慧奯、瑞溪周鳳等五山內的代表禪僧就任。

另一方面，蔭涼軒設有擔任將軍近侍的軒主之職，必須聽取僧錄的訴求後，再向其轉告將軍之命。足利義滿時期是由仲方中正擔任軒主，足利義教時期則是由季瓊真蘂出任其職。蔭涼軒主可直接請示將軍意向，故能逐漸掌握禪林的行政實權。至足利義政、季瓊時期，於文明十七年（一四八五）就任的龜泉集證亦介入干政（玉村竹二，一九七六）。

以鹿苑院主、蔭涼軒主為代表的相國寺住持、足利家菩提寺的等持寺住持，時常成為將軍的相伴眾（伴隨將軍參與筵席或訪詣的近侍），將軍與五山僧在日常中維持極密切的關係。

## 四、十刹與諸山

五山寺格延續至室町時代末期，十刹則為於曆應四年（一三四一）以鎌倉的淨妙寺為首而制定十座寺院。列舉鎌倉時代以來的名刹，分別是禪興寺（相模）、聖福寺（筑前）、萬壽寺（京都）、東勝寺（鎌倉）、萬壽寺（鎌倉）、長樂寺（上野）、真如寺（京都）、安國寺（京都）、萬壽寺（豐後）。

此後有所變更，足利義滿於至德三年（一三八六）予以大幅改定。京都十刹分別為等持寺、臨川寺、真如寺、安國寺、寶幢寺、普門寺、廣覺寺、妙光寺、大德寺、龍翔寺。關東

淨妙寺本堂（秦就攝）

十剎為瑞泉寺、禪興寺、東勝寺等，將以京都為中心的全國主要寺院名列其中。值得關注的是，足利氏虔信的夢窓派禪院亦多在此列。

自足利義持之後其數更增，從足利義尚執政時期的文明十三年（一四八一）至延德元年（一四八九），已多達四十六座寺院（《蔭涼軒日錄》延德四年六月二日條），中世末期則有六十餘寺（今枝愛真，一九七〇）。

諸山則與五山十剎同樣制定於鎌倉時代，自南北朝時代之後不斷擴增，近世初期已多達二百三十餘寺。

至於顯密各派，在地方亦廣泛擁有附屬末寺或莊園的寺院，五山制的特色在於經由幕府認定下，全國各地的臨濟宗寺院皆整然依序而列。五山十剎的諸山體制在室町幕府草創期，亦吸收在全國設置安國寺所設制的相關政策。在室町時代，五山十剎是如前述般以遍及全國的規模進行整頓。

## 五、五山的組織

自宋代以後，禪宗寺院組織是根據禪寺清規，設有中國式的職位制度。清規是指制定禪院的修行生活及儀禮活動的內容，從以鎌倉時代傳入的宋代《禪苑清規》為始，直至元朝皇帝於至元四年（一三三八）敕許制定的《敕修百丈清規》為止，陸續介紹各種中國制定的清規並導入日本禪寺。

自鎌倉時代以來，禪寺根據中國的清規設置有別於顯密諸宗的職制，地方中、小禪院亦設置相同職制或依規舉行年度佛儀。

禪院職位制度是以住持（長老）位居首要，住持設有五名侍者，寺內各職務分設為東班的都寺、監寺、副寺（司）、維那、典座、直歲的六知事，與西班的首座、書記、藏主、知客、知殿（殿司）、知浴的六頭首。

隨著時代變遷，禪林職務呈現變化，甚至有些徒具形式，東班的都寺是寺內庶務總監，監寺是在其下處理寺務，副寺處理會計、維那是取締及維持大眾（眾僧）風紀。日本的都寺之上設有都聞，成為東班的代表之職。

西班的首座是在僧堂率領大眾及管理修行之職。書記是職掌發送禪院公文書，藏主是管理《大藏經》，知客是接待公務之用的賓客，知殿是負責管理伽藍事宜。東班多從事莊園管理等俗務，西班多著重以修行為主的教學層面。

室町時代的五山，一般是由首座、書記、藏主代替住持之職，在公開場合舉行針對侍者提問而答覆的秉拂儀式，經由認可後獲得證明，得以被推舉出任各地諸山的住持。許多禪僧擔任諸山住持後，進而盼能晉陞為十剎或五山住持。

僧侶為了秉拂儀式而需鑽研詩文，住持在就任之際，隨之附呈江湖疏、同門疏、山門疏等推薦文書，並以四六駢儷文書寫，五山僧競相學習詩文及中國古籍、禪語錄。專修五山文學的禪僧因而倍增，與其說是追求悟道，毋寧說是更傾向於重視砥礪詩文才賦。

## 六、五山的法規與人事

基本上，五山的組織營運結構是根據清規而定，並配合日本實際情況，而由室町幕府制定以五山為首要的禪院經營及規範制度的法規。

鎌倉幕府亦在北條得宗執政之際，針對圓覺寺等寺院頒布法規，並規定其營運方式。室町幕府亦仿其制，屢次針對五山頒布法規。

足利基氏身為足利尊氏之子且擔任關東公方，曾於文和三年（一三五四）制定「大小禪剎規式」十二條（〈圓覺寺文書〉一五四）。有關五山住持的遴選是根據叢林法規，經由寺內僧眾諮議後選出三名，在關東公方見證下抽籤選出一名。根據其規定，即使是小型寺院，亦需根據寺內及寺外的公論而選出三名有能力者，再從中遴選一名。

至足利義滿執政時期，於永德元年（一三八一）制定新規，提倡五山之下的主要禪寺住持，是包括渡來僧或隱棲山林的堪用之才亦可錄用。不僅是由權門舉薦人選，而是強調選賢與能。此外，規定住持任期為兩年以上，東班、西班的任職者基本任期為四節（一年），住持侍者則為八節（兩年）。這種職務是如同官僚般以嚴謹態度進行交接，並制定寺院營運的相關規則。

五山僧與室町幕府形成密不可分的關係，並具有某種文官特性，僧侶為能獲得錄用，必須勤勵學問及鍛鍊詩文才賦。透過此項制度，方能讓有識英才大量流入五山。此外，為了求取與將軍維繫深厚關係，以守護大名為代表的眾多武家師弟亦入禪門，五山禪宗思想及文化大為武家社會所接受。

# 第三節　五山與室町殿

## 一、五山的伽藍與境致

自鎌倉時代以來，五山禪院被致力整頓為中國式伽藍的樣貌，寺宇密築，規模宏闊。若觀看描繪鎌倉時代末期的建長寺伽藍〈建長寺指圖〉（建長寺藏），惣門、三門、佛殿、法堂、方丈呈一直線，分布於三門與佛殿之間的空間，右側為庫院、都寺寮，左側為僧堂。僧堂後方是維那寮、前堂寮、旃檀林。方丈的左側是二層結構的耆舊寮，現存繪圖是江戶時代享保十七年（一七三二）所製，原為元弘元年（一三三一）重興東福寺之際所參考的設計圖。

由此可知無論是鎌倉或京都，隸屬五山之下的人型禪院在整頓之際皆是謹遵規格。五山或十剎等大型禪寺是遵循中國式伽藍配置，日本雖受寺院所在地的地形所影響，卻有同樣形式的伽藍配置。伽藍內的佛具或日常用品，則如同東福寺藏〈大宋諸山圖〉的忠實摹寫形式，並遵照其式樣製作而成。

三門通常屬於二層結構，上層是奉祀釋迦或觀音為本尊，其餘有十六羅漢等尊像，並在此舉行懺法法會。天台宗亦舉行懺法，是屬於禪宗風格的中國梵唄（聲明）。相國寺則是以採用春屋妙葩的觀音懺法而著稱，此懺法是由春屋整理梵唄節奏之後所制定。此外，禪僧亦在室町殿御所或宮內舉行懺法。

佛殿安奉本尊，成為舉行公家例行活動或年度佛儀的場域，法堂是住持說法之處，屢在住持就任或安居等關鍵活動之際，舉行定例的陞座說法。在法堂則舉行秉拂說法，是從僧侶中推舉精進修行者代替住持答覆禪問答。

禪寺仿效中國式樣，重視境內景觀，並有「境致」之稱。其中包含伽藍、庭園、寺院周圍的自然景觀在內，並賦予禪意名稱。如以南禪寺為例，分別稱外門為天下龍門、方丈為毘盧頂上、佛殿為金剛殿、法堂為曇華堂。寺院境內的山岳或幽谷，則命名為羊角嶺、藏春峽、獨秀峰。

從這些自然景觀中遴選十項，選定為「十境」。五山境致在經由條理整然的規格化之後成為殊勝的宗教空間，並因此享有盛名。這種對建築或庭園的思惟方式亦對世俗社會造成影響，將軍邸同樣設置「十境」，可見所受影響之深。

## 二、訪詣五山

室町殿曾屢次參訪五山及其塔頭，首先來探討足利義滿訪詣五山的事例。康曆二年

（一三八〇）三月，義堂周信接受幕府任命，就任建仁寺住持，從鎌倉前往京都。三月二十日訪問管領斯波義將之邸，在斯波家臣引介下前往室町第，並由足利義滿接待。義滿對義堂極為禮遇，甚至親自出迎，在義堂離去之際，更親自送至簾外。義堂與足利義滿之弟滿詮會晤之時，一色範光、土岐賴康等幕府要人亦來致意。義堂周信是夢窓派的重要僧侶，在五山僧之中備受關注。幕府對於擔任五山住持的禪僧極為禮崇，此點十分值得矚目。

至四月四日，建仁寺舉行視篆儀式。所謂視篆，是指新住持檢視寺印的儀式，是根據中國禪林清規制定。足利義滿於建仁寺大統庵嘗用點心後，於法堂臨席入院儀式。

足利義滿於四月十三日重訪建仁寺，聽聞義堂周信開堂說法。建仁寺依照清規，懸掛「接官牌」。寺內大小鐘鼓齊鳴，告知義滿抵達，義堂率領東、西班執役等大眾至三門迎接。在義堂前導下，義滿入佛殿捻香三拜後舉行法會。在方丈內嘗用點心，並有管領斯波義將、春屋妙葩、建仁寺前住持蘭州良方、天龍寺太清宗渭、等持寺物先周格等人同席。義堂周信於法堂陞座說法，義滿及管領皆臨席聞法，問答儀式結束後，則由方丈舉行齋會（《空華日用工夫略集》）。

如此以足利義滿為首、歷任室町殿曾頻繁參詣五山之下的禪院，若有機會則出席禪宗法會聽聞宣講，透過與禪僧對話而修習禪法。義堂周信屢次為義滿、甚至守護大名舉行禪語錄講釋或儒學講義，在他們的學養中深植了禪宗思想及公案所傳述的禪僧逸話（原田正俊，二〇〇九）。以室町殿為首的上層武士參詣禪院，接觸到禪院的方丈或客殿、書院所裝飾的書畫、禪林墨蹟、中國的文房四寶或日常用具，經由禪僧解說而理解畫題或墨蹟蘊意，從中國文物充盈的空間之中深受中華文化所影響。

## 三、塔頭數量擴大

日本禪寺的伽藍與中國形式明顯有別之處，就在於塔頭數量不斷增加。中國的塔頭，必須唯有如開山祖師般的重要僧侶方能設置。

如同鎌倉時代的〈建長寺指圖〉所示，在日本與中國同樣，數量眾多的僧侶基本上是在大型僧堂內起居，年邁時則在寺內的耆舊寮生活。即使至室町幕府時期，塔頭仍需經由幕府准許方可設立，基本政策仍採取限制方針。如同五山住持般具有影響力的禪僧，則以各自門派為據點設置塔頭，並在此度過晚年，示寂後更以該塔為據點，所屬門派的僧侶紛紛聚住於此。此後，僧堂及耆舊寮的團體生活逐漸式微，在五山、十剎、諸山的周圍地帶，大量出現塔頭及寺庵營運，進而以洛中、洛外為首要地區，逐漸增建寺庵。塔頭主要是設置昭堂之塔或供奉牌位、開山像的建築物，附帶設有客殿、書院、庫裏。

此外，相國寺的塔頭成為自義滿之後歷代足利將軍牌位的供奉處。其塔頭的法號分別是義滿為鹿苑院、義持為勝定院、義量為長得院、義教為普廣院、義勝為慶雲院、義政為慈照院。

至室町時代，禪僧多在塔頭內建造附有軒號的居處或書齋，原則上重視隱棲風格，即使在京都五山之內，亦熱中創造山居氣氛。禪僧的書齋中遺留多幅五山僧的詩畫軸，詩畫軸描繪山中草庵或山水，繪畫上部書有序文及漢詩，故有書齋圖之稱。

宋、元禪僧時興為書齋或草庵取雅號，知名者如大慧宗杲的妙喜、無準師範的龍淵等。中國繪畫史發展至十四世紀的元代，在畫題方面出現顯著轉變，山水畫出現以書齋或山莊為主題之傾向，深受中國士大夫及其交流對象的禪僧、道士所好（島田修二郎，一九八七）。如此風潮是經由禪僧引入日本。

雖有自行為書齋取名的情況，卻多由名望較高的禪僧選定。書齋畫則是以齋號為題材描繪相符的景致，並請託熟識的禪僧為其添序或詩文，並在確認齋號是否符合禪意後，於個人書齋中懸掛書齋畫來眺賞自娛。五山僧詩文集中出現許多以書齋為題材的詩文，表現出禪僧雖居於與世俗往來密切的五山寺院，又極為憧憬禪林的隱逸生活，如此風潮對將軍邸的書院及書齋亦有所影響。

# 第四節　室町殿與會所的文化

## 一、足利義滿的室町第

禪宗傳入日本後，在五山大放異采的禪林文化深具影響力，對於室町殿及公家社會造成新文化衝擊，並在位居公武階級頂點的室町殿執政下進行綜合化及重組。

足利義滿於永和四年（一三七八）營建室町新邸（花御所），室町第包含以寢殿為中心的公卿座、中門廊、中門做為公務活動之用的建築物，東側有小御所、觀音殿、泉殿，水池及庭院四周則設置會所（川上貢，二〇〇二）。義滿於永德元年（一三八一）延請後圓融天皇赴室町新邸，向公家彰顯其權勢。後圓融天皇在巡幸紀錄〈さかゆく花上〉（《群書類叢》第三輯）之中，描寫此新邸具有傳統公家風格的寢殿、有如天然海洋或河川般的廣池，並有從賀茂川引水建造的瀑布及寬廣庭園。義滿的室町第成為先例，後由義持的三條坊門第、義教的室町第繼承其模式。

義滿於應永元年（一三九四）讓位於其子義持，自身受任為太政大臣，翌年辭職出家，仿效法皇將公武大權獨攬其身。應永四年（一三九七）著手營建北山殿做為執政據點，北山殿是由北御所、南御所構成，北御所有寢殿及小御所，這些建築物的樣式沿襲鎌倉時代以來院御所之先例。進而建造舍利殿（金閣）、護摩堂、懺法堂、天鏡閣、泉殿、會所、看雲亭等建築物（《臥雲日件錄拔尤》文安五年八月十九日條）。

這些建築物在庭園中巧妙配置，將舍利殿定位為庭園焦點的手法，據說是仿效夢窓疎石所建的西芳寺庭園。西芳寺的舍利殿為兩層，相對之下，北山殿的舍利殿為三層，首層是法水院，第二層是潮音閣，第三層是究竟頂。其中，第二層安奉觀音，第三層安奉彌陀三尊與二十五菩薩。義滿與禪僧進行交流，勤於坐禪，拜塔於夢窓而成為其弟子，法名為天山道義，對淨土教極為傾心，充分表現當時宗教意識。此外，舍利殿是沿襲過去將軍邸的觀音堂及禪院的二層建築結構，是塗以三層金箔的新建築，形式為和樣、天竺樣（又稱大佛樣，其建築型態是參照於重源採用中國傳入形式所重建的東大寺大佛殿）、唐樣（中國風）的折衷式樣。

舍利殿的北側是天鏡閣，是由兩層結構的走廊所銜接，如此設計蔚為奇觀。足利義滿於少壯時期曾與春屋妙葩、義堂周信等禪僧交流，在西芳寺坐禪，對夢窓所造的庭園及建築物甚感熟悉，並在寺內汲取禪宗公案及淨土教思想。北山殿仿效夢窓的西芳寺，成為義滿對文化提出獨創構想之集大成。義滿歿後，北山殿除了舍利殿之外，其餘建築物盡數移築他處或遭拆毀。雖已無法一窺其壯麗景致，但原先建築曾遺留至西元一九五〇年為止。

舍利殿即現今知名的金閣寺（黃麗婷攝）

如今則是從一九五五年復原後的舍利殿（金閣），依然傳達昔時氛圍。

應永十五年（一四〇八），後小松天皇巡幸北山殿，是義滿生涯中的絕頂期。迎接天皇駕臨的會所飾有唐繪、花瓶、香爐、屏風等物，「唐土傳來如此殊勝之物，若集於此殿，則令人目光熠熠生輝，實非意會言傳所能達其境地」（〈北山殿行幸記〉，《群書類叢》第三輯），猶如當時公家所評述般，蒐羅珍物獻於天皇。在巡幸北山前一年，遣明船及遣明使一同抵達兵庫津，天皇巡幸北山殿之際所獻呈的貢物，有可能是最新輸入品。這些唐物（中國物品）亦是公卿貴族社會的垂涎之物。

此外，在奧會所舉行筵宴，由善演猿樂的道阿彌歌舞助興（《教言卿記》應永十五年三月十日條）。當時義滿對世阿彌尤為禮遇，猿樂的藝術性明顯獲得提昇，演出地點則在寺社境內或河灘等各種地方，亦成為會所的藝能之一。

## 二、足利義持的御所

應永十五年，足利義滿在勢如中天之際辭世。翌年，其子義持在與尊氏、義詮皆有淵源的舊御所用地（三條坊門）建造個人御所。不僅建有以義滿室町第為參考模式的寢殿、公卿座、殿上、隨身所、車宿、會所，亦有持佛堂及觀音殿。義持的御所亦由義教繼承做為居用（川上貢，二〇〇二）。

義持御所的建築景觀定稱為「相府十境」，分別取名為勝音閣、覺苑殿、安仁齋、嘉會、養源、探玄、要關、悠然亭、湖橋、蘸月池。惟忠通恕、鄂隱慧奯等五山僧奉義持之命，以十境為題材作詩。從這些詩文可知勝音閣、覺苑殿是兩層佛堂，各層皆供奉觀音與佛菩薩尊像，探玄是坐禪修行的禪室，要關是禪室入口，嘉會是會所，養源是配置於庭園中的泉殿，悠然亭是建於枯山水中的休憩處，其他尚有庭內架橋及水池。對於悠然亭，亦有五山僧以鄂隱慧奯的詩序為題而做和韻詩（《大日本史料》七—十二）。這些設計形式與五山十境皆重視景致，藉由禪僧詩文而賦予宗教上或中國古典風格的蘊意。

值得關注的是，足利義持仿效義滿建構以坐禪為目的之禪室。對於禪室探玄的設置，則由仲方圓伊作頌，大岳周崇書匾。據其文所述，日本是以佛教治國，義持聽聞佛法而窮理盡性，導人致於無為，故在處理政務的殿外東側更造一室，做為修練心神之處所。據傳義持甚曉禪理，對其父義滿的肖像畫，則有如禪僧般親自作贊，內容借引宋代大慧宗杲之偈。義持的著名事蹟，尚有曾命畫僧如拙描繪以葫蘆捕鯰魚的〈瓢鯰圖〉，並由五山僧為其作贊。從義持對禪宗的高度關注與對禪宗生活憧憬的角度來看，此幅作品亦是象徵之例。

## 三、會所的文化

會所在室町殿御所是備受關注的場所，原本屬於內務空間，卻做為與公家或武家、僧侶等賓客會面之用。寢殿是以院御所做為參考規範，是受制於公家社會舊習的空間，相對之下，會所則是發揮室町殿獨特文化的場所。公家邸或顯密寺院內亦建有會所，室町殿對這些會所文化影響極大，堪稱是室町文化之表徵。

永享三年（一四三一）二月七日，伏見宮貞成親王接受足利義教的延請，訪問三條坊門第，並由攝政二條持基等人迎接。貞成記載當時依序瀏覽奧御所、端御所，以及會所的裝飾擺設，對舉凡所見的寶物皆感驚訝，更讚歎山水之美難以言喻，猶如極樂世界般莊嚴（《看聞日記》）。

在會所迎接貞成的東道主足利義教、攝政二條持基的臣僚、公家紛紛列席品香，並舉行筵宴。當酒宴正酣之際，會所障子門則被取下，榻榻米被豎於旁側，並由觀世表演猿樂能。

同年七月二十八日，足利義教將御所遷至義滿時期的室町第，並將守護大名的賦稅做為營建費用，籌措預算經費一萬貫。十二月徙居後，一併進行營建工作。此御所與先前同樣是由寢殿、小御所、會所等構成，寢殿規模更為擴大，在庭園中築造極致奢華的北向會所（泉殿）、會所、南向會所、新會所，亦有觀音殿、持佛堂、月次壇所等佛教建築物。

永享九年（一四三七），後花園天皇巡幸義教御所，連日遵循古儀，舉行遊行、饗宴、舞御覽、和歌會、蹴鞠、遊船等公家活動，接待天皇、公家、女房眾的屋室則飾有屏風及家具、樂器。

此時撰成的〈永享九年室町殿行幸御餝記〉（《金鯱叢書》第二輯）記載各室床間（座敷中以藝術品裝飾的空間）懸掛的書畫及各式工具，以及置於棚（裝飾於床間的木板置物棚）的文具等。約於永享年間（一四二九—四一）確立床間、違棚（與床間同為裝飾空間，設有置物棚，頂層及底層各有小櫥）、書院床（又稱付書院，位於床間之側臨窗的裝飾空間）的座敷（武家建築樣式之一，做為待客或舉行儀式的空間）基本形式，成為義持室町第座敷飾（結合床間、違棚、付書院的綜合空間，或在此空間裝飾畫軸或器物的總稱）的貴重紀錄。

在御所的橋立之間，則有布袋和尚半身圖、船主圖、漁父圖共三幅，皆出自牧谿之筆，畫前置有香爐、花瓶、燭台（三具足）、香合，床間懸掛李迪所繪的兩幅犬畫，棚上置有七寶燒花瓶及剔紅盆等器物，書院置有硯台、筆駕（架）、筆、硯屏、夏珪所繪畫軸，更有茶道用具等物，建盞、茶碗、水指等，彙集諸多來自中國的貴重物品。

這些繪畫是屬於宋、元畫軸，若對照室町殿的蒐藏目錄〈御物御畫目錄〉（東京國立博物館藏），可知是自足利義滿以來的歷代室町殿所蒐集的極品之最。布袋半身圖附有南宋禪僧簡翁居敬之贊，船主、漁父圖則有虛堂智愚之贊（佐藤豐三，一九七五）。這幅布袋圖被歷代武家視為重寶，以天價取得，故有百貫布袋之稱（《實隆公記》明應七年四月二十六日條）。

其他如梁楷的出山釋迦圖、夏珪的八景圖、舜舉的官女圖、傳徽宗皇帝繪的山水四幅及桃鳩、呂洞賓的龍虎。此外，尚有所翁的畫龍兩幅、長井觀音、四睡圖，牧谿的杜子美、政黃牛四幅等作品。作者名聲完全取決於當時評價，雖有名不符實的情況，卻有大量唐繪集中於室町殿之處。

有關八景的畫題是描繪流入洞庭湖（今湖南省）的湘江流域，自北宋以來，「瀟湘八景」成為固定題材。對於受到禪僧或禪宗影響的中國人而言，瀟湘八景是令人嚮往的名勝。當然，與禪宗有關的畫題甚多，布袋和尚是唐朝僧侶，被視為彌勒化身，揹著布袋穿梭於街頭巷尾，常能預知吉凶，善乞雨，亦是禪宗公案中的人物，自南宋以後成為畫題。至於觀音像的題材，禪林亦好畫白衣大士坐岩像。政黃牛圖則是根據北宋的惟政禪師騎牛穿梭於市的傳說所繪。

室町殿的蒐集品（御物），自足利義滿時期逐漸充盈，御物既有義滿身為禪僧的道號法諱「天山」、「道有」之印，亦有義教的「雜華室」之印。這些文物備受珍視，有「東山御物」之稱。從十六世紀前期之後，足利義政的收藏品在戰國、織田、豐臣時期獲得極高評價，但在實際上，室町殿的御物是義滿、義持、義教的心血結晶。至義政時期，則因幕府發生政經危機，導致御物流入民間。室町殿御物流入市面後，反因「東山御物」而成為名品。又因茶道普及，戰國大名及茶人將茶道視為新權威及價值的本源，至近世、近代仍備受珍重。〈永享九年室町殿行幸御餝記〉、〈御物御畫目錄〉記載的畫軸及器物，此後多被珍藏而留存至今（志賀太郎，二〇〇八；山本泰一，二〇〇八）。

若覽讀〈君台觀左右帳記〉、〈御物御畫目錄〉，可發現值得關注的課題是即使是會所裝飾，對於特別受矚目的繪畫仍為其依序制定價值。其中將牧谿畫作視為極品，不問真偽，凡是世間傳為牧谿之筆的作品盡蒐於室町殿。牧谿在中國並非格外受矚目的畫家，卻尤為日本人所好。原因在於當時日本不斷強調一則傳說，相傳牧谿是宋朝禪僧，亦是無準師範的弟子，許多日僧曾參禪於無準，牧谿作品堪稱是傳遞禪的精神，並能形成更高的價值觀（佐藤豐三，一九七八；島尾新，二〇〇六）。此外，室町殿亦喜好知名禪僧為作品附贊。

誠然，當時亦重視南宋的畫院畫家馬遠、夏珪、梁楷、馬麟之作，這堪稱是室町殿仿效中國皇帝收藏的一種嗜好。對於繪畫方面，因禪僧與室町殿的喜好一同、禪宗氛圍與皇帝權威相融合，故而形成御物，此點十分值得關注。

## 四、同朋眾與室禮

當時繪畫是由數幅畫組合而成，室內連掛數幅是司空見慣的情景，這些裝飾恰與獨占來自中國富庶文化的室町殿十分相適。會所裝飾被視為室禮（為節慶或宴請而將空間予以裝飾及美化）而定型化，並由同朋眾（將軍近侍，善於藝能茶道或任雜役者）擔此任務。同朋眾之中，最著名者為每阿彌、能阿彌、藝阿彌、相阿彌等，皆具有審美觀及鑑賞力。每阿彌為義持、義教時期，能阿彌為義教、義政時期，藝阿彌為義政時期，相阿彌則是活躍於義政至義晴時期。

具有阿彌稱號者的原本身分是時眾。鎌倉時代末期至南北朝時期，某些時眾成為武士的近侍。時眾的任務是為武士在戰場臨終之前念佛十聲，平時則在武家奉職，負責創作和歌或連歌等文藝及藝能活動。

同朋眾逐漸在室町幕府的職制中占有一席之地，成為遁世者的近習（近侍），在義持、義教時期確立制度，漸有同朋眾之稱。同朋眾的原本職務是出納或管理唐物等用品，隨著逐漸培植鑑賞力，故在室町殿命人創作新畫之際，亦會徵詢其意見。禪僧則根據漢籍或佛典知識，為畫題背景附加說明。同朋眾之中，能阿彌不僅善詠和歌，亦與藝阿彌、相阿彌同樣在繪畫方面獲得高度評價（村井康彥，一九九一；島尾新，一九九四；家塚智子，二〇〇九）。至於座敷飾的規格樣式在義滿時期得以完備，至義持、義教時期更為充實。

室町殿的會所裝飾是由禪僧或同朋眾共同籌畫組編，在室町殿的權勢下，形成完整的規格樣式。〈小川御所并東山殿御飾圖〉（《金鯱叢書》第三輯），是相阿彌於大永三年（一五二三）描繪義政的小川御所、東山殿座敷飾的裝飾情景。〈君台觀左右帳記〉是將室町殿所藏的繪畫，以上、中、下三種層級評定其價值，記錄後半則是有關押板（將厚板置於榻榻米上的床間）、書院的具體裝飾指南。《群書類從》本的〈君台觀左右帳記〉，是能阿彌於文明八年（一四七六）致書於大內左京大夫（政弘）的記錄，東北大學本則是相阿彌於永正八年（一五一一）所書。座敷飾是由同朋眾編制的傳承規格，至室町時代末期，室町殿座敷飾及蒐藏品的價值定位並未受到幕府衰微所影響，仍以文化權威的象徵得以延傳。

## 五、室町殿御成與座敷飾

室町殿御成（將軍外訪之雅稱），是以屢次造訪守護大名或五山所屬禪寺、顯密諸宗寺社而為人所知。足利義持光是在應永二十年（一四一三）之內，就曾下訪管領邸等武家宅邸多達三十五次（佐藤豐三，一九七四）。此外，更包含參詣其他寺社在內，次數極為頻繁。將軍御成被視為室町殿政務的一項重要環節，藉此確認主從關係並促進交流，更透過獻品而獲得經濟效益。

永享二年（一四三〇）三月，義教參訪醍醐寺賞花，當時是由同朋眾裝飾金剛輪院新造會所座敷。根據醍醐寺僧侶滿濟

醍醐寺弁天堂，供奉日本神話中的七福神之一「弁才天」女神。（秦就攝）

所記載，寺方曾向室町殿出借御繪七幅、小盆三件、古銅三具足、香合、羅漢繪畫軸等，並由立阿彌負責裝飾。醍醐寺於參訪前日，即讓諸大名入宿於菩提寺所屬的各子院。對醍醐寺而言，義教的來訪是莫大殊榮（《滿濟准后日記》）。在將軍御成之際，必須設置遵循武家規制的會所室禮，由此可見室町殿文化推展至守護大名及顯密寺院的過程。

## 六、足利義教的雜華室

在義教的書齋兼禪室的雜華室中，懸掛南宋禪僧物初大觀（一二〇一—一六八）的墨寶，並置有書籍、香爐、課誦本等物。書院則置有主丈、竹蓖、袈裟、坐具，寢床置有禪衣、衣帶、團扇，呈現禪僧居所的樣貌。從擺設中，可見典籍《法華經》、《夢中集》、《月庵法語》、《人天眼目》（〈永享九年室町殿行幸御錺記〉，《金鯱叢書》第二輯）。《夢中集》是指夢窓疎石《夢中問答集》，《月庵法語》是月庵宗光的法語錄，月庵為大應派禪僧，雖隱棲於地方卻頗具盛名。《人天眼目》是宋朝著作，歷經南宋及元代修訂，將中國禪的五家（臨濟、潙仰、曹洞、雲門、法眼）的宗派特色，藉由諸位祖師問答的方式予以解說。

這些室禮是為了因應禪僧生活而設。足利義滿於西芳寺坐禪，或義持關注禪宗文化，室町殿一貫維持禪宗信仰乃是不爭之事實。義教並未將禪寺做為終生起居修行之處，卻在涉入政務等俗事的同時追求修禪悟道，如此立場亦以象徵方式呈現於御所中。

## 七、足利義政與東山殿

足利義政為第六代將軍義教之子，其兄義勝早夭，年僅八歲即繼承家督之位。嘉吉三年（一四四三）成為將軍後繼者，更於文安六年（一四四九）受封為征夷大將軍。義政時期的幕府受到日野富子及近臣擅權的影響而逐漸失勢，義政罔顧幕府財政困乏，仍大興建築、耽於遊樂，接任將軍的最初邸宅是烏丸第，在整建過程中，忽於長祿二年（一四五八）下令移築至室町第，故而遭受眾人譴責。烏丸第、室町第是遵循先例建構，每月於觀音殿舉行觀音懺法，費用則由各大名負擔（《齋藤基恒日記》文安六年四月二日條）。持佛堂供奉阿彌陀如來，佛護堂供奉地藏菩薩，並有置放書籍的書院。

烏丸第內亦選定十境，持佛堂的書院取名為安仁齋、粟室，這些建築物被移築至室町第，持佛堂亦曾舉行《臨濟錄》或《論語》講義。室町第的泉殿設有書院，置有夢窓疎石《谷響集》、月庵宗光《月庵法語》、絕海中津的墨寶（川上貢，二〇〇二）。泉殿周圍的庭園是由知名庭師善阿彌所作，善阿彌的身分為河原者（中世時期從事遊藝或園藝等階級低微者），且擅於布置山水景致。在這些建築中，義政獲受禪僧諸多法益，好於書齋鑽研佛學及辯道問答。

寬正五年（一四六四）十一月七日，後花園院巡幸室町殿，五山僧隨同前往，紛紛鑑賞及讚歎座敷飾之美。兩日後，後花園院觀賞義政尤為偏寵的觀阿彌、世阿彌、音阿彌祖孫三代演出的猿樂，得以一償宿願（《蔭涼軒日錄》）。

若說起足利義政推展的文化事業，就屬東山殿的活動最受矚目。義政早年即懷有隱遁之志，曾命其弟義視為後繼者，卻因親生子義尚出生，導致守護大名之間對立更為激烈，甚至引發應仁之亂。義政在戰亂中的文明五年（一四七三）讓位於義尚，如願得以風雅度日，又於文明十五年（一四八三）徙居至在東山建造的山莊。

東山殿之中不僅建造常御所及會所，亦建有泉殿、東求堂、觀音殿（銀閣）、西指庵。義政建造東山殿的原因，就在於意識到夢窓疎石所建的西芳寺建築及庭園，盼能擁有禪淨合一的空間。東山殿既是遠離政務的居所，在御所結構上毋須求取光鮮亮麗的寢殿建築，而是依照義政個人的自由構想予以設計。

常御所繪有瀟湘八景，貼有五山僧詩（《補庵京華集》），這種障子畫（障子為細木框所構成的可透光紙門）與禪僧漢詩相結合的形式表現，在此之前亦見於足利義教的泉殿（《蔭涼軒日錄》長祿四年十二月二十六日條），可知是相當普及的型態。這些裝飾在做為布置對面所（主君與臣下會晤之用的武家建築樣式）的豪華場面用途上，相當值得關注（中村昌生，一九六八）。會所設有嵯峨之間、石山之間，襖（以整片木板為底的紙門）

東求堂為足利義政的持佛堂（張錦德攝）

上繪有和風景致，成為書院造（以迎賓或舉行儀式的書院做為主室）的建築形式。

東求堂為持佛堂，佛間（置有佛壇的屋室）安奉阿彌陀如來像，配合蓮池而形成淨土教的空間。西指庵屬於禪室，障子貼有仿馬遠的唐繪，以及書有夢窓所作的和歌色紙，擺置《普燈錄》、《神僧傳》、《大慧錄》三部四十冊（芳賀幸四郎，一九八一）。《普燈錄》是南宋編纂的禪宗人物傳記，此書特徵在於不僅是記錄禪僧，亦採錄世俗佛教徒的生平事蹟。《神僧傳》是明初彙編的神異僧傳記集，《大慧錄》是宋代弘揚臨濟禪之翹楚大慧宗杲的語錄。相對之下，東求堂置有蘇東坡及李白的詩文集或中國地誌。如此將多元要素分配於各建築物中，再融為一體構成東山殿。

## 八、室町殿的文化

有關以室町殿為中心的文化活動，在前文已做探討。如同前述般，座敷飾的空間文化是以將軍御成的行動為媒介，並導入運用在顯密寺院（例如醍醐寺等）的會所裝飾中。以守護大名或伏見宮家為首的人士，在與室町殿交流後接受會所文化，並使其呈現於邸宅中。以室町殿御成的權力關係做為媒介，座敷飾等文化在當時成為審美標準，並延伸發展至公武社會。

透過天皇及上皇御訪室町殿的御所，室町殿以富權為恃，向其誇耀魄力萬千的文化空間，並以大量唐物做為獻品，故對公家文化亦產生影響。

如此唐物充盈的空間，是設置在歷代室町殿屢次參訪的五山或其他禪院的客殿或書院中。禪宗恰如唐物般，成為一種文化而向外界擴散。室町時代的唐物，是從透過禪僧或日、明貿易傳入，以單純蒐集珍稀或異國高額貴品的裝飾層次，轉變成藉由禪宗賦予的宗教意味，能使其精神性得以發揮，更添迷人色彩。即使是以一則公案為畫題，亦參照五山各式法會的聞法內容，或禪僧舉行的談義來做解說，如此更能提高作品價值且為人所接受。就此意味來說，當時的禪宗對文化造成莫大影響。

室町殿堪稱是以象徵性的方式，將對禪籍或禪院生活所懷的憧憬引入其中，並培植成為一種文化。在室町殿主導下，從禪宗轉化為禪文化，堪稱是被採用成為室町文化的一大構成要素。這已非禪宗文化，而是日本社會中的室町文化。

另一項必須注意的課題，就是即使是室町殿御所的建築配置，亦因過去深受公家文化影響的寢殿與新會所同時並存的情況，而促成兩者以如此方式同時並立。即使是巡幸場域，亦有和歌會、蹴鞠、舞樂及唐風的茶禮（禪宗喫茶禮儀），在充滿唐物裝飾的會所舉行筵宴，可呈現出和漢文化的兼容並蓄。

## 九、室町佛教與藝能、文化

禪宗在室町文化中具有深遠影響力，此點已如前述，可從多種面向提出舉證。然而，室町佛教並非單純受禪宗熏染，而是仍由顯密諸宗擔負國家祈禱等重要功能，形成朝廷法會體系的核心。自鎌倉時代以來，顯密諸宗居於莊園領主的立場，不僅在經濟、社會上享有強權，更擁有權門勢力。

對足利尊氏、直義影響甚深的夢窓疎石在其著作《夢中問答集》中，雖主張禪宗位居顯密諸宗之上，卻勸導執政者應有義務成為各宗派的外護者及信奉者。

在室町幕府中亦有如足利義滿般擁有權勢，足以讓室町殿成為國家祈禱的主事者，甚至要求顯密諸宗舉行各種法會。顯密諸宗執行許多專為室町殿舉行的法會，將軍的護持僧主要來自醍醐寺（真言密教）、聖護院（天台宗寺門派），目的在於祈求將軍身體安泰。室町殿的御所亦屢次舉行顯密法會（大田壯一郎，二〇〇四；細川武稔，二〇〇三）。

等持寺是與足利尊氏、直義邸相鄰的禪剎，該寺招請南都北嶺的顯教僧舉行法華八講，成為室町時代武家八講的慣例。延文四年（一三五九），在足利尊氏一週年忌之際，亦舉行密教法會的結緣灌頂。

此外，五山禪僧亦勤修包含賀壽祈禱之類的各種法會（原田正俊，一九九九）。室町殿屢次參與禪宗擅長舉行的施食法會，亦參加五山或塔頭的開山忌。室町殿的喪儀是由五山僧獨占舉行，其中又以相國寺為中心，迴向法會等佛事則常由禪宗或顯密諸宗以個別方式舉行。五山禪僧亦參詣時宗道場（四條或七條道場），信奉時宗的僧侶亦參與室町殿的喪儀（原田正俊，二〇〇三）。

各宗的高階僧侶以拜會室町殿做為年度例行活動，正月八日是包括聖護院、實相院、大覺寺、圓滿院、醍醐寺三寶院、住心院等的護持僧，十日是各門跡、十一日是五山僧之中的御相伴長老（將軍近侍）及南都各門跡，十三日是天台門跡的梶井門跡、妙法院，十六日是律宗、知恩院（淨土宗）、四條上人（時宗）、十七日是石清水善法寺、二十日是比叡山執當（管理寺內庶務）等眾徒及山門使節、二十三日是七條道場（時宗）來訪。由此可知室町殿是基於各宗外護者的立場，形成有別於過去顯密八宗體制的室町佛教體制（原田正俊，一九九八）。

若欲概括說明各宗派在室町時代社會整體中的信仰情形或發展樣貌，則是十分困難，但在提到各宗派與室町文化的關係時，若從猿樂能所採取的佛教各宗派教理及受到何種影響的主題來探討，則可窺知其狀況（原田正俊，二〇〇八）。

將能劇大致區分後，可發現有如下傾向。首先，能劇作品中出現許多述及自古備受重視、不僅是天台僧，甚至禪僧亦讀誦的《法華經》功德。例如，觀阿彌的〈求塚〉、世阿彌〈砧〉、〈春榮〉，作者未詳的〈通盛〉、〈海人〉等。有關密教修持的作品中，相較於描寫各大寺高僧的祈禱，反而出現許多庶民亦感到親近的密教山伏的祈禱描述。

至於述說念佛功德的作品，則有世阿彌〈百萬〉、〈忠度〉等。此外，在〈柏崎〉中出現了與時宗淵源甚深的善光寺聖，〈實盛〉則述及一遍的教說及他阿彌陀佛。由此可知時宗的影響力甚深，包括庶民在內，淨土教擁有廣大的信仰者。

至於禪宗方面，則有觀阿彌所作且採用六祖惠能之偈的〈卒塔婆小町〉、世阿彌所作並引用《碧巖錄》之句的〈櫻川〉，以及禪鳳所作的〈嵐山〉等多部作品，可知禪宗語錄廣為眾人所接受。此外，尚有描寫入世禪修且非僧非俗的〈自然居士〉、〈放下僧〉、〈東岸居士〉等，亦是深受矚目的作品。

若光從上述能劇內容來看，顯密諸宗造成深遠的影響力雖是不爭之事實，同時卻可知時宗與禪宗的影響力正逐漸擴大。

室町文化是沿襲室町殿重新編整各宗派，反映出包含禪宗與時宗在內的體制。能劇不僅在室町殿或守護大名的邸宅內演出，更為了募化而在河灘或寺社舉行表演。若考量到庶民亦可觀賞能劇，並在地方發展的情況下，則可知室町佛教更深入滲透民眾之中。

專欄五

# 禪畫的世界

島尾新（多摩美術大學教授）

「禪畫」與「禪宗繪畫」有何不同？科特．布拉許（Kurt Brasch，一九〇七—七四）所著的《禪畫》（二玄社，一九六二），對於禪畫一詞的普及化發揮了重大功能。布拉許是出生於京都的德國人，經營貿易並研究禪宗繪畫，《禪畫》是他獲得同志社大學博士學位的論文。

布拉許對禪畫的定義如下：「所謂禪畫不是貴族化的禪宗繪畫，……換言之，並非高尚化或經由美化的禪意表現，而是禪的本體表現。」（〈水墨画と禅画〉，《大法輪》，一九六三年九月號；收於《禅画と日本文化》，木耳社，一九七五）。有關禪畫方面，以室町時代的水墨畫為例，布拉許認為「是風流禪透過繪畫化，亦是所謂『茶掛之用』的鑑賞藝術」（茶掛：茶室的掛軸）。總之，在禪僧的繪作或在禪宗環境內蘊生的繪畫中，將禪直接予以描繪的就是「禪畫」。然而，又該如何分辨是否在畫「禪」？

布拉許對禪宗繪畫抱持興趣的原因，是源於觀賞細川護立收藏的白隱畫作而為此感動。對他而言，若提及「禪畫」就聯想到白隱。白隱（一六八五—一七六八）是臨濟宗妙心寺派的僧侶，出身於駿河國駿東郡的原宿（今靜岡縣沼津市），十五歲出家，四十二歲大悟，在當地的松蔭寺講經，五十三歲接受各地寺院延請，其足跡從東國武藏遠至西國備中。其門徒廣布全國，白隱禪法在日本臨濟宗中漸占有一席之地。

白隱的作品特徵在於不拘泥題材，以便於弘化百姓，並能自由驅使當時可利用的媒體。白隱完成許多提唱（講義），除語錄之外，尚有假名法語等存世，著作極為可觀。此外更有風格獨具的書畫，尤其七、八十歲時的暮年之作，不僅保留草稿描線，更以反覆塗描濃黑線條的獨特技法，來展現作品的雄渾氣勢。〈達磨圖〉為其代表作之一，確實令人有一種彷彿與白隱自身，或與白隱禪法會晤之感。在禪宗高僧中，幾乎只有白隱擁有如此繪風。若以前述的定義為根據，或許唯有白隱的作品才是禪畫。

然而，布拉許又舉出另一項禪畫定義：

「歷經日本化的禪宗繪畫是禪畫，是屬於筆致極簡的俳畫風水墨畫。」而其基礎在於江戶時代出現「最適合庶民階級的禪法」。白隱不僅描繪達磨圖，更創作許多便於向民眾傳法、表現淺白的戲畫風繪畫。若關注其輕快練達的表現方法，則有不少高僧與其畫風相仿。例如，以身為狂逸僧的風外慧薰（一五六八—一六五〇）為首、仙厓義梵（一七五〇—一八三七）、被通稱為南天棒的鄧州全忠（一八三九—一九二五）等。例如，仙厓曾長年於博多擔任聖福寺住持，其繪作〈坐禪蛙〉是透過質樸的筆觸，來表現誘人笑意的溫情，更寫下：「坐禪若真成得了佛（要是只管打坐就行，那我也修成佛了）。」這是對修行者在僧堂唯知坐禪的當頭棒喝，並非「仙厓個人的禪法」，而是藉由簡潔比喻來表現禪的常見說法。今日若提到禪畫，人們腦海中往往浮現此類畫作，反而產生「瀟脫輕妙才是禪味」的誤解。

布拉許的「禪畫」包含兩種截然不同的切入點，亦即探討「禪的本體表現」這種具有一般性、本質性的問題，以及基於江戶時代的背景因素下，分析「以民眾為基礎的禪法中所表現的輕快練達」。前者堪稱是禪宗史的歷時性，後者則包含圓空或木喰等創作者在內，是屬於江戶佛教的共時性。但自布拉許之後，再也沒有更值得深入探索的課題。這並非只針對繪畫對禪而言究竟為何，而是關係著佛教美術包涵的題材為何，或有何表現的問題。

## 文獻介紹

Kurt Brasch，《禅画と日本文化》，木耳社，一九七五年。

芳澤勝弘，《白隱——禅画の世界》，中央公論新社，二〇〇五年。

第六章

# 一揆與佛教

神田千里

東洋大學教授

# 第一節　戰國時期的日本佛教

## 一、通論中的戰國佛教

本章探討的課題，是針對如同一向一揆或法華一揆般，以信徒發動的武力抗爭來做為戰國時代佛教發展的象徵。有關戰國時代的日本佛教，可將過去研究的說法彙整為以下三項。

第一，以法然、榮西、親鸞、道元、日蓮、一遍等為初祖的「鎌倉新佛教」教團，在戰國時代擴及全國，構築了近世認為「鎌倉新佛教」取代「舊佛教」的優勢地位（中尾堯，一九八八；平雅行，一九九二；大桑齊，二〇〇六）。第二，因具有強權的戰國大名成為土地支配者，寺院及僧侶的行動才受到更強而有力的統治及組織控管。第三，「鎌倉新佛教」的僧侶及信徒為了締造宗教王國，故以個人信仰或世界觀為基礎發起一向一揆、法華一揆，卻遭到織田信長、豐臣秀吉等人樹立的統一政權所壓制（中尾堯，一九八八等）。

有關第三項的主張，學者指出近世佛教從重視信仰內涵，逐漸「形式化」轉為著重表象（辻善之助，一九五四）。這堪稱是近世佛教「墮落論」的學說，因有一向一揆或日蓮宗屈服於織田信長統治的事實做為輔助因素，也成為佛教界全面隸屬於統一政權的論點上，有力的論證根據。近世確立的檀家制度出現取締天主教信仰的面向，近世寺院及僧侶為了協助政府推行管制信仰政策而擔負取締的職責，此點亦對近世佛教「墮落」論提供了有利依據。雖有從近世真宗研究的角度來批判「墮落論」（兒玉識，一九七六等），然而，認為戰國佛教最終從屬於統一政權且名存實亡的見解，至今仍是具有說服力的通論。

另一方面，亦有見解是從佛教成為「國民宗教」的信仰發展角度來探討近世佛教（尾藤正英，一九八八）。近年，學者闡明近世寺院與中世同樣發揮了避難所功能，可用以逃脫權力追緝（佐藤孝之，二〇〇六）。透過這些研究產生了有別於通論的其他觀點，本章是以此考量為基準，重新檢討以下三項課題，亦即教團在戰國時代的地方發展、戰國大名管制佛教教團、宗教一揆，並藉此來追溯戰國時代的佛教發展歷程。

## 二、禪宗的在地發展

所謂「鎌倉新佛教」是從鎌倉時代以後隆盛發展，並擴展於全國各地。筆者在此以禪宗發展為主題，針對其發展要因及背景來做檢討。如同以鈴木泰山的研究為起點所闡明般，禪宗是從室町時代中期至近世初期發展至全國規模（鈴木泰山，一九四二年等）。

永平寺為道元禪師創建，具有濃厚的中國宋代禪門色彩，此為永平寺佛殿。（秦就攝）

禪宗自南北朝之後開始發展，分為榮西（一一四一—一二一五）傳入的臨濟宗，以及道元（一二〇〇—五三）傳入的曹洞宗。臨濟宗在鎌倉及京都結合幕府勢力，以五山、十剎制度為發展基礎，曹洞宗則以道元開創的永平寺為根本據點，瑩山紹瑾（一二六八—一三二五）及其弟子繼而以北陸、關東、東海為最初據點，拓展遍及全國各地。然而，臨濟宗、曹洞宗皆屬多元型態，臨濟宗甚至出現某些早期就已在地方發展的流派，曹洞宗亦有如宏智派般受到五山勢力統轄的派別（玉村竹二，一九五〇）。這毋寧說是禪宗兼具五山、十剎制度發展的「叢林」，以及地方發展的「林下」（同上）。

自鈴木泰山之後的研究者，尚有葉貫磨哉、石川力山、廣瀨良弘等人探討禪宗在室町時代以後的地方發展情況。禪宗在地方發展的要素，大致可彙整為以下三項。第一，受到領國大名（戰國大名）、各區域的國人領主（在地領主）等武士階級的皈依及外護，此為一大要素。第二，深植於地區的神祇信仰、密教色彩濃厚的信仰、包括希求現世利益在內的信受因素。第三，授戒會或血脈相承等師檀關係的形成、禪僧積極參與喪葬祭祀的行動，形成發展禪宗之力。有關這些課題，以下將依序進行說明。

## 三、大名、國人檀越、外護

領國大名或國人（地方領主）皈依禪僧之例是不勝枚舉，大致上禪僧本身亦是武士階級出身，其中有不少成為大名或國人家臣的智囊。因有大名或國人的皈依行動，引發了身為家臣的武士及其眷屬，或領地百姓紛紛皈依的連鎖效應。

上野國室田長年寺（群馬縣高崎市），身為當地領主的長野業尚皈依於曇英慧應（一四二四—一五〇四），成為其外護者並興建該寺。文龜元年（一五〇一），長年寺舉行開堂及新住持入院的佛儀，根據曇英慧應的香語（〈春日山林泉開山曇英禪師語錄〉，《曹洞宗全書》語錄一，三七三頁，以下《曹洞宗全書》語錄一省略為曹全語錄一）記載，可知當時是以長野業尚為首、包括其嫡子憲業及庶子金剌明尚、其母松畝正貞、家臣下田家吉及其眷屬或親戚，甚至連鄰里皆致力於助建長年寺。

禪僧與檀越、身為外護者的武士階級，維持日常交流的情形十分普遍。活躍於遠江國佐野郡（靜岡縣掛川市）的松堂高盛（一四三二—一五〇五），則親自記載出身為原田莊寺田鄉的「藤原氏」（《圓通松堂禪師語錄》一，曹全語錄一，三九四頁）的事蹟，飯田莊戶和田鄉的藤原通信、通種兄弟曾請託松堂為其亡母舉行第十三次祭祀法會（《圓通松堂禪師語錄》四，曹全語錄一，四八九頁），松堂與通種曾有和歌交流（《圓通松堂禪師語錄》二，曹全語錄一，四二三頁）。透過「藤原氏」的同族關係，或擬制血親所產生的同族關係，松堂高盛以禪僧身分活動，是藉由在地武士連結而獲得支持。

此外，禪僧對於各區域的多元化宗教活動亦有顯著貢獻。松堂高盛曾於遠江國山名郡油山寺（靜岡縣袋井市）向藥師如來祈求自身病癒，故參與一名稱為「性音」的僧侶所舉行的法會，並於法會中隨性音誓讀《法華經》一千卷，建造「看讀法華經一千部窣都婆」（廣瀨良弘，一九八八）。

氏族或家臣的皈依，可鞏固大名及國人領主所管轄的武家勢力團結。例如，下總國結城氏制定的《結城氏法度》中，規定在結城政朝的忌日禁止家臣舉行聚會或宴會（第九十四條）。這項法規說明了制定旨趣，家臣在主君忌日舉行齋戒，其目的與結城政朝能否成佛或墮地獄的冥利並無關聯，而是基於無意被世間認為家臣關係如同散沙、甚至到了漠視主君忌日的地步。廣瀨良弘指出在前領主結城政朝的忌日舉行潔齋祭祀，「其作用在於凝聚家臣與領地民眾的向心力」（同上）。

不僅是禪宗，戰國時期的領主個人信仰，對氏族或領民亦產生深遠影響。十六世紀在日本傳教的耶穌會傳教士法蘭西斯克・卡布拉爾（Francisco Cabral），在西元一五七一年九月五日的書簡中，有如下敘述：「如今最佳的傳教者是領主或『殿（主君）』，……他們若向領民示意應該信奉某種教義，百姓就會單純順服，一般就會捨棄固有信仰。另一方面，若未經領主或殿准許，領民無論多麼渴望信奉他教，亦不會真正入信。」（Jap. Sin. 7I, f.20v.）

雖說如此，禪僧卻未必完全從屬於大名或國人領主，唯有協助領主管轄地方而已。前述的上野國室田長年寺，經由外護者長野憲業准許而獲得不入制札（為保寺內安全的私規），即使是身犯重罪者，入寺後亦不許危害其性命（《上州長年寺記錄》永正九年十月日長野憲業制札）。這種做為庇護所的功能，亦即所謂保障治外法權的制札（告示規制或禁令的文書），在禪寺可說是屢見不鮮。

此外，在多賀谷氏創建的常陸國下妻（茨城縣下妻市）多寶院，其住持獨峰存雄為了營救一名罪犯，遂向試圖處斬犯人的城主多賀谷重經求情，卻不為重經所接納。獨峰故而讓罪犯剃度出家，一同投奔他處。重經再三請求其返寺，獨峰卻置之不理（《日本洞上聯燈錄》，曹全史傳上，四五四頁）。諸如此類的情況，其他尚有僧侶拒絕與領主妥協之例。有關於此，下節將提到寺院的庇護所功能。不僅在中世，近世亦有寺院或住持對於世俗的執權者保有一定程度的相對自主性。

## 四、神佛習合的密教式傳法

第二，是禪僧在傳法或教化之際提倡神佛習合，將在地信仰融入自宗，藉此擴大傳法途徑。無論是臨濟宗或曹洞宗在祈禱或迴向之際，一般皆是迎請以天部為首的日本各地神祇，這應與當時最具影響力的神佛習合思潮有密切關聯（石川力山，一九八四）。

據鎌倉時代末期撰成的〈瑩山和尚清規〉卷之下「年中行事第三」記載，正月元日舉行的法會主尊是以梵天、帝釋、四大天王為首，以及「日本國內大小神祇」與地祇等。此外，祈求對象亦包含撰寫起請文（向神佛立誓的文書）之際接受誓約的諸神，以及包含天照大神、「七曜九曜二十八宿」等陰陽道的神祇、「王城鎮守諸大明神」、白山權現等（曹全宗源下，四六二頁）。由此可窺知神佛習合或密教式的觀念，在禪宗思想中形成有力思潮。

禪宗在地方發展之際，更含括自古或自中世以來信奉的靈山信仰，以及當地具有影響力的神祇信仰。這些禪僧的傳法活動，可從瑩山紹瑾門下的峨山韶碩之弟子，以及被稱為五哲或二十五哲的僧侶中顯而易見。其中，尤以源翁心昭（一三二九—一四〇〇）的修行方式十分值得關注（石川力山，一九八四）。源翁經由一名白衣老翁托夢指引後登訪靈山，與在夢中自稱為山神的白衣老者相遇，進入一座據稱是空海在山麓開創的「古寺」，該寺即為陸奧國示現寺（福島縣喜多方市）（《法王能照禪師塔銘》、《大日本史料》應永七年正月七日條）。這段示現寺的創建傳承，令人聯想到似乎與區域信仰有關。有關源翁的神異傳說，尚有其在下野國（栃木縣）那須野原擊碎殺生石（同上）等事蹟傳於後世。

凡與源翁心昭有關的寺院，皆具有靈山的傳統信仰背景，無一例外（石川力山，一九八四）。例如，鳥取縣的退休寺與伯耆大山、福島縣慶德寺或前述的示現寺與飯豐山信仰、山形縣鶴岡正法寺與羽黑派的修驗道，皆是具有密切關聯（同上）。這種與區域信仰的關聯，不僅便於傳道，更顯示了源翁曾歷經嚴酷的入山修行及具備修驗能力（同上）。由此可推知，從中世末期至近世興盛發展的修驗道，與禪宗關係甚為密切。

出身於信濃國（長野縣）上田海野氏的如仲天誾（一三六五—一四三七，生卒年根據《日本洞上聯燈錄》卷第四，曹全史傳上，二九五—二九六頁），曾致力於協助曹洞宗在東海地方擴大傳法途徑。如仲亦有如源翁般的類似經歷，曾為了尋覓隱棲之處而浪跡山野，在一名奇異老者托夢指引之下前往某地，並在該地創建大洞院（靜岡縣周智郡）。除此之外，尚有如仲住大洞院之際，某日深夜忽遇一龍以「神人」形貌現身並請其授戒的軼事。龍在受戒解脫後，布施「鹹泉」答謝如仲，此泉湧現的鹽水溫泉可供眾人所用（《日域洞上諸祖傳》下，曹全史傳上，六十三—六十四頁；此外，《日本洞上聯燈錄》記述如仲擔任近江國塩津洞春庵的住持之際，白山權現曾布施「塩泉」）。這些與源翁心昭傳說有異曲同工之妙的傳承，顯示禪僧與區域的傳統庶民信仰有所連結，並藉此逐漸擴大傳法途徑。

先前略提到的松堂高盛，在遠江國原田莊本鄉的長福寺（靜岡縣掛川市）受到外護者原賴景等人的鼎力相助，促使該寺得以重新修復。松堂在安奉大日如來的開眼法會中，以「長福寺大日安座點眼」為題示說法語，其中出現「日本大小神祇」、八幡大菩薩、白山權現、遠江國一宮的祭神及土地神（曹全語錄一，四九三—四九四頁），由此可窺知禪僧具有濃厚的神佛習合思想。

從禪僧遺留的切紙中，可顯示他們在地方推展的教化活動，是在神佛習合的思潮中進行（石川力山，一九八四）。切紙是指傳授教義之用的紙張，師父在祕傳弟子的小紙片上書寫傳授要旨，此後交予弟子。石川縣永光寺所藏的切紙〈罰書龜鑑〉之中，記載若遵守佛教「妄語」戒之際，除向佛祖立誓之外，更以「日本國大小神祇」與白山權現等神祇做為起誓對象。其他例子尚有「住吉五箇條切紙」、「白山妙理切紙」等（同上）。

## 五、授戒會、喪葬祭祀的各種活動

另一項促使禪宗擴大傳法途徑的重要影響因素，是禪僧從事喪葬祭祀活動，或舉行與信眾結緣的授戒會。前文提及的松堂高聖，曾為俗家信徒的喪儀法會編撰下炬法語，其對象當然包含外護施主的國人領主原氏（〈圓通松堂禪師語錄〉一，曹全語錄一，四八八頁），農民階層亦在對象之內（廣瀨良弘，一九八八）。

例如，這些語錄中零星記載「道圓禪門」所經歷的五十六年「農夫」生涯（同前五，同前五一四頁）、「祐慶禪尼」是以村民身分度過人生五十二載（同前五，同前五一五頁），或記錄「德秀禪尼」的「務農」過程（同前五，同前五一八頁）等。

愛知縣乾坤院所藏的「血脈眾」帳簿與「小師帳」史料，呈現十五世紀後期授戒會的實際情況。授戒者之中，除了水野氏等武士階層及其族裔、隨從之外，亦包括農民、酒鋪、染坊、工匠等，遍及商人及匠人、婦女等各階級或身分（廣瀨良弘，一九八八）。近江國大名淺井氏的菩提寺德昌寺（滋賀縣長濱市），則有傳述十六世紀中葉授戒會情況的「當時前住數代之戒帳」，可知是由淺井氏領主的妻室為首的氏族，以及井關、北村、今井、岩手、河毛、速水等家臣或在地武士階級的族裔、婦女等共襄盛舉（廣瀨良弘，二〇〇九）。在近世初期，「授戒會帳」與近世以後普及化的過去帳（記載逝者背景資料的帳冊）十分相似（同上）。

對禪僧而言，這種喪葬祭祀或授戒活動成為傳法活動的一大要素。埼玉縣東松山市的正法寺所傳元龜四年（一五七三）七月一日的「引道（導）相承之大事」，是與密教口訣極為酷似的印信，其內容為傳授喪儀中的超薦法事（廣瀨良弘，一九八八）。如此顯示喪葬祭祀對禪僧而言是極為重要的活動。

在戰國時代，僧侶所舉行的喪儀及法會，是以成為一種重要信仰習俗滲透至庶民階層而為人所知。當時，耶穌會傳教士璜・菲爾南德斯（Juan Fernández）正在日本傳教，他於西元一五六一年十月八日的書簡中，報告天主教徒舉行的豪華喪禮對「異教徒」產生莫大衝擊，並描述「他們為死者祈求，極其熱中舉行祭儀，貧困者為了大事鋪張，甚至不惜借貸聘請僧侶。這種行為並非篤信靈魂不滅，而是自古熏習已深，為了博取世間稱揚所致」（*Documentos del Japón 1558-1562*, editados y anotados por Juan Ruiz-de-Medina S.J., Roma 1995, pp. 431-432）。

路易士・佛洛伊斯（Luís Fróis）於西元一五六五年一月二十日的書簡中，則描述「日本人深信多數人在身壞命終之後一切成空，故而盼望子孫能為其宣揚名聲，藉此永垂不朽。他們首先最尊重且感到最幸福無比的事，就是在離世後舉行一場豪華氣派的喪禮」（Cartas do Japão, vol. 3 f. 156）。由此可窺知經由僧侶舉行的喪禮，是大眾之間普遍的慣有習俗。

## 六、真宗本願寺派與大名

禪宗教團的特質，在於將大名或國人視為檀越及外護者，並採取以神佛習合思想為基礎的密教傳法及參與喪葬祭祀。筆者為了將禪宗與其他宗派互為比較，故選擇在常識上與禪宗差異懸殊的真宗本願寺派。一般多將禪宗歸為武士信仰的宗教，而真宗則是農民或商人等平民信仰的宗派來互為比較。事實上，情況並非如此單純。如前所述，禪宗不僅與武士階級，甚至與農民等庶民保持密切關係。本願寺教團亦是同樣，不僅與平民，甚至與各地大名亦有頻繁交流。

有關本願寺教團的內容，十六世紀中葉的本願寺法主證如的日記《天文日記》仍現存於世，透過其記載可知該寺與各地大名頻繁交流的情況。這些交流活動，多是基於本章第三節所述的本願寺與室町幕府的密切交流關係。另一項要素則是謀求大名、國人與領地信徒之間維繫良好關係。

例如，本願寺與近江國淺井氏進行各種交流，包括從年初問候信簡（《天文日記》，以下引用時省略為《日記》，天文六年正月一日條），至淺井氏族被殲滅後的供奉香奠為止（《日記》天文九年六月二十六日條）。這些交流是由淺井氏領地的本願寺門徒核心勢力，亦即有「湖北十寺」、「北郡坊主眾」之稱的寺院集團擔任使者。為了與淺井氏維繫良好關係，本願寺所屬的寺院集團在斟酌考量之餘，請求本願寺與淺井氏維持信簡往來。例如，福勝寺（滋賀縣長濱市）向本願寺呈報該寺與淺井氏書信往來的情形（《日記》天文六年四月二十二日條）。「北郡坊主眾」則向本願寺呈報，淺井氏十分重視與本願寺的關係，對於接獲該寺的傳書而備感榮幸（《日記》天文十七年十二月七日條）。

在《天文日記》中，亦可從本願寺門徒的事蹟中零星發現該寺與其他大名或武士交流的情況。例如，本願寺與和泉國（大阪府）守護家的書簡往來，是以守護細川氏、守護代松浦氏為主的家臣武士為對象。其中，本願寺門徒之所以與一名稱為佐藤的武士書信往來，原因是佐藤遵照亡父遺囑，對領地門徒特別厚遇之故（《日記》天文五年正月二十日條）。

本願寺試圖利用與領主之間的繫絆關係，謀求維持或發展教團勢力。天文五年（一五三六），本願寺接獲播磨國（兵庫縣）門徒通報，獲悉領國內出現所謂的「祕事法門」。從本願寺的立場來看，此法門是屬於宗內異端派。此後，本願寺向守護大名赤松氏請求，處決異端派的核心人物（《日記》天文五年閏十月二十二日、六年四月二日條）。此外，一名稱為溫井的武士於能登國（石川縣）建造坊舍，請託本願寺准其保有「守護不入權」（治外法權），並致送饋禮以示答謝（《日記》天文二十年五月十七日條），本願寺接納其意。由此可窺知本願寺所屬寺院在建寺之際，是受到領主的善意護持。

天正十一年（一五八三），豐臣秀吉與柴田勝家引發的賤岳之戰結束後，丹羽長秀、前田利家、佐佐成政成為新任北陸大名，本願寺為了新大名領國內的門徒信仰而派遣使者（《宇野主水日記》天正十一年九月條）。由此可窺知最重要的關鍵，是在於本願寺藉由與領國大名的日常交流來維持領地內的門徒集團發展。

如此看來，真宗本願寺派將大名或國人視為外護者，試圖藉此擴大傳法途徑，此點與禪宗發展具有共同點。

## 七、神佛習合與真宗

真宗本願寺派有別於一神教的形象，並非一般所知的唯有皈依阿彌陀佛，而是與禪宗同樣融入神佛習合思想。至十五世紀，本願寺派的法主蓮如在擴大傳法途徑上貢獻卓著，被奉為中興之祖，在此先探討其知名著作《御文》。蓮如當然主張唯有皈信彌陀，卻並未否定信奉其他諸佛或日本神祇，毋寧說是嚴厲訓誡門徒不應批判或攻擊其他神佛信仰，亦可在文中發現他所提出的神佛習合言論。

例如，文明九年（一四七七）十二月二十三日的文章（稻葉昌丸編《蓮如上人遺文》九十八號，法藏館，一九七三年重刊；以下省略為《遺文》），內容設定為一名來自東國的諸國行腳僧，向石清水八幡宮所屬領地的百姓示教的情景。行腳僧表示，眾人若能如法信奉八幡大菩薩是極為殊勝之事，但僅止於此，對來世的祈求仍有不足之處。八幡大菩薩的本地是阿彌陀佛，為了救度迷惑眾生而化現為八幡大菩薩。倘若考慮來世，八幡大菩薩將無法使其遂願，反之若向本地阿彌陀佛欣求來世，同樣符合垂迹八幡大菩薩的神意。

此外，「一切佛」與眾生結緣，為了救拔眾生不墮地獄，而以「一切神」示現，其本心在於化導眾生證入佛道。故主張皈依阿彌陀佛，比奉神更易於獲得救度（《遺文》一八七號）。《遺文》的旨趣在於以神佛習合的思潮為前提，或利用此思潮述說唯有皈信彌陀，卻並未否定神佛習合。真宗本願寺院派亦配合神佛習合思潮，試圖拓展傳法途徑。

除了蓮如教說之外，在門徒口耳相傳之中，蓮如亦有與禪僧相似的神異傳說。例如，滋賀縣西福寺（近江八幡市）流傳著蓮如曾救度重右衛門亡妻的軼事（〈西福寺六字名號略緣起〉）。蓮如之子實悟則在著作《拾塵記》中，記載蓮如曾於京都山科的音羽地方，在據說缺乏水脈的地區挖鑿出井水。

中世的「一向宗」信徒（中世用語，是指唯有皈依阿彌陀佛的真宗或時宗等念佛者）除了具有念佛信仰，亦以山伏或陰陽師、下級神官等身分維持生計，多從事行醫或祈禱之事（《相良氏法度》）。眾多「一向宗」信徒加入本願寺教團，其中有不少是經由巫女或陰陽師祈求而病癒（《九十箇條制法》）。此外，與超度迴向或說法淵源甚深的琵琶法師，亦被視為「一向宗」信徒，名列於本願寺門徒之中（神田千里，一九九八a）。就此點來看，本願寺教團亦含融神佛習合或密教信仰。

## 八、真宗本願寺派的喪葬祭祀

從史料中，亦可發現本願寺教團涉入喪葬祭祀。前述的《天文日記》記載許多門徒在親眷亡逝或舉行年忌法會之際，為本願寺法主證如安排「設齋」。以大坂寺內町的信眾為首的諸國門徒或末寺是理當如此，甚至包括本願寺一族的所屬寺院或家臣、末寺的門徒，在舉行先祖或父母、夫妻、子女等家屬年忌法會之際，亦需籌設齋食。由此可窺知為本願寺法主設齋，是發揮了門徒家族舉行法事的功能。

即使在法主證如的家族中，在為親眷舉行法事時亦有「設齋」（《日記》天文二十年八月十八日條、二十一年八月十八日條）。某位武士並非本願寺門徒，卻為追悼亡妻而請求「設齋」，本願寺則順應要求，為其舉行相應的法事（《日記》天文二十一年二月二十九日條），由此可知真宗本願寺亦積極投入喪葬祭祀。

以上是本願寺教團與禪宗同樣具備的三項特徵，亦即受到大名及國人領主等武士階級的外護、在神佛習合與密教思潮的影響下傳揚法道、參與喪葬祭祀。誠然，無論在教義或門徒的信奉習慣方面，禪宗與真宗本願寺派的差異十分顯著，此乃毋庸置疑之事。但前述的三項特徵，是禪宗與真宗本願寺派從室町時代以後發展的共通特徵，此點十分值得矚目。

## 九、聖俗兩界的和平共存

前述的三項共通特徵，與禪宗及真宗本願寺派如何將自宗傳揚的信仰在信徒的社會生活中予以定位，是具有密切關聯。前述的松堂高盛於明應七年（一四九八），亦即發生明應大地震之年，「因大風、大雨、地震、冰雹等」而以法語示眾（〈圓通松堂禪師語錄〉一，曹全語錄一，三九〇—三九三頁）。

松堂高盛述說此年的地震及大暴風雨等災害是人心頹廢所致，而非外來。更批判戰亂亦是源於人性貪婪、忘恩負義導致道德淪喪、不忠不孝所致，主張此時不可徒向神祇獻供請示神諭，或向巫女祈請「宣諭」，最重要的是能端正自行。松堂繼而主張出家眾應皈依三寶，勤勵修行，恪遵戒律，在家眾則內信佛法，外學「儒門道」，並能孜孜蹈於「五常」。

值得矚目的是，松堂高盛提出俗眾應內信佛法，外遵「五常」的儒家世俗道德，其教說與本願寺蓮如的主張極為酷似。例如，蓮如倡說「仁、義、禮、智、信」，亦即恪守五常，並以「王法」為先行動，內心則以「本願他力的信心」為根本（《遺文》八十四號）。或是首先以「王法」為基礎，以「仁義」為首要，尊重「世間通途之儀」，「當流安心」則是「深蓄內心」，不可表露於外或示於他人（《遺文》八十六號）。

佛教的「信心」是個人內在問題，外在道德是遵守「五常」、「世間通途之儀」。森龍吉針對蓮如的前述主張，將之視為在「政教分離」概念上具有前瞻性的說法（森龍吉，一九七九）。然而，若讀松堂高盛的法語，這種「政教分離」的概念，毋寧說是在「鎌倉新佛教」得以在地方發展的時代中，所呈現的一種對信仰或信心的普遍認知。慶長十八年（一六一三）十二月發布的江戶幕府禁教令（〈伴天連追放之文〉），敘述日本於外在實踐「五常至德」，於內在皈依「一大藏教（佛教）」，由此可假設這種信仰邏輯在當時已是廣泛共有。與世俗規範、道德有所區別的內在世界信仰，換言之，就是「王法」、「佛法」在聖與俗的個別領域中和平共存。這種信仰方式，成為當時擴大佛教信仰的基礎。

# 第二節　戰國大名與佛教

## 一、戰國大名對佛教的管轄行動

十五、十六世紀在日本各地出現的戰國大名，與當時的佛教發展維持密切關係。戰國大名領國內的所屬寺院因受其管轄，必須接受領地檢地（領主為計算年貢或賦役而進行土地調查）及課役。在戰國大名管轄之下，寺院擁有許多特權，例如不入寺內（治外法權）、課稅或陣僧（以從軍僧身分隨軍同行，為戰歿者舉行供養）等，不僅享有免除傜役的待遇，亦可免除德政（拋棄債權），或免除寺院周圍地區的稅金及課役。

這種統治及管轄，從以下兩項課題中最能凸顯其特性。第一，是藉由本末關係的管轄行動。如前節所述，教團在擴大傳法途徑之時，是以僧侶的師徒關係為基礎，並以寺院的本末關係為媒介。由此可知，教團是透過本末關係來接受戰國大名管轄。基於本末關係發展的寺院管轄方式，令人想起江戶幕府統領各宗派的情形，堪稱是戰國大名推行佛教政策的一大要素。

第二，取締庇護所包庇罪犯的慣性特權。在中世，遭到當局通緝的犯人可潛逃至寺院避難。庇護對象包括強盜或殺人犯、遭通緝的謀反者、躲避敵方追捕的落難武士、試圖逃脫主人制裁的奴隸、期盼與夫離異的妻子。戰國大名對於這些向庇護所尋求保護的慣性特權，開始予以取締及禁止，如此大幅提昇管制力的制度堪稱是前所未有，甚至影響近世寺院的管轄制度。

首先，筆者將透過教團中形成的本末關係，以武田氏、今川氏為例來探討戰國大名的寺院管轄過程。

## 二、武田氏對曹洞宗的管轄行動

永祿三年（一五六〇），甲斐國廣嚴院（山梨院笛吹市）的住持匠山長哲未經朝廷許可，擅自穿著紫袈裟，故遭到譴責被逐出教團，此後決定由開山祖師雲岫宗龍法系的僧侶輪流擔任住持。在此之際，武田信玄（當時名為晴信，以下統稱信玄）對於驅逐長哲及新住持接任之事，皆採取認同的立場（《永昌院文書》永祿三年八月二十六日武田信玄書狀）。由此可窺知曹洞宗雲岫派有意獲得武田氏庇護，並藉以維持教團營運（山家浩樹，二〇〇七）。

永祿八年（一五六五）之際，武田信玄罷黜信濃國龍雲寺（長野縣佐久市）的住持，改由北高全祝取代其位（《永昌院文書》十月十八日武田信玄條目）。這項委派北高擔任住持的條規，是以永昌院及龍華院為對象，而此二寺皆屬於雲岫三派，在甲斐地方深具影響力。信玄撰此條規之目的，是在於統轄領國內的曹洞宗勢力（遠藤廣昭，一九八六；山家浩樹，二〇〇七）。

根據龍雲寺的寺傳〈太田山實錄〉記載，當時的住持桂室清嫩因對信玄態度無禮而遭罷黜。在前述的條規中雖是罷免住持，卻由曹洞宗長老訴求薦請北高全祝住寺，並指示「雲岫三派」的禪僧必須讓鄰近的諸長老接納此決定。由此可窺知，信玄基於政治意圖而罷黜並重新任命龍雲寺住持，這意味著背後隱含雲岫三派長老的意向。

元龜元年（一五七〇），經由武田領國內的曹洞宗僧侶制定「新法令」，並由六名僧人以傘連判（連署名字以環狀方式排列，表示平等或團結之意）的形式決定（《永昌院文書》元龜元年十月一日龍雲寺全祝等連判狀）。在此時代，經由全體諮議決定的方式稱為「一味同心」，藉此規則團結一致則稱為「一揆」。決定一揆的形式，往往是以參與諮議者的傘連判做為記錄。換言之，僧侶制定的法令是一揆形成的產物。透過一揆規則制定的教團運作，不僅是曹洞宗，甚至連法華宗（湯淺治久，二〇〇九）、第三節所述的真宗本願寺派亦具有共通點，堪稱是當時佛教教團的一大特徵。

然而，「新法令」是由僧侶一揆及大名參與制定過程。根據北高全祝的記載，這項法令是由武田信玄提議且親擬草案，信玄卻堅決反對以個人立場頒布，故改以數寺聯署的形式，進而向朝廷申請獲得「敕書」（《龍雲寺文書》北高全祝置文）。換言之，是融合曹洞宗教團自治、信玄個人意願、天皇權威這三項要素所撰成。由此可知透過一揆建構的教團自律性，在獲得信玄認同及庇護下，可受到某種程度的尊重。

至武田勝賴時期，是由曹洞宗教團幹部制定領國內的教團「法令」，並申請勝賴批准的證判（署名或花押）而獲得公布（《大泉寺文書》天正六年四月二十六日〈御分國曹洞法度之品目〉）。翌年，其追加條項亦獲得勝賴的印判核發（同天正七年二月二十一日〈分國曹洞法度之追加〉）。由此可知大名與教團的關係產生顯著變化（山家浩樹，二〇〇七）。然而經由長老諮議後，此法令規定應懲處違反者及承認教團自治。尤其在翌年，廣嚴院的拈橋倀因向勝賴的近臣跡部勝資請求撤回追加的兩項法令（《廣嚴院文書》二月廣嚴院拈橋倀因言上狀），顯示教團內部的意願多少反映於法令中。

元龜三年（一五七二），武田信玄任命北高全祝擔任「僧錄」，成為其領國內曹洞宗教團的統領者（《龍雲寺文書》元龜三年二月晦日武田信玄判物）。由此可知，信玄欲藉北高來顯示自身對曹洞宗教團的管轄權。然而，武田氏卻無法藉此全面掌控教團。此點可從天正六年（一五七八）請求武田勝賴處理相模國最乘寺（神奈川縣南足柄市）住持任命一事所引發的爭論中顯而易見。

相模國最乘寺是由某特定門派決定住持的任命期限，並實施輪住制（住持輪替制），為此引發定津院的大休玄忠與興因寺州山玄橘之間的爭論，此訴訟是交由武田勝賴進行裁決。勝賴為求裁定，延請北高全祝來至甲斐（《雲洞庵文書》六月十三日武田勝賴書狀）。北高全祝必然出席處理裁決事宜，卻將勝賴的裁定結果傳達於最乘寺（《雲洞庵文書》七月十一日北高全祝、祖養連署書狀），並將勝賴的意願傳達於乘安寺、龍穩寺，表示應由各自宗派自行解決（《龍雲寺文書》九月八日北高全祝書狀）。

由此過程可知，北高全祝是以「僧錄」身分在形式上接受武田氏的委任裁定，但實質裁定者卻是勝賴（山家浩樹，二〇〇七）。據傳兩寺皆不服勝賴裁定，紛紛改託自寺的護持檀越以訴諸武力來解決此事（《信州臨川山定津禪院年表》）。由此可見，武田勝賴的裁決無非是憑藉足以左右教團存亡的大名出面斡旋而已。武田氏雖有能力介入教團，曹洞宗教團在各方面仍維持自治立場。至少在表面上，武田氏是尊重教團以一揆形式運作。

## 三、今川氏對寺院的管轄行動

戰國大名的寺院政策中，以今川氏是藉由本末關係來管轄寺院的型態最為人所知。身為今川氏一員的太原崇孚雪齋，在其氏族中以擔任參謀幕僚而知名，亦曾出任臨濟寺（靜岡縣靜岡市）住持。臨濟寺收藏西元一五五〇年代後期（弘治二年—永祿元年）各塔頭及所屬寺院的申報文書（以下稱為〈臨濟寺末寺帳〉），此文書記載以臨濟寺為首剎的本末關係，範圍從臨濟寺各塔頭管轄的末寺，至末寺之下附屬的末寺。

〈臨濟寺末寺帳〉顯示了今川氏利用各末寺將臨濟寺奉為首剎的本末關係，藉此做為輔助統轄領地寺院的機制。這種方式，令人想起近世的各宗派寺院透過總本山來接受幕府管制。當今川氏掌控的駿河國、遠江國勢力遭到瓦解，武田信玄入其領國後，「末寺帳」改呈交於信玄。在歷經監督查證後，信玄依照記述內容而承認臨濟寺及諸寺的本末關係，由此可窺知武田氏是繼承今川氏的寺院管轄政策。

然而，如此藉由本末關係的管轄行動，並非由今川氏單方推行，而是臨濟寺住持雪齋擴大傳法途徑的結果，必須由今川氏結合雪齋勢力方能行使（桑田和明，一九七八）。〈臨濟寺末寺帳〉記載了包括領主私建菩提寺在內的寺剎，這些寺院原本並非臨濟寺的末寺，卻因各種狀況而歸由臨濟寺管轄。首先從各寺與臨濟寺的互動關係中自然形成本末關係，並透過臨濟寺與今川氏勢力結合，成為今川氏管轄寺院的推動力。

原本並非臨濟寺所屬的寺院卻成為末寺，其先決條件之一正是為了獲得免除課稅的特權。例如，一乘寺原屬於庵原左衛門（今川氏家臣）領地的草庵，並非向今川氏繳稅的寺院，卻為了逃避屢次被催繳「公方役」（今川氏的徵稅）而成為臨濟寺末寺，被記入〈臨濟寺末寺帳〉之中。同樣實例尚有今川氏進攻三河之際，大津的太平寺住持與臨濟寺住持系出同門，故成為其末寺，可藉此免除今川氏徵求的各種徭役（《太平寺文書》天文十七年十一月十九日今川義元判物）。

換言之，〈臨濟寺末寺帳〉記載的本末關係，主要是由臨濟寺擴大傳法途徑及各寺事蹟所構成，而非為了今川氏蓄意管轄才採取如此方式。毋寧說是與武田氏的情況同樣，寺院是基於利弊考量而組成自律性教團，如此大名方才給予庇護及管轄。

## 四、戰國大名與庇護所

對於中世寺院具有庇護所的特徵，歷史學家平泉澄及早就開始關注此課題，庇護所隨著政權統一逐漸消失的說法，自平泉氏提出以來已成為通論（平泉澄，一九二八）。這項說法是指中世社會具有一項特徵，就是固有權力主體在各地分立，導致「政府威信不足」，在此社會中生存的庇護所，則隨著政治權力分散化的情況消除後，亦在近世逐漸消失。網野善彥將庇護所視為源自於「無緣的原理」（無緣是指不受世俗權力掌控，與塵俗絕緣之意）這種根植於民眾世界的自由意識，提出假設認為近世的庇護所是「更廣泛保持其生命力」，並支持平泉澄的通論（網野善彥，一九七八）。

實際上，從史料中可發現戰國大名採取各種方式取締庇護所的例子。例如以伊達氏《塵芥集》為首，肥後國相良氏《相良氏法度》、下總國結城氏《結城氏法度》等，在戰國大名制定的分國法中，皆有禁止寺院藏匿通緝犯的法令。此外，從關東的北條氏、三河的德川氏，以及豐臣秀吉頒布於大德寺的制札中，可發現大名頒布制札之際，明確記載寺院禁止藏匿「罪犯」，（《大德寺文書》天正十二年七月十八日朱印狀）。如同平泉澄提出的通論般，戰國大名加強取締成為庇護所的寺院，已成為當時趨勢。

另一方面，寺院住持藏匿罪犯，或乞求饒恕犯人死罪的情況屢見不鮮。本章第一節提及的常陸國下妻多寶院住持獨峰存雄的軼事，即是代表之例。此外，薩摩國福昌寺（鹿兒島縣鹿兒島市）住持守仲為了抗議島津氏的吏人在寺內殺害兩名武士，故而捨寺出走。此後島津氏雖派家臣說服，守仲仍拒絕返寺，最終是由領主島津義久親自出面迎請，方得以勸返（《上井覺兼日記》天正二年十二月二十日條）。

同樣例子，尚有下總國東昌寺（茨城縣猿島郡）住持（《東昌寺文書》四月十三日簗田高助書狀）、安房國延命寺（千葉縣安房郡）住持（《吉田穀家所藏文書》三月十三日里見義賴書狀）。東昌寺的情況是簗田高助為了懲處罪犯，必須再三說服住持，延命寺則是住持與領國大名里見氏互為對立，最終由里見義賴請求住持返寺。住持將離棄寺院視為一種可確保對戰國大名表達強烈抗議的手段，其背景因素就在於社會普遍認同僧侶為犯人求情免罪乃是天經地義之事（神田千里，二〇〇二b）。

若從上述實例來看，通論指出戰國大名取締庇護所是消滅庇護所的第一步，如此說法確實有待商榷。毋寧說另有一種說法亦可充分成立，就是戰國大名是基於僧侶或寺院的宗教權威與自身擁有的俗權之間維持共存，並在此前提下以和平共存為目標，逐漸施行必要的管轄統治。誠如本節開頭所述，最近的研究顯示至近世仍有寺院庇護所廣泛存在（佐藤孝之，二〇〇六），故而必須重新檢視通論主張庇護所在近世已消失的說法。

## 五、聖俗共存政策

與室町時代相較之下，宗教在戰國時代的社會生活中比重偏低，但對現實的影響力卻依舊深遠。至十六世紀後期，出現謠傳比叡山的正覺坊重盛接受武田信玄、北條氏康的請託，試圖詛咒上杉謙信（當時名為輝虎，在此統稱為謙信）。正覺坊向謙信的重臣表示此事純屬子虛烏有，昔日其先師空運就曾拒絕信玄要求詛咒謙信，祈求上杉氏武運昌盛更是從未間斷，今後亦復如此（《上杉家文書》八月十八日正覺坊重盛書狀）。正覺坊進而致書上杉謙信，報告自身在根本中堂為上杉家祈求武運長勝（同上）。

由此可窺知，即使是戰國大名之間的征戰，宗教祈求或詛咒所蘊含的力量仍深具意義。對戰國大名而言，寺院或僧侶雖是足以左右軍事力量的要素，仍需依照適切的法令習慣執行管轄，但並非以削減其勢為目的而予以制壓。

對於引發一向一揆的真宗本願寺派，亦有戰國大名禁止其教團在領地發展。除了肥後國相良氏、薩摩國島津氏之外，全起因於本願寺與大名發生政治糾紛所致。例如，北條氏曾一度禁止「一向宗」在領地發展，卻在面臨與上杉氏抗爭之際，為了結合加賀、越中的本願寺門徒勢力而解除禁令（神田千里，一九九八b）。佐竹氏在裁定訴訟過程中，曾一度禁止信仰本願寺派，但在披讀本願寺門徒提呈的蓮如著作《御文》後，亦解除禁令（《天文日記》九年五月十八日條）。由此可窺知大名是暫時禁止真宗本願寺派，其原因卻非出自教義問題。相良氏、島津氏取締「一向宗」信徒的原因，就在於該宗具有咒術特質所致（神田千里，一九九八a）。

戰國大名並未排拒領地內的某些特定宗派，而是以各宗派共存為原則。今川氏制定的分國法《今川假名目錄》禁止諸宗進行宗論，武田氏的《甲州法度之次第》亦禁止淨土宗與日蓮宗舉行宗論。天正七年（一五七九），淨土宗與法華宗於安土城進行宗論對決（安土宗論），亦是織田信長試圖壓制宗論發展，而非如過去假設般是以彈壓法華宗為目的。

從擔任宗論審判者的因果居士所遺留的紀錄來看，可知織田信長指示審判者給予淨土宗更有利的判決，並蓄意設計讓法華宗敗退（辻善之助，一九五二），故被認為是信長企圖彈壓法華宗。但從參與宗論的法華宗僧侶所撰的《安土問答實錄》中，可知信長在宗論之前曾斡旋雙方盼求和解，可知應非設計逼使法華宗陷入宗論之爭。

織田信長對於宗論失利的法華宗僧，曾言：「無人褒揚法華宗旨，因爾等抨擊他宗之故。爾等褒揚自宗宗旨，他者無有惡評，爾等卻抨擊他宗宗旨，故遭人憎惡」（《安土問答實錄》），信長的意圖則在於取締宗論（神田千里，二〇〇三）。

如同曹洞宗教團在武田信玄管轄之下，是以一揆方式制定規制般，當時的佛教教團是透過諮議來自治營運。然而，猶如法令是由信玄起草，或必須透過朝廷頒布「敕書」般，有時仍需要天皇或大名的權威認可。戰國大名對佛教教團所採取的態度，是包容其自治立場，在必要場合才介入仲裁。附帶一提，織田信長不僅認同尾張國（愛知縣）小松寺、遍照寺針對寺院周圍居民所制定的「寺家法度（法令）」，對於京都妙心寺方面，亦承認其長老等人協商制定的「妙心寺法度」，在寺方達成協議後承認其自治管理（神田千里，二〇〇二a）。

# 第三節　一向一揆的特質

## 一、通論中的宗教一揆

過去認為民眾宗教運動的一向一揆、法華一揆，是在幕府與守護大名、莊園領主等統治階級受到應仁之亂影響而式微的情況下，採取武裝起義的形式予以顯現。而此見解獲得以下兩種論點支持。

首先，這類型的民眾宗教運動或武裝抗爭行動，是由特定宗派或教團成為主執行者。一向一揆通常是由真宗本願寺派教團的武士或「百姓」（平民的中世用語）擔任武裝抗爭行動的主執行者，並由本山的本願寺或本願寺派寺院的僧侶為指導者。法華一揆同樣是以京都法華宗寺院的僧侶為指導者，並由滲入京都居民生活的法華宗檀越擔任武裝抗爭行動的主執行者。雙方皆是透過某一特定宗派凝聚成員後所組成的武裝抗爭團體。換言之，這些團體具有組織一揆的鏈結功能。

其次，過去一貫認為一向一揆、法華一揆是遭到掌握統一政權的織田信長所彈壓而面臨瓦解。一向一揆的情況，是信長擁立足利義昭入京就任將軍之後，一向宗徒隨即於元龜元年（一五七〇）響應淺井、朝倉等反織田勢力的大名而發動武裝抗爭，與信長斷續進行交戰。後至天正八年（一五八〇）向織田信長求和之際，以交出當時本願寺的根據地大阪之後撤退做為條件，亦即所謂的全面投降，一向一揆才就此瓦解。

至於法華宗徒的一揆抗爭行動，則非針對織田信長。天文法華之亂是宗徒與大名之間相戰，一時面臨被驅逐的迫害。此外，過去認為信長於天正七年（一五七九）在其大本營安土城舉行安土宗論之際，法華宗徒遭到信長彈壓。但如前節所述，信長在舉行安土宗論之際，並無意彈壓法華宗徒。一般觀點卻將此事件定義為法華宗教團向信長表示屈服的象徵。

如以上兩點所示般，教團組織武裝抗爭與遭受統一政權彈壓，是支持民眾發起宗教一揆、宗教運動這項觀點的兩大支柱。然而，近年研究逐漸採取從相對立場來探討。如同過去將一向一揆、法華一揆比擬為歐洲中世的異端運動般，以鬥爭模式為基礎構成的宗教一揆形象，實有再檢討之必要。

## 二、「宗教一揆」的實貌

宗教一揆的情況，通常可假設是出自以下兩種宗教運動中的某一類型。這兩種類型分別是信徒為了抵抗彈壓而組織一揆抗爭，或是以教祖提倡的教義為基礎，遵循教主理想而試圖實現宗教王國。例如，島原之亂就屬於後者類型（神田千里，二〇〇五）。換言之，若提起宗教一揆，一般是指護教運動或建立宗教王國運動中的任何一方。然而，一向一揆是無法基於這些觀點來探討。戰國時代的執權者確實對「一向宗」常懷疑慮，屢次進行取締。如前節所示，執權者與本願寺是基於一時政治關係破裂而對教團採取處置，或是對山伏、下級神官、陰陽師、琵琶法師等能驅使咒術的民間宗教人士懷有戒心而進行取締，並非基於教義問題而採取彈壓之策。至今尚未發生因真宗的教義問題，而導致領國大名心生危懼之例。

另一方面，亦無法將一向一揆視為宗教王國運動。學者曾提出見解，認為本願寺教團使用的「佛法領（一切財物皆歸阿彌陀佛所領）」一詞，是指本願寺門徒欣求現世得以實現的宗教王國（黑田俊雄，一九五九）。然而，此項見解經由實證研究而遭否定（遠藤一，一九八三）。「佛法領」一詞並非指否定現世的宗教王國，而是與現世秩序並存的「佛法轄區」。具體而言，由世俗法支配的領域和平共存的信仰活動領域，是指在現實中存在的本願寺教團。戰國時代的本願寺教團中，並未發現欲將虛幻的理想宗教王國在現世中予以實踐之例。

天文五年（一五三六），京都發生法華宗徒與山門（延曆寺）及大名交戰的事件，稱為天文法華之亂。研究者將此事件解讀成是為了彈壓法華宗的宗門教義，如此看法則遭到質疑（河內將芳，二〇〇二）。換言之，無法就此將一向一揆、法華一揆視為宗教運動。但在實際上，一向一揆多以本願寺門徒為主執行者，並以本願寺或本願寺派寺院為指導者，法華一揆亦是如此。那麼，為何屢次產生這種以教團成員為核心的一揆事件？以下筆者僅針對一向一揆做探討，在追溯其歷史發展之際一併思考此問題。

## 三、與山門抗爭

戰國時期的一向一揆首次現身歷史舞台的時間，是自十五世紀中葉之後，是以本願寺的蓮如所推行的傳法活動為軸心發展。本願寺約於應仁之亂發生前十年，開始在近江國（滋賀縣）擴大傳法途徑，山門（延曆寺）眾徒對此深懷戒心，襲擊破壞當時位於京都東山的大谷本願寺，甚至攻擊近江的本願寺門徒，稱之為「寬正法難」。部分近江門徒集結於金森，與延曆寺眾徒相戰，此事件被視為最早的一向一揆。一般認為山門眾徒破壞本願寺與襲擊近江門徒，是顯密佛教勢力對鎌倉新佛教的施壓行為，其實此看法並不恰切。

首先，唯有本願寺派遭受山門攻擊，即使同屬真宗系統，山門眾徒認為高田派「有別於本願寺派」，故未施加迫害，佛光寺派則受到天台宗妙法院庇護而免受攻擊。此外，為山門眾徒與本願寺進行停戰斡旋的青蓮院（天台宗三門跡之一），將本願寺視為「候人」（受保護者）並予以庇護。光從此點來看，不難推測從宗教對立的角度來探討顯密佛教的天台宗與鎌倉新佛教的真宗之間的關係，是不恰當的觀點。

其次，根據真宗寺院本福寺（建於十六世紀，位於近江國堅田）的紀錄《本福寺跡書》所述，本願寺派試圖藉由當初的宗論，亦即在統治者進行裁決的地點舉行教義論爭之際，以採取對決的立場抵抗山門的攻擊。實際上，當時蓮如正向幕府提出訴訟（《大谷大學所藏文書》二月四日蓮如書狀）。又根據《本福寺跡書》所述，宗門教旨對山門眾徒而言並非問題所在，獲取「禮錢」（協商費）才是其目的。蓮如的嫡子順如最終放棄本願寺次任住持之位，改由五子實如繼任。此事件是由本願寺以山門西塔院末寺的立場，繳納「末寺錢」三十貫之後達成協議而告終。最後繳納的「末寺錢」，是本願寺即使至十六世紀獲得加賀國主身分，與山門處於對等以上的地位，依舊必須繼續繳納（《天文日記》），這無疑是與宗門教旨的問題毫不相關。

若只針對山門眾徒攻擊本願寺的例子來看，顯密佛教勢力對鎌倉新佛教教團採取彈壓的模式在此並不適用，顯得毫無意義。毋寧說是兩者勢力的私鬥，而此鬥爭是源於本願寺教團在獲得幕府要人支持的背景下擴大傳法途徑，山門延曆寺為此深懷戒心所致（神田千里，二〇〇七）。

## 四、加賀一向一揆

此後，蓮如以越前國（福井縣）的吉崎為據點傳法，加賀國（石川縣）、越前國的門徒紛紛來此聚集。此時，加賀的守護大名家受到應仁之亂的對立情勢所波及，分裂為東軍的富樫政親、西軍的守護富樫幸千代，兩派家臣與在地領主之間亦抗爭不斷。文明六年（一四七四），本願寺門徒支持富樫政親，攻破幸千代勢力，擁立政親重獲守護的地位。時隔未久，本願寺門徒與政親形成對立，繼而擁立其族人富樫泰高，長享二年（一四八八）消滅困守高尾城的政親。這項著名事件，稱為加賀一向一揆。

那麼，加賀一向一揆的門徒在信仰上發揮何種效果？如同蓮如在《御文》所述般，是以越前國的大名朝倉氏與末寺本覺寺等為根據地，開始在越前國吉崎傳法，大量聚集念佛信徒，導致吉崎的真宗發展隆盛，刺激平泉寺、豐原寺等白山信仰勢力。然而，文明六年發生的一向一揆，卻是本願寺門徒結合白山眾徒勢力，與同門的高田派形成對立。

在吉崎已獲得一定地位的真宗支派高田派，對本願寺派在當地發展隆盛的情況深感危機，故向加賀國的守護大名富樫幸千代提出要求裁決，並獲得幸千代支持，遂與本願寺門徒勢力相抗。相對於此，本願寺門徒可說勢必選擇與敵方的富樫政親結盟。本願寺門徒面臨高田派與守護幸千代結盟的敵對情勢，遂以高揭「打倒法敵的聖戰」為口號，與富樫政親、白山眾徒勢力結合，蓮如亦認同本願寺派與高田派、富樫幸千代的交戰是「打倒法敵之戰」。經此戰役後，富樫政親驅逐幸千代並就任守護之職。不僅是本願寺門徒，加賀地區亦廣泛接受「打倒法敵之戰」的一揆口號（神田千里，一九九八a）。若光就此次一向一揆來看，本願寺派戰勝高田派及守護大名，堪稱是護持教團的武裝抗爭行動。

時隔未久，本願寺門徒卻以郡為規模組成「郡一揆」（木越祐馨，一九九六；神田千里，一九九八a），並與富樫政親發生糾紛，蓮如為此逃返畿內。蓮如離開北陸的原因，是基於本願寺門徒介入政治抗爭，與文明六年是為了守護本願寺派而交戰的情況無關。根據一則軼事所述，當時加賀的本願寺門徒占據公家及寺社、幕府奉公眾所屬的莊園，幕府與朝廷再三請託蓮如訓誡門徒，他卻從初時就予以推辭，認為此事並非「佛法領」（《今古獨語》）。就蓮如的基本立場來看，所謂「佛法領」是指在信仰領域中貫徹個人信仰，在世俗的「王法」領域中遵從統治者。如此立場，與耶穌基督所言：「凱薩的應當歸給凱薩，上帝的應當歸給上帝」十分相似（渡邊京二，二〇〇四）。「佛法領」的說法，亦可見於第一節所提到當時其他宗派人士將「王法」視為世俗道德、「佛法」信仰視為內在層面的言論之中。此外，第二節提到戰國大名的宗教政策，基本上是對佛教教團自治表以尊重，「佛法領」與此亦有相通之處。

長享二年發生長享一揆的主因，就在於東軍、西軍在應仁之亂之後形成對立所致（井上銳夫，一九六八）。富樫政親與將軍足利義尚關係深厚，東軍大名的地位屹立不搖。加賀地區自古即是西軍的根據地，大部分的加賀武士與富樫政親缺乏維繫長久關係之必然性，本願寺門徒亦是如此。本願寺門徒一旦與富樫政親形成對立，就改立守護大名親族之中的富樫泰高，並消滅政親勢力。

加賀一向一揆是以長享一揆之名而為人所知，若將此行動視為推翻守護大名的宗教一揆，則是在認知上犯下雙重錯誤。首先，一般認為是由本願寺門徒擁立富樫泰高成為加賀國守護，並非推翻守護大名，而此次交戰僅是守護家的內部紛爭而已（金龍靜，一九七六）。此外，就像蓮如認為此次抗爭與佛法無關般，僅是由本願寺門徒成為擁立泰高的主要勢力，完全與護法或宗教王國的問題無關。

## 五、石山合戰型的一向一揆

除了加賀一向一揆與當地政府形成對立之外，尚有一向一揆與幕府政治有所牽涉的類型。十六世紀的政局中，將軍家因分裂而出現兩名新將軍人選，而幕府內擁有最大勢力的細川家亦面臨分裂，導致家督之爭頻傳。在此情況下，本願寺與將軍家或大名維持密切關係，往往追隨其中一方，命令諸國門徒發動武裝抗爭。著名的石山合戰就是一例，筆者決定將這些類型暫稱為「石山合戰型的一向一揆」。

例如，永正三年（一五〇六）的永正之亂，是影響區域極廣的著名一向一揆，其中牽涉到細川政元與足利義稙（此時名為義尹，姑且統稱為義稙）的對立。足利義稙因遭政元奪取將軍之位而逃離京都，為求返京而與越中畠山、越前朝倉、周防大內等擁有強大勢力的大名結為盟友。本願寺則支持細川政元擁立足利義澄成為新任將軍，遂命諸國門徒響應一揆行動。越中、越前、加賀等地的本願寺門徒加入細川政元的陣營而出戰。河內、丹後、能登、美濃、三河等地，則因本願寺門徒進行武裝抗爭與足利義澄的軍勢進攻，造成大量戰亡者（《東寺光明講過去帳》）。

永正之亂是本願寺門徒在廣大區域發動的大規模武裝抗爭，發生主因在於將軍家的內部對立，以及幕府掌權者之間的政治對立（新行紀一，一九六一；井上鋭夫，一九六八），與教義或信仰並無關聯。然而，本願寺聲稱「為佛法」而動員門徒，此點十分值得關注。本願寺在世俗層面是遵從統治者，但在信仰層面上，則是必須堅持自蓮如以來不惜採取武力抗爭的原則。其背景因素就在於一項不成文規定，就是原本應具有無上權威的本願寺法主，卻需經由所有門徒同意方能擔任其職（神田千里，一九九八a）。

無論是身為親鸞後嗣，或具有可繼承公家身分的絕大權威，本願寺法主仍需受到教團一揆組織所護持。就此點來看，可發現本願寺教團亦具有如前述曹洞宗教團般的一揆組織原理。法主受到門徒全體支持而具有無上權威，擁有強大的動員權，但此動員力仍需經由門徒認同方能充分發揮。故以本願寺的政治利害關係為前提進行動員之際，不得不遵守蓮如制定的唯有為「佛法」才能動員的原則。本願寺是基於寺內危機即是「佛法」危機的邏輯來動員門徒，而此邏輯亦運用在日後的享祿、天文之亂及石山合戰之中。

本願寺以畿內為中心動員門徒，與細川晴元、木澤長政等在畿內擁有勢力的大名交戰。此一向一揆恰屬於上述類型，發生時間為享祿五年（一五三二）至天文四年（一五三五），故稱為享祿、天文之亂。此次爭亂同樣是將軍家面臨對立，將軍足利義晴與被稱為「阿波公方」、「四國室町殿」的足利義維處於對立局勢，畿內大名以此事件為導火線而引發相戰，本願寺則介入抗爭中。

此時，本願寺門徒與統治階層屢次相戰，勢力強大的大名畠山義宣、三好元長在本願寺門徒的攻擊下紛紛陣亡，大和的本願寺門徒則發動一揆攻擊興福寺。當時，山科的本願寺遭到法華宗徒、六角氏軍勢、細川晴元率領軍所討伐，寺院付之一炬。一向一揆軍困守於大坂本願寺中，最終處於劣勢，與細川晴元修睦關係後，獲得將軍足利義晴赦免其罪。一向一揆軍勢是採取與大名為敵而戰的立場，亦有見解認為可稱之為第一次石山合戰。然而，此次戰亂不宜被視為宗教一揆或民眾反抗運動的原因，在於本願寺介入將軍家及幕府內部的政治抗爭而動員門徒，此為不爭之事實。

## 六、石山合戰爆發

石山合戰是屬於前述一向一揆的典型之例，亦是在與幕府統治階層抗爭之下所產生。本願寺於元龜元年（一五七〇）發動武裝抗爭之際，織田信長與其擁立的將軍足利義昭掌控畿內地區。另一方面，三好三人眾（三好長逸、三好政康、岩成友通）曾擁立足利義維（阿波公方）之子義榮並掌握實權，在遭到義昭、信長驅逐之後展開反攻，近江六角氏、越前朝倉氏、近江淺井氏等亦紛紛響應。本願寺響應三好三人眾，加入反信長陣營，動員諸國門徒發起武裝抗爭。

織田信長原本無意迫害本願寺教團，當時的本願寺法主顯如向門徒宣稱信長刁難本願寺，甚至不惜宣戰毀寺，此事為史無憑據。反而是文獻記載本願寺突然爆發武裝抗爭事件，讓信長陣營感到「震驚莫名」（《細川兩家記》）。原本顯如曾致函以示歡迎擁立足利義昭的信長入京，兩者關係可說並非公然對立。本願寺發動武裝抗爭之際，正值義昭、信長軍勢進攻困守在野田、福島的三好三人眾，該地與本願寺僅是咫尺之遙，故對本願寺的攻勢猝不及防（神田千里，一九九五、一九九八a、二〇〇七）。

織田信長與淺井、朝倉氏抗爭之際，近江國的門徒加入淺井軍而迎戰，伊勢國長島城的願證寺動員門徒發起武裝抗爭，攻潰信長之弟信興軍勢而逼其自盡。本願寺是採取與淺井、朝倉氏同盟的立場而戰。元龜三年（一五七二）秋，武田信玄與淺井、朝倉氏結盟而背離信長，足利義昭轉投於信玄陣營。此時，本願寺與義昭、信玄結盟，響應義昭的抗爭行動。後因信玄病逝，武田軍撤退，義昭不敵信長攻勢而離京，信長遂消滅淺井氏、朝倉氏。本願寺喪失盟軍助援，欲與信長求和，信長於天正元年（一五七三）接受談和。

## 七、本願寺再度發動武裝抗爭

然而，越前於翌年發生一向一揆，越前大名的朝倉氏家臣前波長俊在朝倉氏滅亡之際投靠織田軍，此時卻遭本願寺門徒所滅，其領國落入本願寺掌控中。本願寺立即派遣一揆組織的領導者，在大坂發起武裝行動對抗織田信長。信長派遣佐久間信盛、細川藤孝、明智光秀等人前往大坂，命其進攻本願寺，自身則率軍包圍伊勢國（三重縣）長島的一向一揆軍，採取斷絕兵糧的進攻策略。一揆陣營請降求和，信長卻不予置理，徹底進行殲滅，並將求降的一揆群眾誘騙討伐，進行無差別殺戮，或以火焚困守者等，歷經悽慘殺戮後，將伊勢長島的一向一揆勢力消滅。

翌年，對越前一向一揆進行總攻擊並殲滅其勢，進而搜索餘黨悉數處決，逼使本願寺門徒強制改宗為真宗高田派。這無疑是對門徒進行信仰迫害，高田派亦屬真宗門派，但值得關注的是，織田信長並未敵視真宗教義。本願寺在進退維谷的情況下乞和，信長亦「赦免其罪」，比照前次的一揆同樣接受本願寺的停戰請求。

天正四年（一五七六），足利義昭前往備後國（廣島縣）鞆城，受到毛利氏庇護，懇請諸國大名盡力協助義昭返京。越後國（新潟縣）上杉謙信、甲斐國（山梨縣）武田勝賴、相模國（神奈川縣）北條氏政紛紛響應毛利氏，集結各國具有號召力的戰國大名，形成抵抗信長勢力的包圍網。本願寺亦響應足利義昭的號召，與信長展開第三次交戰。諸國門徒集結於大坂，採取守城戰術，前後約與信長軍交戰五年，就是歷史上著名的「石山合戰」。

天正七年（一五七九）歲暮之際，織田信長策動朝廷，由天皇勸導已漸處劣勢的本願寺與織田陣營談和。本願寺協定決意放棄寺地，退離大坂，其代償是准許諸國內的本願寺教團可繼續維持發展。雖然一時仍有主戰派擁立顯如的嫡子教如而支持繼續抗戰，最終亦向信長屈服，石山合戰在協定下宣告終結。

## 八、織田信長與一向一揆

若觀察上述的石山合戰發展過程，首先矚目的是經常由本願寺方面發動戰事。元龜元年（一五七〇）、天正二年（一五七四）、天正四年（一五七六）的交戰，皆由本願寺陣營響應反對信長而挑發事端。信長陣營究竟是如何因應挑戰，對本願寺教團又是採取何種彈壓或威嚇，至今仍未知其詳。

對照之下，織田信長則是接受談和或「赦免」本願寺。天正元年（一五七三），本願寺敗跡漸露，已無談和優勢，信長對此同意停戰。天正三年（一五七五）於越前的徹底殲滅戰術，是信長對本願寺採取的穩當「赦免」方式。天正八年（一五八〇），信長蓄意揭示天皇權威，承認諸國的本願寺教團可繼續維持，即使衍生出擁立教如的抗戰派繼續抵抗，依舊進行談和而未予以責咎。進行最終和談之際，本願寺陣營在信長要求下退出大坂，此事是與確認信長在和談中已處優勢，亦即在與戰國大名締結和平協定之際必須割讓部分領土（本願寺將寺地交由信長陣營）的情況屬於同一性質。

對於信長迎戰是為了消滅本願寺及其教團的觀點，筆者並不同意。例如，石山合戰發生後的天正十年（一五八二）二月，在顯如住寺的紀伊國雜賀發生領主紛爭，本願寺介入調停糾紛，卻反受牽連而深陷危機中。信長為了「守護」身為「門跡」的顯如，派遣家臣野野村三十郎（《晴豐公記》天正十年二月六日條）。諸國的本願寺門徒前往紀伊雜賀拜詣顯如之際，得以獲得通行安全的保障（《本願寺文書》天正九年三月織田信長朱印狀）。

如同十七世紀末成書的《陰德太平記》所流傳的見解般，一般認為織田信長進攻大坂本願寺是為求寺地，此點與石山合戰發生的始末有所矛盾。信長若以謀求石山寺地為目的，當本願寺處於劣勢，分別於天正元年、三年乞和之際，信長就應以繳交寺地做為條件，為何當時卻沒有採取行動，此點並不合情理。信長要求寺地做為談和的代償，是在兩次乞和之後的天正八年。

織田信長與一向一揆結下不共戴天之仇的例子，最常被引用的就是前述的對伊勢長島一向一揆進行大量殺戮，以及對越前一向一揆進行的殲滅戰。然而，如此強烈凸顯信長企圖消滅本願寺教團的大量殺伐行徑，亦出現在戰國大名的會戰中。例如，天正十三年（一五八五），伊達政宗攻克大內定綱軍困守的小手森城之際，隨即殺害城主及親眷五百餘名，婦孺、飼犬皆無一倖免。結果造成大內軍的四名城主請降，其餘四名棄城逃亡（《佐藤文右衛門氏所藏文書》八月二十七日伊達政宗書狀）。如同政宗引以為豪的戰績般，其目的不在於殲滅敵軍，而是一種為向敵陣誇示己力的戰術。

織田信長與一向一揆交戰之際，並非經常採用大量殺伐的戰術，有關此部分的詳細解說請另行參考拙著，在此不多贅述（神田千里，一九九五）。此外，亦有接受一向一揆請降，或赦免不曾參與武裝行動者的例子。信長並非僅針對一向一揆進行無差別殺戮，而是運用在大名之間的會戰中。無差別殺戮並不足以顯示信長與一向一揆在本質上所處的敵對關係。在此補充說明，著名的信長下令火攻延曆寺事件，亦是針對山門眾徒毀棄僧侶原本應維持中立，卻暗自與淺井、朝倉結盟所採取的報復行為，並非針對特定宗教人士或宗教團體所進行。

## 九、織田信長與佛教

原本學者是從織田信長輕視或否定佛教的角度來探討其對佛教的立場，這種見解，並未跳脫出從觀念上來假設信長採取宗教革新的印象論。信長對寺院進行管轄，在某些情況下與宗教團體或宗教勢力形成對立，卻有不少例子顯示其承認佛教徒及寺院擁有特權。如前文所述，戰國大名期盼在領國維持俗權政治，與宗教人士、宗教團體並存。信長的因應方式，亦是延續此方針。信長對於畿內的寺社領，既採取一貫的「守護不入」特權（神田千里，二〇〇二a），亦有如前述般承認寺院自治。原則上，信長試圖讓宗教人士或宗教團體達成彼此共存。

織田信長對佛教抱持否定態度的見解，多出自耶穌會傳教士所傳述的信長形象。耶穌會將信長視為有力後盾而得以進行傳教活動，與日本佛教勢力形成對立，互不妥協，並策動信仰天主教的吉利支丹大名破壞寺社，甚至不惜迫害僧侶。這些傳教士向祖國報告近況時，不可能傳達信長保護佛教的信息，僅強調信長認為佛教是「偶像崇拜」或「迷信」。

另有見解認為，織田信長在安土城天守閣各層設置各種宗教的相關繪畫，試圖表明君臨其上的立場。在此情況下，信長僅是為了確認個人擁有權力及優越感，「將瞧了礙眼的宗教世界繪在日日眺望的各層各室中」，淪為被權力驅使的奴隸。但反觀之下，這些繪畫亦極有可能顯示信長對儒、釋、道等宗教思想懷有一抹憧憬（木戶雅壽，二〇〇三）。

## 十、一向一揆的形象創造

如前所見，一般通論主張織田信長企圖瓦解一向一揆，並對宗教採取鎮壓立場的說法是毫無憑據。戰國時代的一向一揆與大名交戰，並非是一種反權力的明證，而是在本願寺與大名締結同盟下，反映出本願寺門徒的立場是受此因素影響而被動員至戰場，而此說法更為合理。那麼，令人聯想到猶如反權力、中世歐洲異端運動般的日本宗教一揆，其建構的形象又是源自何處？有關這部分的詳細說明，請參閱其他拙著（神田千里，二〇〇七）。一向一揆的具體形象出現在十七世紀的史書中，是近世創作的產物。創作主因大致分為兩類，分別是東、西本願寺派為自派正統性進行論爭所致，以及江戶時代的本山向門徒積極宣傳先祖篤信真宗的故事，亦即所謂的石山合戰傳說。

本願寺於近世分裂為東、西二派，其分裂主因之一，是法主顯如與嫡子教如在石山合戰的最終階段形成對立所致。天正八年（一五八〇）閏三月，原本教如同意隨同顯如與信長講和，卻旋即反悔而坐鎮大坂本願寺，號召諸國門徒繼續抗戰。法主顯如撤離至紀伊國雜賀，教如則在大坂號召與信長持續抗戰，因而導致教團分裂為二。教如經此對立後，最終向信長請降，並向顯如請罪，重返本願寺教團，紛爭暫告平息。然而教如未能繼承法主之位，此後自行創建東本願寺。東、西兩派就此並立，雙方於十七世紀各為其正統性而屢興論諍。

在此情況下，西本願寺為了譴責教如而捏造「鷺森合戰」事件。其內容為織田信長對教如一時毀約而懷恨在心，故密謀消滅本願寺，派遣軍隊攻擊本山。西本願寺以假為真大肆宣揚，聲稱教如是讓本願寺教團陷入危機的首謀，為此痛加撻伐（《本願寺表裏問答》）。故事的特徵在於信長原本對本願寺並無敵意，是怨恨教如毀約才企圖殲滅本願寺，而顯如是基於同理心，了解信長怨忿之由，故而譴責、批判教如背信。

換言之，杜撰史實的西本願寺認為若非教如毀約，信長無需仇視本願寺。然而，無論是反駁對方的東派，抑或再度駁斥的西派，在論爭過程中創造了信長原本就仇視並圖謀消滅本願寺的說法。《明智軍記》、《陰德太平記》等以通俗大眾為對象的軍記物語中，亦採用「鷺森合戰」為題材，並在東、西兩派展開論爭的過程中，讓信長敵視本願寺的形象予以刻板化。

另一方面，東、西兩派的論爭始末，被納入本山教化門徒所用的唱導本（石山合戰傳說）中，將試圖擊潰本願寺的信長形象，從東、西兩派論戰中跳脫而出，成為是其獨自行事的結果（平田德，二〇〇三）。石山合戰的說話傳承，演變為法敵信長與忠義雙全、信心堅固的本山門徒交戰的故事。至十八世紀，軍記物語中出現「一向一揆」的詞彙，意指篤信真宗的門徒發起武裝抗爭行動。一向一揆的形象特質就此產生，戰後歷史學界並未充分檢討其成因就輕易採納其說。由民眾發起宗教運動的一向一揆，以及「天下人」織田信長鎮壓門徒的故事梗概，從此形成普遍認知。

## 十一、世俗與佛法——代結語

在戰國時期，禪宗或真宗等鎌倉新佛教的宗派，受到大名及當地領主的皈依及護持，更與神祇或密教信仰相融合，甚至與喪葬祭祀的習俗維持密切關係，故能滲透至庶民階層。這些教團一般是透過一揆組織而形成自治團體，戰國大名不僅負責統轄，原則上亦尊重其自治方式，對於寺院慣有的庇護所功能、僧侶擁有解救罪犯的特權等，亦賦予某種程度的認可。

以武裝抗爭活動而著稱的一向一揆，亦是透過一揆自治教團而產生，其活動方式並非針對執權者打壓信仰才發起抵抗運動，或以實踐宗教王國為目標而形成宗教一揆，毋寧說是本山對門徒所採取的政治動員色彩十分濃厚。為何戰國時期的本願寺門徒會服從本山命令而採取武裝抗爭？若考量到當時的鎌倉新佛教是與領主、當地信仰、喪葬等庶民生活的重要因素密切糾葛之下逐漸滲透於世間，那麼，日常生活中的寺院與檀越關係就應該成為庶民生活的重要因素。

例如，戰國時代因各地政情相異，在日本國內旅行未必安全，但若能利用「門徒聯絡網」，亦即善用各地本願寺門徒的聯繫功能，就能確保旅途安順（鍛代敏雄，一九八七）。虔誠的信仰紐帶未必輕易受到現實政局所動搖，在亂世的日常作息中，其意義不容小覷。

前述的寺院與檀越的關係，如同寺院具有庇護所功能的象徵般，是與憑藉寺檀關係為基礎的檀徒保護亦有密切相關。近世的加賀本願寺門徒因受到藩妄加臆測其為天主教徒，故而逃入檀那寺請求寺請（庶民向檀那寺證明自身並非天主教徒，而是檀家或信徒）（神田千里，二〇〇七）。對戰國時期的民眾而言，寺檀關係是與以世俗的社會關係為基準，例如基於主從關係的保護或奉公，而與透過戰國大名統治的保護或軍事動員等服軍役的義務所形成的關係同等重要。換言之，所謂的「佛法、王法如車雙輪」（比喻佛法與王法不可偏廢），是指人們既屬於大名、領主的俗權統治世界，亦屬於寺院、僧侶的「佛法領」世界之日常表現。就此意味來說，對於身為檀越的門徒而言，將本山危機視為「佛法危機」的邏輯推演，或許並無不妥之處。

本願寺與執權者的俗權統治和平共存，盡量遵守「佛法領」世界的分際。若說起本願寺，主要是強調其動員門徒的層面，卻不可忽視該寺為了避免介入政治抗爭的關係，盡量努力保持中立的層面。至少從前述的《天文日記》內容可知，法主證如謝絕各地大名請託動員門徒一事，表明其立場與各地政情所引發的門徒武裝抗爭事件毫無瓜葛（神田千里，一九九八a、二〇〇七）。由此可知，應是盡量遵守蓮如在教說中所主張的「王法」與「佛法」分庭抗禮、和平共存。

這種從屬兩方的關係在近世檀家制度中獲得穩定發展，最能鮮明反映的應是一向一揆、法華一揆。大村英昭主張真宗可分為從原教旨主義的教義層面來看的「真宗P」（真宗清教主義），以及從維持日常宗教規範層面來看的「真宗C」（真宗天主教信條）（大村英昭，一九九六）。對於身處亂世的本願寺門徒而言，藉由遵奉法主命令而從軍等方式與本願寺維持關聯，或許可視為「真宗C」的層次。法華宗寺院與法華宗徒的關係，或許可由此類推。

專欄六

# 地圖

黑田日出男（立正大學教授）

無論任何宗教或思想，為了讓自身在世界中找到定位（說明），就需要某種形式的地圖，佛教亦無例外。無論是何種思想家或佛教人士，皆強烈意識到自我身處何地或某場所，如此當然伴隨著地圖式的表象方式。

地圖具有中心與周邊兩種形式，分別是以自我生活地點做為國土中心的地圖，以及描繪某種世界（宇宙）樣貌，並將自我定位於其中的世界圖。例如，若參閱《昭和定本日蓮聖人遺文》（立正大學日蓮教學研究所編，一九五二—五九），可發現諸如天竺、天竺國、五天竺、震旦、震旦國、唐、月氏（月支）、月氏國、月氏五十餘國、西天的月氏國、胡國、西蕃、西域、大蒙古國、西方大蒙古國、西戎大蒙古國、蒙古、百濟國、新羅、新羅國、高麗等異國地名紛紛出現。另一方面，日蓮成長的國土，則記載日本、日本國，日本國土長度是三千五百八十七里，日本有秋津島、本朝、和國、六十六國、兩座島的大地、六十六州等。在書寫這些地名或國名之際，姑且不論日蓮腦海中的認知程度如何，應是對日本國土與天竺、震旦等地區的位置關係有所理解，這與地圖式的表象方式具有密切關係。

那麼，究竟是何種地圖類型？

有關日本圖的線索，就在於「三千五百八十七里」的記載。這是顯示從京都至「外灘」的里程，在中世日本就有相關記錄的地圖，亦即〈行基菩薩說大日本國圖〉、〈南贍部州大日本國正統圖〉等。現存最早的是仁和寺與金澤文庫所傳文獻，地圖史研究者稱之為「行基式日本圖」或「行基圖」，原因為此地圖相傳為行基菩薩所製。

《溪嵐拾葉集》（《大正新脩大藏經》第七十六卷）有三處引用「行基菩薩記」的描寫，其中之一是（八八六頁）：

> 行基菩薩記云，日本其形獨鈷。行基菩薩遍國，國境定、田畠開時，十人可作田，變十人雇。乃至百人可作田，變被雇，如此變作田畠開。其時日本國圖，其形獨鈷形也。

換言之，據傳「行基式日本圖」是奈良時代的僧侶行基在各地弘化時所製作及傳承，其所繪的日本竟與密教法器的獨鈷十分類似。僅是「粟散邊土」的小國日本，居然呈現神聖武器般的獨鈷形象。有關形似獨鈷的日本，日蓮曾述說風格獨特的神話。

如此看來，中世佛教思想似乎是不斷與（以密教為主的）中世神道、中世修驗道進行交流或融混，並以日本為獨鈷形的表象為根據，來培植自國的國土觀念（黑田日出男，〈行基式「日本図」とはなにか〉，《地図と絵図の政治文化史》，東京大学出版会，二〇〇一）。

另一方面，日本中世的世界圖又是如何表象？

過去，地圖史介紹的是法隆寺所藏〈五天竺圖〉，是在《俱舍論》所描述的以天竺為中心的世界中，填寫玄奘三藏在《大唐西域記》中提供各種訊息的世界圖（應地利明，《絵地図の世界像》，岩波新書，一九九六）。這是以釋尊誕生地的神聖天竺為中心描繪的世界圖，「日本」被定位在位居世界邊陲海域東端的小群島。自認是「粟散邊土」般的小國，這種國土意識恐怕是藉此地圖而予以強化。例如《今昔物語》所述般，日本佛教培育天竺、震旦、日本的三國世界觀。

根據前述的《溪嵐拾葉集》記載，有關日本、震旦、天竺的三國世界描述如下（七八五頁）：

以三國習三杵事。示云，天竺者五鈷形國也。震旦者三鈷形國也。我國者獨鈷形國也。此三國者，法示自然道理，三鈷形也。此三國即三寶也。天竺佛生國，故佛寶也。唐土教法流傳國故，法寶國也。仍經論釋義，廣唐土弘我國者，佛法傳來，修行僧寶也。合和為義，一體三寶可思之。

邊陲小國的日本在此是「僧寶」之國，被定位為與天竺、震旦並列的三寶之國。中世日本在宗教或思想上的作為，是在於以日本為中心的地圖「行基圖」中顯現各種表象變化，並發展為日本圖的表象。近年彷彿成為佐證般，又新發現兩種風格特殊的日本圖，分別是京都的妙本寺與鹿兒島縣坊津一乘院所藏。研究者認為該寺針對數量龐大的聖教典籍進行調查及研究，至今並不太重視地圖或平面圖方面，但實際並非如此。既然研究者將地圖納入研究視野，無疑可知今後中世佛教世界所製作的地圖將不斷公諸於世。從這些地圖顯示的表象型態，以及從中讀取的各種訊息，應會將中世日本佛教史的記述與中世地圖的表象世界緊密結合。這是由於佛教史的發展，應透過與國土或世界的地圖表象互為連結而予以掌握。

若觀察這種地圖式的表象世界，將會重視前述的日蓮又是如何認知當時的天竺、震旦、月氏、大蒙古國等國家。相信本書讀者在發現日蓮或許曾目睹的世界圖後，或許亦想確認其所認知的地圖世界。

## 文獻介紹

黑田日出男，〈行基式「日本図」とはなにか〉，黑田日出男等編，《地図と絵図の政治文化史》，東京大学出版会，二〇〇一年。

黑田日出男，〈日本図と他者——行基式〝日本図〟と「三韓」〉，黑田弘子、長野ひろ子編，《エスニシティ・ジェンダーからみる日本歴史》，吉川弘文館，二〇〇二年。

黑田日出男，《龍の棲む日本》，岩波新書，二〇〇三年。

特論

# 變化中的日本佛教觀

佐藤弘夫

東北大學大學院教授

# 第一節　追求「日本佛教」

## 一、追求自畫像

佛教發源於遙遠的印度，歷經各地及長久歲月後，方傳抵日本並成為外來宗教。佛教約於六世紀傳入日本群島，迅速滲透於日本人的生活中，對其世界觀及價值觀造成深遠影響。另一方面，在形成島國思想或文化方面亦發揮功能，成為最重要的知識素材供給源。正因為佛教具有國際性及廣大影響力，日本佛教在近代學界中，往往成為述說日本文化論、比較文化論之際的最佳剖析點。

佛教傳入日本群島後，是歷經何種過程而在地化？在此過程中，是如何與固有信仰產生糾葛而形成某種變化？日本佛教與根植其他地區的佛教相較之下，又具有何種特色？諸如此類的問題反覆提問，藉由許多研究者摸索答案後，逐漸構築日本佛教的樣貌。

這些堪稱是追求日本佛教自畫像的問題設定，以及藉此問題設定而嘗試建構日本佛教的客觀樣貌，必須等到近代歐美治學方法傳入日本後才正式展開。但在此之前，並非完全毫無發展。日本天台宗的初祖最澄或比叡山惠心院的源信，皆強調日本是大乘佛教廣宣流布之地。如此藉由與他國對照來探討日本佛教獨特性的立場，至中世以後，以天竺、震旦、日本的「三國」傳入佛法系統而予以固定化，相關著作有宗性（一二〇二—一二七八）撰《日本高僧傳要文抄》、覺憲（一一三一—一二一二）撰《三國傳燈記》、凝然（一二四〇—一三二一）撰《三國佛法傳通緣起》等。在三國意識逐漸普及化的前提之下，如同清涼寺的釋迦如來像般，標榜是由「三國傳入」的佛像亦出現於世。

對蒙古來襲的危機意識高漲後，將日本視為「神國」的神國思想逐漸高昂。中世的神國思想，是以遙遠彼岸的佛菩薩化現為神之垂迹，故將日本視為神國，並非如通論所述般，是基於一種與佛教世界觀相抗衡的獨善國族主義為基礎。毋寧說是以佛教在地化為前提，在佛教世界觀中積極為日本定位，具有試圖主張其獨特性質的強烈指標性（佐藤弘夫，二〇〇六b）。中世出現風格獨特的「日本圖」，描繪巨龍纏繞日本的模樣（黑田日出男，二〇〇三）。對於蒙古來襲的怖畏，促使在觀念上形成日本是應該受到龍（神之化身）守護的神聖國土。

至近世，日本佛教史的樣貌是藉由佯裝成「學問」的方式來真正進行探求，並由各宗學術研究（宗學）成為主要執行者。各宗在經由德川幕府公認，並於幕府政權統治下獲得安定地位，故應闡明自宗根源及其存在意義、獨特性，從事祖師的真跡鑑定或遺文的引用文獻考證，藉此進行堅實的基礎研究。此時恰是古學（江戶時代儒學學派之一）及國學、考證學等新古典研究方法漸能確立且相繼問世的時代。在重視文獻實證的江戶時代後期的學問環境中，歷經體系化的宗學具有極高層次，至今仍足以參考其成果。然而，宗學是將祖師徹底視為神聖「宗祖」，並以此為前提，在某宗派的歷史領域內探論其意涵。宗學是在各宗派內部完成，將祖師行儀與自宗教學在當時思潮中廣泛予以定位，而非採取與他宗比較來闡明其歷史定位的觀點。

宗學在江戶時代後期逐漸體系化，當時正值歐洲近代知識正式傳入日本島國。當時描述的地動說或球形世界，與日本長期以來所熟悉的、以須彌山為中心的扁圓形佛教世界觀，形成根本立場上的對立。至十八世紀後期之後，以五井蘭洲為首的大阪懷德堂學者，援引西洋天文學知識來批駁佛教思想，首先即是針對地獄極樂之說與須彌山之說進行批判。

面對此類排佛論，淨土宗的文雄（一七〇〇—六三）、律僧普寂（一七〇七—八一）等人懷抱危機意識並接受批判，開始認真摸索適合時代趨勢的新佛教，此時卻尚未形成個人的世界觀或建構佛教史的樣貌。毋寧說是懷德堂的富永仲基（一七一五—四六）發展排佛論，提出足以影響後學及具獨創性的佛教觀。發展排佛論的仲基在《出定後語》（一七四五）等著作中，根據個人獨創的「加上」說、「三物五類」說等方法論，試圖從原始佛教至大乘佛教的發達過程及其發展必然性來進行論證。然而，不僅是佛教宗派，富永仲基更超越神道或儒教、佛教的區隔，以闡明思想發達的一般機制為目標，正因其學術立場太具有獨創性，以致無法在江戶時代對知識分子階級產生廣泛影響。

## 二、發現「鎌倉（新）佛教」

慶應四年（一八六八）三月，幕末維新期的動亂尚未結束，新政府頒布「神佛判然令」，下令神佛分離。這項法令根據的理念，與當時日本群島現有的神佛並無關聯，而是將成為重新創造天皇制國家精神支柱的日本「固有」神祇，從「外來」宗教佛教的束縛中予以解放並獲得自立。然而，這項方針超越新政府本意，經擴大解釋後，在各地引發激烈的破壞寺院行動（破佛毀釋）。

這項破佛運動歷經數年才趨於沉寂，對日本傳統佛教界造成巨大衝擊。明治時代的佛教人士將破佛經驗視為一種受難意識，在心底留下難以抹滅的傷痕，並以此為出發點，在背負極具實踐性的課題之下，重新建構符合近代日本佛教的樣貌。

針對明治時代佛教界所迫切面臨的前述課題，村上專精（一八五一——一九二九）是直接剖析此一領域的代表學者。身為真宗大谷派僧侶的村上撰有《日本仏教史綱》（一八九八），不僅在學術方面確立日本佛教史領域，亦在東京帝國大學講授印度哲學，論述佛教是具備可堪近代學術批判的「哲學」。

至明治時代，學者於一九二〇年代以後針對過去日本社會完全傾服，並接受西洋文明的態度進行批判，開始真正摸索屬於「日本」的事物。主導者正是德富蘇峰、志賀重昂、三宅雪嶺、陸羯南等「明治青年」。他們探討的主題不僅只是推崇西洋文明，而是在重新審視日本的各種知性傳統，發現日本相較於西方，具有更勝一籌的高度文明發展系譜。村上專精試圖在日本佛教中，尋覓出足以與西方分庭抗禮的知識資產，其立場不僅是說明佛教在近代社會中具有實用性，亦順應重視日本傳統文化的風潮。

佛教透過成為一種具有普遍價值的近代宗教而獲得重生，而此課題與淨土真宗的清澤滿之（一八六三—一九〇三）、日蓮宗的田中智學（一八六一—一九三九）具有共同點。兩者與村上專精是處於同一時代發展思想活動的學僧。清澤滿之發現，當眾人面臨迅速近代化而心感徬徨、開始摸索自我之際，親鸞的教理或許可提供人生指標。田中智學則將近代國家日本應邁向發展的理想形象，與日蓮所提出的立正安國思維邏輯相互重疊。清澤與田中的立場雖異，但從近代的角度來試圖對鎌倉佛教進行解釋，並由此發現超越時代的普遍價值此點，兩者則具有共同性。

宗門出身的佛教學者認為應順應佛教近代化的課題，故而摸索獨自的日本佛教樣貌。在此同時，歷史學領域亦有新嘗試，改從與過去截然不同的觀點來關注此課題。此篇論文，就是原勝郎（一八七一—一九二四）於明治四十四年（一九一一）發表的〈東西の宗教改革〉。

西洋史學家原勝郎從比較史的角度，是最初將「中世」概念導入日本史的世界，並強調武家統治的鎌倉時代絕非過去所認知的黑暗時代。原勝郎並針對鎌倉時代發達的鎌倉佛教，發現其特色是從「階級的」成為「平等的」或「平民的」，從「裝飾的」成為「實際的」，並與十六世紀的西洋宗教改革具有相同指向。

原勝郎著有〈法然上人と聖フランシス〉的論文考證，如其標題明確顯示，將鎌倉佛教在貫通東、西洋的普遍歷史發展階段中予以定位，並試圖從世界史的立場闡明其劃時代意義。原勝郎將鎌倉佛教的成立，比擬為西歐的宗教改革，此後長期在各領域形成莫大影響。至戰後為止，「鎌倉佛教誕生＝宗教改革論」成為規範研究者觀點的重要命題，許多研究是從此觀點來論述親鸞思想與新教的類似性，或是鎌倉佛教所具備的革新性質。

在明治時代後期國粹主義蓬勃發展的風潮中，試圖從日本歷史中發現具有普遍性且適用於全世界的知性傳統，而這些運動最終回歸於鎌倉佛教，形成十分耐人尋味的現象。鎌倉佛教無論是做為代表日本固有「哲學」的知識資產，或促使佛教演變成屬於「平民」的「宗教改革者」，皆成為矚目焦點。

## 三、在國族主義潮流中

明治時代後期在針對鎌倉佛教所重新探索的課題，各方主張多少因人而異，關注焦點卻仍在於親鸞與日蓮思想的普遍價值。這種趨勢在歷經大正民主時期之後，至昭和時代開始緩慢演變，與其說是具有世界共同的普遍性，毋寧說是強調具有足以超越主導近代西歐思想的獨特價值。

例如所謂「京都學派」的學者西田幾多郎（一八七〇—一九四五）、田邊元（一八八五—一九六二）等，以「絕對無」為首要的各種概念為主軸，對歐洲式的近代發展提出批判，並試圖克服這種近代化趨勢。與西歐近代思想對決的態度，必然與重新評價日本傳統思想的立場相互結合。這些學者將亞洲或日本的固有思想、尤其是佛教，視為構築哲學思想的素材而予以關注或鄭重採用。西田幾多郎的友人鈴木大拙（一八七〇—一九六六），從以禪為核心的佛教思想中，發現深奧的「靈性」自覺，而此自覺無法藉由歐洲式的精神與物質二元論所能完全掌握，故書寫多部英文著作向海外介紹。鈴木的思想具有絕大影響力，對於歐美所認知的日本文化形象，是以禪或武士道為主要建構要素方面，發揮了重要功能。

京都學派或鈴木大拙的思想是將歐洲近現代思想融會貫通，在經由對照後，說明佛教具有普遍價值及更高度的有用性。然而，進入西元一九三〇年代後期，戰爭色彩愈顯濃厚，主張日本應從獨善立場來保有神祕化的思想方式逐漸抬頭。昭和十二年（一九三七），文部省刊行的《国体の本義》恰是將此思想傾向推至極致。

《国体の本義》的編輯目標在於「以國體為明徵，涵養振作國民精神」，規定日本是由「現御神」天皇所統治的「神國」。日本擁有神皇，是凌駕任何國家、任何民族的「萬邦無比」神聖國家。日本基於此立場來引導世界，是歷史發展的必然趨勢。

對於建構在此認知上的《国体の本義》而言，佛教亦體現了聖德太子以來的神國日本精神，為了實現此目的而成為擔任鼓舞「國民精神」的角色。日本佛教特別強調的「一切平等」，是佛教受到日本固有「氏族、家族精神，以及無私、全體精神的攝取及純化」所影響而產生的結果，在法然、親鸞、道元等人的思想中最能體現此精神。而此精神同樣是以神、儒、佛三教一致說來予以展現。

《国体の本義》描述從聖德太子至鎌倉佛教的日本佛教發展過程，將親鸞及道元描寫為巔峰人物，而其評價基礎則與村上專精、原勝郎在過去所提出的基礎互為對照。鎌倉佛教並非藉由世界共同的普遍價值來予以評價，而是強調其存在是日本佛教的本質與固有精神文化之體現。

《国体の本義》是由文部省分發給全國學校或官廳、各團體，成為戰時教育基本方針，發揮極大影響力。此後，針對該書刊行了依照不同主題更為詳細解說的「國體本義解說叢書」，其中包括東京大學教授花山信勝（一八九八—一九九五）所著的《日本の仏教》（一九四二）。此書與《国体の本義》同樣具有「一乘主義」、「真俗一貫」特色的「日本佛教」，內容描繪從聖德太子至鎌倉佛教的發展歷程。

# 第二節　超越宗派史

## 一、否定論理與肯定論理

在戰爭期間，日本佛教論為了迎合國家方針，成為皇國精神具象化的代表而大肆橫行。在此背景下，經由數名年輕學者進行批判性及實證性的研究，並成為戰後的研究基礎，其中的代表學者之一就是家永三郎（一九一三—二〇〇二）。

家永三郎在戰爭期間刊行《日本思想史に於ける否定の論理の発達》（一九四〇）、《日本思想史に於ける宗教的自然観の展開》（一九四四）。其內容是將西洋思想納入研究觀點，設定「否定論理」與「宗教自然觀」的獨特分析概念，欲從日本思想史傳統中發現世界共同的普遍價值。如前文所示，這兩部著作撰寫於積極宣揚國體明徵與超越西洋的時代。當主張日本具有世間無可比擬的特殊性之際，探討日本思想史的普遍性就成為抵抗時代的思潮。

更值得關注的是，家永三郎對於「否定論理」採取高度評價。據其所述，西洋思想史在古代希臘哲學發展的階段尚未出現否定的範疇，必須等到天主教思想發展以後方才確立否定論理。反之在審視日本思想史之際，人們在太古時期的人生觀基礎，則是與希臘屬於同樣的「肯定論理」。當時尚未假想出超越現世的彼岸世界（延續的世界觀），對於讓享受現世快樂的思想從根本產生動搖的思維方式，完全不列入思考範圍之內（肯定的人生觀）。

促使這種以「肯定論理」為基礎的世界觀驟變的契機，就是日本將佛教移植於國內。其中，又以聖德太子最能及早理解佛教具備「否定論理」的意涵。日本的「否定論理」思想發達的情況，在鎌倉時代的思想家親鸞將「惡人正機說」予以體系化之際達到巔峰。

若將這種現實世界做為直接促成意識形成的要素，在此前提下，只要安住於現有的己身，思考就會停留在此階段，不會更進一步思索。一旦道破現實為假有世界（虛假），人們才能關注超越虛假的真實世界。親鸞透過對人性惡的徹底自覺，為人們開闢可從虛假進入真正「自由無礙世界」的途徑。親鸞進而深究，並未讓否定論理僅止於懷疑厭世而告終，而是成功發展為「開闢一片絕對否定與絕對肯定互融無礙的燦爛天地」。

家永三郎與《国体の本義》同樣關注於「聖德太子──親鸞」的發展系譜，從中發現日本佛教的基礎。然而，家永所描繪的並非肯定日本的國土與國家的思想系譜，而是否定現世並予以克服的思潮。在此時代，恰是強調日本即是神國，《日本書紀》天孫降臨場面中的「天壤無窮」神敕，被視為天皇統治國土的依據。若簡要說明家永提出的論理，則神國思想的主張，不啻是處於在接受否定論理洗禮之前，所提倡的一種風格質樸的現實肯定主義，只能將日本思想史的發展回歸於太古時代。「天壤無窮」神敕極有可能是在佛教「否定論理」具有影響力的時代偽作而成。乍見之下，家永的主張是採取實證學術的形式，卻在根本立場上蘊涵對皇國史觀所提出的異議申訴。

## 二、鎌倉佛教論的新發展

在法西斯陰霾籠罩的時代，家永三郎從「否定論理」中發現一線曙光，認為有可能克服支持皇國史觀的神國思想所主張的現世主義，以及可從多神教式的咒術世界中獲得解放。家永根據此基本洞見，對於開創鎌倉佛教的祖師思想展開正式研究。家永藉由三部著作，亦即以親鸞、道元、日蓮為對象的鎌倉佛教研究為中心，在第二次世界大戰結束後，於昭和二十二年（一九四七）彙整出版論文集《中世仏教思想史研究》。家永在此著作中，沿襲原勝郎以來的宗教改革論，並考察鎌倉時代親鸞、道元、日蓮所相繼成立的各宗派，在日本思想史上具有何種意義。

根據家永三郎所述，平安佛教（舊佛教）的本質在於「鎮護國家」，亦即發現其存在意義是發揮了替天皇及國家消災祈福的功能。至平安時代後期，歷經保元、平治等戰亂之後，民眾將當時視為末法惡世的概念或罪業意識深植於心，祈求靈魂獲得救度的聲浪愈漸沸騰。以親鸞為首的新佛教祖師受此風潮影響之下，不僅分擔同處末法之世的當世眾人所遭遇的苦惱，並將罪業意識納入拯救罪業深重者的課題中。新佛教各宗派之所以將專修、易行、在家主義、惡人往生的「民眾性格」視為其所具備的共同性，就是受此意識的成立背景影響所致。

家永三郎的研究為戰後學界帶來巨大衝擊。這其中包含對家永研究的讚揚之意，認為他在戰爭期間並未迎合權力，始終維持學者良心，其研究水準在逆境中已遙遙凌駕過去研究。家永的研究，亦符合當時在廢墟中摸索新方向者所關心的問題意識。此外，可發現家永的研究與戰後論壇最具代表性的知識分子丸山真男（一九一四—一九六）具有相通之處。

日本人文社會科學從日本戰敗之日開始發展歷史學，但阻撓其發展的，卻是如何「克服封建遺制」的龐大課題。日本歷經中日甲午戰爭、日俄戰爭並獲得勝利，就此加入帝國主義國家之列，此後盲目於侵略海外一途，最終招致讓鄰近各國及自國人民陷入慘絕人寰的悲慘境遇。

戰後的首批知識分子認為無法遏止如此愚蠢毀滅行徑的原因，就在於日本社會的落後性。他們將日本社會與理應達成的西歐近代發展模式進行對比，全心投注於暴露近代日本的「窠臼＝封建遺制」。另一方面，知識分子或研究者試圖從過去日本的知性傳統中，積極挖掘出帶動近代化的獨特要因。有關丸山真男最為人所知的研究，就是關注以荻生徂徠（一六六六—一七二八）為核心發展的江戶古學，發現了朱子學思維（自然）的瓦解，以及近代思維模式（作為）的萌芽。這些知識分子藉由發掘日本自行萌生的近代性，並以戰敗為契機，不局限於外界造成的表面變革，而是試圖從知性傳統中，確認日本人在自我根源層次上所具備的社會改革能力。

家永三郎提出的鎌倉佛教論，是從「否定論理」中發現日本傳統思想的可能性，並在戰後權威主義的世界中，試圖超越個人意圖，而被賦予擔任客觀的角色。

## 三、定論形成

以家永三郎為先驅的戰後日本佛教研究進展十分顯著，這些研究首先集中在家永曾盛讚具有極為高度思想性的鎌倉新佛教。探討新佛教即是探討日本佛教，闡明新佛教的特色就是發現日本佛教的獨特性。這堪稱是戰後日本佛教研究首波高峰的光輝時代，就此展開了序幕。

井上光貞（一九一七—八三）秉承家永的研究架構，將新佛教的成立視為與先前的貴族式、護國式佛教處於相對立場的民眾佛教，並將此問題從淨土教的角度進行具體且縝密的探究。其研究特色在於運用「古代國家瓦解與中世國家形成」的明確理論架構，來探討武士從古代的被統治階級中逐漸興起，最終自行樹立政權的歷史過程，並在此社會變動中，將淨土教的發展與成為中世宗教的新佛教予以定位（井上光貞，一九五六）。家永三郎的構想是以井上的實證歷史研究做為後盾，以鎮護國家為要旨的古代貴族佛教，在歷經古代國家沒落及武士階級新興後逐漸名存實亡，最終被「『民眾的』新佛教＝中世佛教」奪取主位，而此思想架構對日後的研究者造成莫大影響。

井上光貞以「古代國家瓦解與中世國家形成」的模式，來探討貴族統治瓦解、武士以新統治者身分形成勢力抬頭的過程，其研究背景是受到戰後中世史的研究先驅石母田正（一九一二—八六）所影響。

石母田正在著作《中世的世界の形成》中，以伊賀國黑田莊（三重縣名張市）山中的莊園為歷史舞台，從領主的東大寺古代莊園統治中，描述了武士以集團形式擺脫當地領主掌控並邁向自立的過程。石母田正認為當地領主階級勢力抬頭，加上並行發展的農民階級成長（從奴隸轉變為農奴），如此才顯示中世固有社會關係「領主制」的形成指標。

石母田正的「領主制理論」是將莊園制視為古代制度，從制度瓦解及領主制的發展中可發現中世世界的形成，此理論成為一九五〇年代中世史研究的主流。井上學說具有影響力的根源，就在於以當時歷史學最新理論的石母田學說做為立論基礎。石母田正在《中世的世界の形成》中，針對鎌倉新佛教的產生提出獨到見解。原勝郎之後，將鎌倉新佛教比擬為歐洲宗教改革的思維方式逐漸一般化。石母田正認為日本的中世時期，毋寧說是足以匹敵天主教從古羅馬時代末期的社會混亂及頹廢中誕生，並就此掌控歐洲中世社會的歷史過程。

對於以東大寺為代表的古代勢力，鎌倉新佛教與武士集團同樣被定位為具備中世特性的要素。兩者在古代殘存的強勢統治架構下屢遭頓挫，同時亦讓此架構的根基緩慢瓦解。

## 四、中世佛教樣貌的轉變

家永三郎、井上光貞所構築的「新佛教＝中世佛教＝民眾佛教論」，獲得多數研究者傾力支持，此後長期維持定論的地位，堅固不搖。然而從日本史研究者方面，卻逐漸提出足以瓦解其說根幹的疑問。

井上光貞的說法已如前所述，是根據石母田正提出的領主制理論，成為當時最新主張的學說。至西元一九六〇年代，石母田正的主張卻遭到日本史學界的年輕學者戶田芳實、河音能平、黑田俊雄等人的激烈批判，他們所提出的批判論點並非一致。然而，對於石母田正從對立角度來探討莊園制與領主制，認為由領主制克服莊園制乃是古代體制命運的這項說法，他們的見解卻十分一致。透過論爭雖出現意見分歧，認為究竟是否能將莊園制直接視為封建產物，或將莊園制視為轉變為封建制的一種過渡型態，但總而言之，可將之視為形成中世前期（院政、鎌倉期）社會架構的體制。至西元一九七〇年代之後，中世史研究者逐漸達成共識，將當時社會設定為「莊園制社會」或「莊園公領制」。

井上光貞將古代國家瓦解與武士階級成長的歷史過程做為對照，進而探討淨土教的興盛發達，其所提示的認知立場或方法，是以石母田正的領主制理論為立論基礎。故而針對石母田正提出的古典領主制理論進行大幅修正之際，對於以其理論做為立論根據所構築的鎌倉佛教樣貌，亦是被迫需要從根本立場來重新檢討。然而在實際上，日本史與佛教史較少進行學術交流，故在當時未能即時喚醒佛教史研究者的問題意識，無法全心投注於重新檢視定論。必須等到黑田俊雄在提起問題之際，採取從日本史的立場深入佛教史領域之後，方有成果展現。

## 五、鎌倉新佛教的相對化

至目前為止，筆者主要是從歷史學的立場來追尋鎌倉佛教研究的發展足跡。然而，日本佛教研究尚有一項具有影響力的傳統領域，就是佛教學研究的發展系譜。

這項領域在戰前已有令人關注的論文發表，並採用應如何克服只從宗派史的角度來進行研究。島地大等（一八七五—一九二七）提出的〈日本古天台研究の必要を論ず〉（一九二六）是最具代表性的論文。島地在此論文中，將「古天台」的發展時代，定位在天台宗受到江戶時代國泰民安所影響而大為復興之前的時期，並關注古天台一貫發展的思潮之一，就是所謂的天台本覺思想。

島地大等進而指出幾項重要課題，首先是本覺思想超越天台宗的架構，成為鎌倉時代的禪、念佛、日蓮等人在教法上的共通母體。其次是其思想形成是受到從佛本神迹說演變為神本佛迹說的背景因素所影響。此外，在思考平安時代文化之際，不可輕忽古天台思想的課題。島地更主張應將古天台的本覺思想，設定為日本哲學史上佛教哲學時代的「思想巔峰」。在各宗派或各祖師研究被視為主流的時代，島地及早提示了應從整體角度來掌握日本佛教的研究，十分具有劃時代意義。

硲慈弘（一八九五——一九四六）承襲島地大等提出的課題，以本覺思想為主軸構想日本佛教史。其遺稿集《日本仏教の開展とその基調》，分別是上卷篇幅探討平安時代至鎌倉時代的各種思想發展，以及下卷篇幅探討中古天台（與島地提出的「古天台」相重疊的概念）。

上卷是以「從諸行往生思想發展為一向專修」的課題為基礎，詳細檢證從平安佛教至鎌倉佛教的發展。此外，將「一乘思想」、「絕待三學」、「真俗一貫」、「信心為本」做為鎌倉新佛教的「四大基礎」，並探討其思想傳統及特色。

下卷是以本覺思想為中心，硲慈弘將院政期至江戶時代中期設定為「中古天台時期」，從本覺思想高揚及發展的角度，分別制定「發生與成立」、「發達與墮落」、「傳承延續」三期，並進行縝密考察。

## 六、田村芳朗的中世佛教觀

田村芳朗（一九二一—八九）秉承島地大等、硲慈弘以來的本覺思想研究傳統，在戰後嘗試以全面性的解釋來闡明本覺思想，在此同時，亦探討本覺思想對鎌倉佛教所產生的影響。田村研究的特色在於從印度至日本的廣泛佛學流脈中，具備了可替日本佛教定位的觀點。

在探討本覺思想之際，首先問題在於文本的成立年代。本覺思想的相關文獻，幾乎皆是假托先師的偽作。田村芳朗將本覺法門的各種文本予以詳細比較及對照，整理彼此的影響關係之餘，並針對作者及各文本的成立年代進行詳細考證。此外，田村更從相即思想發展的觀點切入，在確定「本覺思想」定義之際，亦為其劃分變遷時期。

田村芳朗更具體指出，天台本覺思想不僅是鎌倉佛教，甚至廣泛影響中世的各領域思想——例如神道或文藝、藝道論。此外，從具有極高的思想完成度及廣泛影響力來看，以絕對一元論為基礎的天台本覺思想才是被定位為日本佛教的巔峰。鎌倉佛教在本覺思想這項共同背景中被透徹理解，從其與堪稱是思想史準則的本覺思想之間的關聯性來看，或許可藉此探論當時各祖師的定位問題。島地大等的建言，必須等到硲慈弘、田村芳朗提出研究後方能具體成形。

田村芳朗提出的結論，與當時研究界普遍認為新佛教才是日本佛教之極致的立場形成正面對立。這是基於自家永三郎以來，新佛教總是在淨土信仰的發展系譜，以及「現世否定思想＝『否定論理』」方面獲得極高評價。然而，田村芳朗卻將絕對肯定現世的本覺思想給予最高評價。同樣是以中世佛教為研究對象，卻出現兩種截然不同的鎌倉佛教樣貌。分別是從現世否定中發現中世佛教的基本樣貌，並將親鸞視為巔峰人物的歷史學系統研究者，以及關注成為鎌倉佛教共同背景的本覺思想，從現世肯定論理的立場來予以評價的佛教學者。自西元一九七〇年代起，兩者之間幾乎在毫無交涉的狀態下共存，此後這種奇妙現象繼續維持一段時期。

# 第三節　提倡顯密體制論

## 一、顯密體制論

自西元一九六〇年代起，學界賦予日本中世的樣貌出現大幅轉變，黑田俊雄（一九二六—一九三）接受此發展趨勢，直接批判家永三郎、井上光貞所提出的鎌倉佛教論。

黑田俊雄於西元一九七五年撰寫的〈中世における顯密体制の展開〉（收錄於《日本中世の国家と宗教》）之中，提倡「顯密體制論」學說。首先，黑田強烈主張無論在社會上的勢力或宗教權威、思想影響力各方面，中世的舊佛教皆具有極大力量。在此情況下黑田提出質疑，認為「新佛教、舊佛教」的劃分方式是否真能做為近世以後的宗派基準，或成為分析概念來發揮效用，實在有待商榷。取而代之的是黑田提出「顯密」一詞，其概念可做為顯示在歷史上實際存在的中世正統性。

據黑田俊雄的主張，延曆寺、興福寺、東大寺等深具影響力的寺院以擁有歷史傳統為自豪，其存在等同於顯密佛教，並非如通論所述般，是從平安時代後期就步入衰微或趨於頹勢。這些寺院一旦面臨提供後援的古代國家變質後，為了獲得新財政基礎而不惜積極爭

法相宗大本山興福寺（秦就攝）

取莊園。如此造成各大寺院於十二世紀末成功獲得重生，成為龐大的莊園領主（權門寺院），甚至具體展現自古代以來的強大權力，在世俗界聲威顯赫，並鞏固佛教界盟主的地位。此外，這些權門寺院並非單純以個別領主的姿態成立或彼此抗衡，而是以堪稱為「顯密主義」的共同理念做為媒介，在創造共存秩序之際，以新型態的方式與國家權力勾結，寺院本身亦參與支配體系中。

如前所述，對於各宗派以顯密主義為發展基礎，藉由與國家權力勾結來鞏固宗教體制，黑田俊雄將之命名為「顯密體制」。此外，黑田主張的顯密體制是「透過獨自的社會集團與國家體制來予以強化，甚至包含世俗的實體」（黑田俊雄，一九七七）。這種體制才是「正統的」中世佛教，並擁有統治者的領導地位。

那麼，在黑田俊雄的主張中，過去被視為中世佛教主角的新佛教各派又如何被定位？根據黑田的主張，從十二世紀末陸續展開的佛教革興運動（所謂新佛教的蓬勃發展），相對於位居統治者地位的「顯密」佛教，其所衍生的各種時代矛盾或社會矛盾，被定位成一種「改革」運動或「異端」運動，並藉由某些部分或各種特殊的型態來表現。

## 二、權門體制論的發展前提

如前所述，從平泉澄的主張中，可發現在思考中世佛教的課題之際，會重視「舊佛教—寺社勢力」的立場（今谷明，二〇〇一）。此外，若從鎌倉新佛教與舊佛教彼此相對化的觀點，來重新回顧日本佛教史之際，就不能忽略大隅和雄（一九三二—）的研究。大隅的研究與家永三郎、井上光貞的歷史學研究，或與以硲慈弘、田村芳朗為代表的佛教學研究，皆保持一定距離。大隅和雄於西元一九六五年發表〈遁世について〉，十年後，又為岩波講座日本歷史重新撰寫〈鎌倉仏教とその革新運動〉，在各種論證考據的過程中，促使研究構想逐漸具體化。

大隅和雄思考的課題，在於應如何跨越新、舊佛教的框架來掌握「鎌倉佛教全貌」。大隅和雄從六〇年代後期至七〇年代前期探索此課題，當時正值家永三郎、井上光貞提出的鎌倉新佛教論具有壓倒性的影響。對於這兩名學者只根據某種特定指標就採取新、舊佛教的明確切割方式，大隅並未輕易接納，而是從平安、鎌倉時代的思考方法或價值觀的發展中，探討鎌倉佛教的成立過程。這恰是從超越佛教史的時代精神中，嘗試將鎌倉佛教予以定位。

根據大隅和雄的論述，從平安時代中期之後，隨著律令秩序瓦解，支持維護秩序的價值觀開始產生動搖。在此趨勢下，被新抽離而出的「身為知識分子的貴族階級」逐漸關注律令價值體系以外的事物。如此一來，連帶影響到可發現自然、原初的人性，而此發現是無法從空洞化的律令價值體系，或藉由既有價值標準來予以掌控。在貴族社會中產生的精神革命，不久波及寺院社會。根據大隅的論述，在既有教學無法趕上社會變遷之際，將對教學產生質疑並重視信仰的立場。藉由加深宗教體驗，人們對於人類或佛法、現世等產生思想轉換，造成鎌倉佛教的革新運動。

無論是鎌倉新佛教論或本覺思想論，皆以佛教架構為前提，並在此佛教世界中將過去探討的議論予以完結，此點雙方相當一致。相對之下，大隅和雄的研究則是超越佛教史，以更廣域的視角來重新掌握鎌倉佛教，此項嘗試十分值得矚目。在此問題意識中，顯然首先採用顯密體制論的觀點。

另一方面，不可輕忘的是田村圓澄（一九一七—二〇一三）提出的「八宗體制論」。田村承襲井上光貞的觀點，提示與顯密體制論相關的重要論點研究。

田村圓澄於西元一九六九年發表〈鎌倉仏教の歷史的評價〉，特別關注興福寺眾徒提出的《興福寺奏狀》中所提到的「八宗同心訴訟」一詞，此奏狀是興福寺眾徒為了禁止法然推行專修念佛而上呈朝廷。傳統佛教八宗之所以如此異體同心排擠法然，其背景因素就在於試圖從新興念佛崛起的情況中徹底維護自宗特權，田村將傳統佛教界在此共同利害關係基礎下所形成的共存秩序，命名為「八宗體制」。

《興福寺奏狀》共由九條項目構成，奏狀在開宗明義就說明日本自古僅有八宗，絕無可能再有其他新興宗派成立，並述說法然雖具有足以立宗的學識才能，仍需先向公家奏請及獲得敕准。從此奏文中，可發現主張佛法（八宗）與王法（公家政權）共存共榮的論理（佛法王法相依論）。

田村圓澄將八宗是具有「王法＝公家政權」的相依相即關係，視為引自律令國家系譜的「古代」國家，故而公開主張與古代國家相即不離，將身為一國之君的天皇敕准，視為立宗的絕對必要條件。《興福寺奏狀》的論理雖在鎌倉時代明確提出，卻可發現此文書最能善巧說明八宗體制的「古代」特性。

田村圓澄提出的「八宗體制論」，將傳統佛教八宗的結合視為「古代」的殘存體制，至於以法然為首最早推行的新佛教運動，則設定為「中世」的佛教活動。在田村提出此體制論的背後，顯然有當時對於鎌倉佛教所抱持的定見存在。然而，田村主張的重要特點，就是指出鎌倉時代舊佛教的宗派之間，其實具有基於某種共同利害關係所建構的特定秩序（八宗體制），研究者若稍不留意，就會完全從混亂或分裂的印象觀點，來探討當時舊佛教的各宗派關係。有關中世傳統教團的共存體制及意義的相關問題，逐漸改由黑田俊雄的顯密體制論來承續其說。

## 三、中世國家論與「權門體制論」

黑田俊雄提倡的顯密體制論，絕非研究界驟然出現的突變現象，其論述的發展前提是以平泉澄的研究為首要，以及包含前述的各種中世佛教研究動向所致。儘管如此，顯密體制論所具備的明確獨特性，在於其背後具有黑田獨創的中世國家樣貌——「權門體制論」。

如前所述，石母田正的領主制理論，曾在戰後的中世史研究界風靡一時。他將都市貴族或大寺社的莊園制管轄方式視為古代制度，並試圖透過在地領主制的形成，來尋求莊園制從在地發展的層次逐漸瓦解其根基的新動向。對石母田正而言，集結當地領主階級之力，並藉此基礎成立的鎌倉幕府結構，才是理所當然的中世國家。

「二重政權論」是將鎌倉佛教視為中世國家的主要角色，另一方面，則將公家（朝廷）政權視為最終應被推翻的古代舊制，並在與武家（幕府）相剋的情況下，試圖探討鎌倉時代的政治發展過程。至西元一九六〇年代為止，這項立論成為中世國家論的主流。黑田俊雄透過權門體制論進行批判的主要對象，正是二重政權論。

乍見之下，鎌倉時代是公家、武家激烈相剋與對立的時代，此為不爭之事實。然而黑田俊雄的關注點，卻在於如此表面對立的背後，依舊維持某種特定秩序。例如，武家政權看似不斷侵犯公家權益，但在面對當地領主侵略莊園之際，卻採取一貫擁護莊園領主的立場。倘若武家政權不存在，莊園體制亦是無法久存。

表面上，公武政權常時對立，反目成仇，卻不啻是隨處可見的權力內部主導權之爭而已，接受統治的民眾問題反而更為重要。對民眾而言，難道不是蒙受公、武兩大權力在互補關係下所施加的重壓？

黑田俊雄依此洞見，將中世國家視為是藉由「擁有大土地＝掌控莊園制」為共同基礎的「莊園領主階級＝權門勢家」來分掌國權，並達成控管體制。換言之，天皇家發揮君主傳承家系的功能，武家權門發揮軍事、警察的權限，寺社權門則是提供國家統治的意識型態。這些權門在國政上執掌特定職責，透過相互作用而達成國家統治。

至今往往將黑田俊雄的權門體制論說明為一種國家論，各權門則是分掌國權的體制。這些設定方式雖不致於有誤，卻未必被認同是能正確指出權門體制論的本質。黑田首要論述的不僅是權力分掌系統，而是認為重要課題應從基層觀點來探討「對當時的人民而言，中世國家究竟為何」（黑田俊雄，一九七七）。

## 四、顯密體制論的意義

戰後鎌倉佛教研究關心的共同問題點，就在於應如何超越宗派史以掌握全局。先學針對此課題，大致從三大方向來摸索解答。換言之，就是關注新佛教所共同具有的革新性、將本覺思想視為掌握各思想的座標軸、在時代思潮中思索鎌倉佛教的成立過程。

黑田俊雄面對此立場所採取的方式，是藉由分析中世產生的宗教，從中找尋「中世」的特性。根據黑田的主張，成為中世佛教研究核心的鎌倉新佛教論雖超越宗派的框架，卻犯下將近世以後才確立的宗派觀念就此用來分析中世佛教的錯誤。為了克服此問題，最重要的莫過於應配合當時歷史狀況，漸從內在闡明各宗教是否具備中世的特質。

黑田俊雄思考的中世宗教指標，必須在中世的固有歷史狀況中擔負某種特定功能。黑田藉此立場，隨即因應中世的「統治體制＝權門體制」，將中世的正統宗教設定為發揮了從意識型態上支持權門體制的功能，並將與這種意識型態形成矛盾的激進型態設定為異端宗教。

黑田俊雄從「宗教對中世民眾而言究竟為何」的問題觀點，將意識型態論的方法導入顯密體制論，賦予此理論另一項更重要的特色。佛教史研究藉此超越了頂尖思想家論，開闢出追求與歷史整體動向或當時民眾相關的道程。顯密體制論已遙遙凌駕過去中世佛教研究的壯大規模，而此正是出自於黑田個人的獨特方法。

至今黑田俊雄的顯密體制論，往往被認為其觀點是從思想的「質」轉化為「量」，此點深具有意義。然而，若從「量」的影響力來看，舊佛教成為中世佛教主流已是戰前以來的常識，早已獲得以家永三郎為代表的中世佛教研究者所認同。他們之所以忽略此課題，是基於認為舊佛教不啻是古代佛教殘骸，不具有探討其思想價值所致。

黑田俊雄面對此課題，則將舊佛教明確設定為「中世」宗教，明晰提示其歷史與意識型態的功能。透過黑田研究的指證，過去被認為僅是古代佛教殘骸的中世舊佛教，一躍成為備受矚目的焦點。至於寺領莊園或寺院機構等方面，雖有平泉澄等學者所累積的戰前研究，但自顯密體制之後，亦能從「古代寺院在中世獲得重生」的角度重新探討其意義。自黑田俊雄之後，針對顯密寺院的發展樣貌研究呈現突飛猛進的發展。

# 第四節　顯密體制論的後續發展

## 一、顯密體制論的傳承與批判

顯密體制論對於此後的思想史研究及教學研究，皆給予強烈影響。鎌倉時代的舊佛教若歷經根本上的變革，在新時代轉生為中世佛教，那麼又應從何處發現其所蘊涵的「中世佛教」特色？至於過去被視為中世佛教主角的新佛教，又應如何重新掌握其特色？

在許多探討此問題的研究中，平雅行（一九五一—）是自黑田俊雄以來，一貫直接面對此問題的學者，並試圖構築新中世佛教的整體樣貌。

平雅行承襲黑田的提問，首先強調的研究方針是脫離宗派史的角度。為了實踐此研究方針，平雅行主張最重要的是必須從綜合史、全體史的角度來構思。

據平雅行所述，古代或中世社會的特色在於生產物資、經濟與宗教並未分離，宗教史必須以總史的方式來敘述。他將自身與黑田提出的問題意識互為重複的部分做為研究基礎，並將黑田視為「異端」的法然及親鸞的思想構造，與被視為「正統」佛教的顯密佛教互做對照，盼能藉此闡明兩者思想構造的歷史定位。黑田的思想分析往往流於模式化、形式化，平雅行的研究則詳細分析親鸞提出的選擇本願念佛之論理，凸顯兩者思想在浩瀚歷史文脈中必然受到顯密佛教的排拒及攻擊，而此特點極具意義。

倘若平雅行是沿襲黑田俊雄的顯密體制論，將其論點所欠缺的正統、異端兩者思想予以相對化，佐佐木馨（一九四六—）則是將黑田思想予以大幅修正，並提示個人獨特的中世佛教樣貌。

黑田俊雄的顯密體制論，是與「一種國家論＝權門體制論」形成互為表裡的關係。據黑田所述，鎌倉幕府在基本上亦是立足於權門體制的權門之一。這種在思想界中堪稱是顯密主義的宗教意識型態，彷彿與此政治支配體制互為重疊般，廣泛覆蓋中世的日本群島。對於黑田提出的構想，佐佐木馨則指出鎌倉幕府自始就建構了與顯密主義相異的異質思想空間。佐佐木馨從反叡山、親禪林的角度來探討這種現象的獨特性，並命名為「禪密主義」。此外，佐佐木更以幕府的精神支柱鶴岡八幡宮與禪寺為中心，試圖闡明禪密主義的具體內容。平雅行對此提出縝密的反論，指出「禪密體制論」雖突破顯密體制論的盲點，但鎌倉的宗教空間與顯密體制論並非屬於異質的思想結構（平雅行，二〇〇〇）。

## 二、追求獨特的中世佛教樣貌

與黑田俊雄幾乎屬於同一時代的學者高木豐（一九二八—九九），試圖與顯密體制論的主張保持距離，構築個人的鎌倉佛教樣貌。高木以日蓮研究為出發點，猶如配合顯密體制論的發表般，從廣域的視野及多元化的考察來發表鎌倉佛教的相關論文。

高木豐首先指出，過去由井上光貞等人主導的鎌倉佛教研究，其研究對象是以淨土教為中心的新佛教。高木直接接受傳統佛教亦是從古代演變至中世的事實，並達到順應中世的時代發展，即使在鎌倉時代的佛教界，傳統佛教仍居「主流、正統」的地位，新佛教不啻是從中自行獨立的「偏流、異端」。兩者之間應如何「釐清抗衡關係與闡明其構造」，則是「從歷史層面來進行鎌倉佛教總考察」的重要線索。

相對於並未探討顯密體制論的高木豐，松尾剛次（一九五四—）則對顯密體制論進行全面批判，提示個人主張的鎌倉佛教樣貌。松尾首先針對以井上光貞、黑田俊雄為代表的鎌倉佛教研究，舉出他們在莊園制或寺社方面的主題中，主張政治、經濟與宗教的關係是密不可分，但松尾認為首先應將這些要素予以區分。此外，松尾主張應考察宗教本體，「鎌倉新佛教」的概念應以宗教為基準來下定義。

在此情況下，松尾剛次所描述的基準是指「個人」救濟。松尾針對「舊佛教」的救濟目標在於拯救埋沒於共同體中的眾人，相對之下，「新佛教」則是以商業發展為前提所產生的都市市民「個體」為救濟目標，來藉此探討兩種佛教領域的特色。將鎌倉佛教的特色視為個人救濟此點，與主張民眾救濟、個人救濟是新佛教特色的家永三郎、大隅和雄等人的觀點不謀而合。松尾根據這項立場，捨棄了將親鸞視為新佛教典型的觀點，並以跨越過去新、舊佛教的形式，從個人救濟的觀點來探論所謂「鎌倉新佛教」的特色。

## 三、思想史層面的日本佛教史

自黑田俊雄以後，無論是接受或批判其說，日本佛教史研究採取直接對抗顯密體制論的立場已成為慣例。然而，末木文美士（一九四九—）卻從截然不同的角度來構築個人的日本佛教樣貌。

島地大等、田村芳朗的佛教學研究系譜有所淵源，明確說明個人是根據佛教學的立場來從事研究。末木並非局限於「佛教」範疇，而是藉由將日本佛教定位在印度以來的佛教思想史思潮中，讓日本佛教的獨特性得以闡明。在此同時，亦透過這項程序呈現出時代精神與民族文化的特質，故而提倡從思想史層面進行佛教學的研究。

末木文美士依此洞見，不僅指出宗派史研究的框限所在，反之又嚴厲批判過去的日本佛教研究是從歷史學的角度主導研究方向。根據末木的主張，歷史學促使宗教思想受到政治或社會動向所左右，導致宗教研究的角度偏重於政治課題，或無法深入了解教理及思想，進而主張必須「宗教就徹底從宗教的立場、思想就徹底從思想的立場來闡明」（末木文美士，一九九三）。

有關鎌倉佛教方面，末木文美士對於研究者偏重新佛教主義的態度是一貫採取批判立場。根據末木的主張，最澄與空海堪稱是奠定日本佛教基本特性「現世主義」的關鍵人物。以最澄、空海為起點發展的現世主義思潮，隨著安然彙整台密理論與本覺思想興起而逐漸擴大發展，形成貫通日本佛教的一大主軸。但從平安時代中期以後，開始出現遏止朝此方向發展，並轉而試圖恢復佛教否定現實的精神動向。末木將遙遠的東亞或近代時期納入研究視野，彷彿將日本佛教視為是由此兩大潮流所交織出的圖騰般，來構思其發展過程。他將「佛教」視為研究方法並予以採用，在印度以東的廣袤亞洲地區中，以靈活生動的方式探求「日本佛教」的獨特性，並充分發揮傳統佛教學的優點。末木提示的重要論點，是強行設限「日本」框限的歷史學界所無法因應的課題。

在值得關注的佛教學研究趨勢中，「批判佛教」是另一項無法輕忽的課題。西元一九八〇年代中葉，駒澤大學的松本史朗、袴谷憲昭等學者提出有關「批判佛教」的問題。他們以高揭「唯有批判才是佛教」為要旨，給予佛教學界莫大衝擊。松本、袴谷的主張雖有不同，兩者的共同點卻是從思想的立場來促使「佛教」範疇明確化。誠如眾人皆具佛性的如來藏論說般，假設有主張指出有某種普遍基體存在，則被視為超脫佛教主張「無我」的根本立場。對於在日本中世具有絕大影響力、田村芳朗評論為「東西古今思想之極致」（田村芳朗，一九七三）的本覺思想，在袴谷憲昭的立場來看，並不配稱為「佛教」。

# 第五節　追求研究脈絡

## 一、後現代的佛教研究

自從提倡顯密體制論後，日本的佛教與宗教研究呈現顯著變化。誠然，前文列舉的研究內容充滿企圖心，是以繼承顯密體制論或克服此論問題為目標，但這些大格局的廣域研究逐漸成為少數派。昔日學者是以各時代最具代表性的思想家或知名著作為研究對象，其比例占據大半，自此階段開始，突然對這些課題漠不關心，故在鎌倉新佛教的領域中，已沒有具代表性的日本佛教研究者。在此變局影響之下，昔日新佛教祖師的思想研究被視為日本佛教研究的熱門焦點，如今則完全淪為少數派。取而代之的是不斷挖掘沒沒無聞的思想家，這些人物在過去是研究者所漠視的對象。此外，針對神佛習合等混沌信仰世界所進行的研究不斷增加，並迅速開拓儀禮或圖像、建築等周邊領域。

不僅是研究對象產生變化，在方法上亦有顯著進展。過去研究是針對親鸞、道元、日蓮等個別的思想家，僅從教理或文獻學的角度考察其文本。相對之下，此後的發展尤以歐美學界為中心，改從歷史、文化、制度的脈絡中解讀宗教發揮的功能，此項趨勢逐漸成為主流（賈桂琳・史東〔Jacqueline Stone〕，一九九六）。從文本至文脈的視點轉換，不僅是古代及中世的宗教思想，甚至在近年的一般思想史研究中亦有此顯著傾向。

如前所述，促使研究界產生變化的直接導火線，就是黑田俊雄的「顯密體制論」。以「顯密體制論」為契機，造成研究者的關心課題猶如地層滑動般，從新佛教轉變為舊佛教。正因「顯密體制論」與黑田構想的國家論（權門體制論）互為表裡，故而促成許多並未將佛教視為純粹教理來讀解，而是關注其意識型態功能的研究迅速增加。

若從更宏觀的角度來看，無法否定的是，在如此轉變的背後存在著從現代至後現代的變遷，亦即從西元一九八〇年代之後在日本人文、社會科學領域所體驗到的學術世界中顯現而出的潮流鉅變。透過此項轉變，研究觀點逐漸從「中心移轉至周邊」，開始關注過去研究者不曾列入探討的課題。文本的固有意涵遭到否定，並被視為一種論述或意識型態來予以解讀。

如此結果，造成日本宗教的新資料不斷被發掘，尚未開拓的領域研究持續進行，相關領域的研究者獲得了過去無法比擬的豐富研究素材。此外，顯密體制論在做為趨近研究對象的手段上，或許可提供更豐富多元的研究方法。

## 二、嘗試統合宗教形象

上述現象顯示研究領域已有擴展，真是可喜可賀，但仍有課題懸而未決。近年迅速累積研究資源及開拓新研究方法，卻未必能創造更豐富的日本佛教形象。

例如，若針對中世佛教的課題來進行思考，長期以來研究鎌倉新佛教就意味著研究中世佛教、中世宗教。此後，黑田俊雄指出舊佛教的重要性，傳統寺院制度與儀禮研究遂得以迅速發展。近年卻對此潮流出現反省意見，認為並非唯有佛教才構成中世的宗教世界，而是藉由將中世宗教世界的另一支柱神祇信仰亦納入其中的形式，來探討構築中世思想型態的重要性（橫井靖仁，二〇〇二）。

研究者不僅針對神道，更關注陰陽道、修驗道等各種信仰，或神佛習合等宗教現象。當時的研究者已不容許在毫無先決條件之下探討中世宗教，必須從為何要在混沌不明的中世宗教世界中，蓄意選擇「佛教」領域做為研究對象，並從其意義所在展開論述。

如前所述，中世佛教、中世宗教研究的深度及廣度呈現實質進展，問題卻在於這並非「中世佛教」的形象統合，而是朝分裂方向運作。今日人們大致共有的「中世宗教」形象並不存在，而是僅存於研究者之間。在承襲近年豐富的研究成果後，究竟應如何重新構築更完整、更真實的宗教世界形象——則是目前我們直接面臨的困難課題。

我們為了完成此課題，究竟該如何行動？所謂單一方向性的思考，就是追求新觀點，亦即讓不斷無限增加的資料予以秩序化，並將這些資料結合成單一的整體形象。如此一來，可從中發現讓各種文脈彼此產生關聯，成為更具包容性的文脈（佐藤弘夫，二〇〇六a）。

毋庸置疑，為了確定某文本在特定時代具有何種意義及功能，其先決條件就是必須闡明當時設定思考架構的社會或文化背景。對中世人而言，拒絕奉拜神明（不拜神祇）的行為涵義，與現代人的認知截然不同，此事必須將前述的課題闡明後，並以此程序為契機，再來理解其真實性。

此時不可輕忘的是在前近代社會中，所謂超自然的存在擔負了極重要的功能，而神佛與亡者的存在具有絕大影響力。故研究者若欲闡明某時代的社會或文化背景之際，必須釐清人類與超自然力量之間，是在何種關係維繫之下共創同一世界。若從其他角度來看，這正是闡明為了替各種文本定位而具有座標軸功能的宇宙觀（cosmology）。

## 三、超越雜種文化論

那麼，應依照何種程序，才有可能闡明時代的宇宙觀？

至今出現許多評論，主要針對日本思想的包容性，以及受其影響所形成的思想多元性。例如，某位學者對於無論面對任何思想、宗教皆予以吸收消化的貪婪式接受能力大為褒揚，並從中發現日本思想、日本文化的活力泉源。這是明治時代以來具有傳統性的典型日本文化論之一。從雜種的日本文化中積極發掘價值的加藤周一（一九一九—二〇〇八）所提出的「雜種文化」論，亦可定位為此類系譜（加藤周一，一九七八）。反之，某些學者從冷漠的觀點予以評論，認為這不啻是顯示日本人缺乏思想節操而已。

長久以來，研究者不斷從肯定或否定的立場，針對日本思想具有多元思想要素雜然並存的特色進行議論。然而，仍無法充分闡明「多元思想要素雜然並存」的構造。至今面臨的現狀，是這項最重要的問題被擱置，雜種文化的功罪反而成為議論對象。

筆者想針對此點略做具體說明，在日本群島上演的宗教史劇中，最初擔任主角的是神祇，繼而是由新角色的佛教、儒教、天主教陸續登場，舞台逐漸熱鬧而活絡。在此必須考量的問題是，在舞台表演持續進行中，最初登場的神祇是否依舊是原來的神祇。

就結論來看，佛教傳入日本之前的神道與古代神道、中世神道，彼此迥然相異，是由不同角色擔任。這些皆以「神」或「神道」一詞表現，故而產生誤解。佛教與儒教亦是如此。

更重要的是，神道、佛教、儒教等集結構成的時代思想樣貌，並不僅止於綜合思想而已。這種情況並非透過各種思想要素混合而形成整體上的思想樣貌，而是由各種要素產生化學反應後，變質成為截然不同的事物。當我們嘗試闡明某時代的思想樣貌之際，恰如組合既有零件來完成一件成品般，若只將神道、佛教、儒教的各種要素予以組合或連結，則絕對無法重現其真實的整體樣貌。

姑且放下應如何區分神道或佛教領域的執著，必須排除成見，從完全相異的觀點來摸索如何掌握時代思想樣貌的方法。在對於研究方法毫無自覺的情況下，無論再如何將佛教史、神道史、儒教史這些既有領域的歷史進行合體，亦絕無法描繪出具有綜合性的日本思想史。對於無法還原到讓個別領域史呈現合體狀態的時代宇宙觀，我們必須不斷追求新研究方法來予以闡明其整體結構。「鎌倉（新）佛教」被視為日本思想之代表，必須以當時的宇宙觀為前提，方能彰顯其歷史意義。在背景一片闇冥之際，新佛教重新呈現了明晰輪廓。

法然或親鸞所嘗試的，是欲藉由個人提出的問題意識來改變時代的宇宙觀（佐藤弘夫，二〇〇六ａ）。「選擇本願念佛的論理」是針對沉重壓迫時代的宇宙觀及傳統救濟論所提出的最根源層次之主張，故而是最激進的反逆思想。他們一手承攬當時思想界的反擊，必須不斷遭受國家權力發動下所施行的彈壓，其過程既執拗且嚴酷。這並非檯面上的教義論爭，而是以身為思想家的徹底存在而孤注一擲。

誠然，筆者不認同光憑上述方法，才是今後唯一值得採用的日本佛教史研究方針。例如，末木文美士採取丸山真男提出的日本思想「古層」論，縱然肯定其指證的重要性，卻不認同將丸山的論調視為貫通日本思想史的「頑固低音（basso ostinato）」。此外，末木針對問題指出：「認為限制我們目前思想的『古層』就是一種歷史形成，這種想法難道不是最恰當的？」「思想史（或宗教史）的最大課題，難道不就是從表層挖掘出隱藏、累積已久的『古層』，並使其顯在化，藉此來檢證『古層』是如何形成的？」（末木文美士，二〇〇八）。這段說明末木的研究方法具有指標性，是試圖將過去透過累積宗派所形成的宗教史予以解構，並提示今後佛教史、思想史研究的另一方向。

這種嘗試應能形成一種契機，可重新掌握目前處於分裂與細分化的日本佛教研究。在此同時，目前處於沉滯狀態的鎌倉佛教研究亦可採取此觀點，以嶄新魅力成為關注焦點。

（編案：1.「古層」：意指日本古代傳統思想（古老地層）不會因外來文化逐漸覆蓋其上而被完全埋沒，反而是受到時代環境變化，逐漸隆起並暴露基底層。2.「頑固低音」：丸山真男認為日本思想的基底部分，猶如樂曲中執拗地反覆採用低音的音型，當主旋律的外來思想傳入之際，受到頑固低音般的日本固有思想所影響而逐漸變質，經由雜揉及修正後，最終達到彼此相融的狀態。）

## 四、邁向國際研究交流

我們目前絕不能以散漫態度來研究日本佛教，應將問題返本歸源，探討為何是「日本」？為何是「佛教」？必須構築具有宏觀性的研究。

此外，尚有一點不可忽視的就是海外研究動向。伯納德・佛爾（Bernard Faure）、夏富（Robert H. Sharf）受到薩依德（Edward Wadie Said）《東方主義》等著作的問題提起所影響，對既有佛教研究的框限提出犀銳批判。阿部龍一則從廣泛角度探討密教的文脈形成及影響，賈桂琳・史東（Jacqueline Stone）是以本覺思想為軸心重新探討日本佛教，布萊恩・魯伯特（Brian O. Ruppert）將日本的舍利信仰與世界各地的聖遺物信仰進行對照及考察。若從他們的研究來看，可深切感受到「日本」在日本佛教研究領域中已無法穩坐特權地位。李察・寶林（Richard Bowring）以佛教為中心，其研究課題是針對從佛教傳入東瀛至西元一六〇〇年為止的日本宗教通史，亦是相當重要的成果。

近年出現幾種具有吸引力的假說，是從廣泛角度重新探討日本佛教及思想。例如，馬庫斯・提文（Marcus Teeuwen）、法比歐・蘭貝利（Fabio Rambelli）提出的「本地垂迹典範」，將本地垂迹定位為前近代日本人的基本認知，藉由檢證及探討來解讀日本社會的固有實際樣貌，是值得關注的一項嘗試。歐美研究以具有自覺性的方式大膽活用新批評理論，此點是一項深具刺激性的挑戰。

若從傳統佛教研究來看是屬於周邊領域的民俗學、美術史、文學、建築學等方面，近年涉及佛教的相關研究亦顯得豐富充實。尤其從建築或美術史的觀點來解讀靈場、堂舍等宗教空間的研究，成為令人矚目的焦點（山岸常人，一九九〇；長岡龍作，二〇〇五；冨島義幸，二〇〇七）。此外，亦有學者提議應在廣闊的亞洲場域中，思考日本中世佛教的成立過程，並以此為基礎提示具體成果（上川通夫，二〇〇一）。中世佛教研究以顯密體制論為契機而邁向新階段，如今展現盛況空前的榮景。

然而，研究素材及成果愈豐富，實際上就愈要求研究者應具備透徹的問題意識及卓越的研究能力，如此方能彙整或描繪新佛教的樣貌。今日佛教研究之所以持續盛行而非一時風潮，原因就在於我們不僅發掘新資料，更需追求實證上的縝密性，透過方法面的層次來釐清問題意識。進而要求吸取佛教周邊領域的成果，建構更宏觀的新日本佛教樣貌。

專欄七

# 立川流

彌永信美（佛教學者）

堪稱是中世佛教暗潮的「立川流」，實在無法以簡單篇幅概括而論，其問題核心在於長達數百年以來所造成的頑強誤解。此誤解深深腐蝕人們的想像力，無法輕易消融。筆者在此僅以目前所能理解的部分盡量做一概述。

首先，對立川流的「誤解」為何？根據《廣辭苑》所提示一般常識認知的「立川流」一詞，其解釋為「（武藏國立川的陰陽師曾向仁寬修行並傳揚此法，故得此名）屬於真言密教支派，將男女媾和視為即身成佛的祕術。以平安時代後期的仁寬為初祖，至十四世紀的文觀集其大成，在中世廣為流通，此後被視為邪教，遂遭取締逐漸式微」。

真言宗支派「立川流」雖存在，卻非一般令人怵目驚心、以性為訴求的宗教。密教流派是藉由血脈相承來予以定義，立川流的血脈則如下所示：「……弘法大師—真雅—源仁—聖寶—觀賢—淳祐—元杲—仁海—成尊—範俊—勝覺—蓮念—見蓮—覺印……。」此流脈至勝覺（一〇五七—一一二九）之際，與一般的小野流正統法脈並無二致。勝覺之後的「蓮念」，據稱是勝覺之弟，亦即其弟子仁寬（？—一一一四？）被流放伊豆後的新法名。蓮念的弟子見蓮，除了傳說為「武藏國立川」人氏，此外一無所知。見蓮的弟子覺印則是永嚴（一〇七五—一一五一）之弟，永嚴是以廣澤流支派保壽院流的初祖而為人所知。覺印是圖像集成《別尊雜記》的作者心覺（一一一七—一一八〇）之師，並以高野山覺證院初祖而知名。覺印之後，其法嗣則有道範（一一七八—一二五二）、賴瑜（一二二六—一三〇四）等，赫赫有名的真言宗學僧亦名列其中。誠然，立川流並非如同小野流支派三寶院流，或廣澤流支派的仁和御流般是屬於主要法脈。即使如此，仁寬是最接近三寶院流的初祖勝覺，故而立川流被命名為三寶院流仁寬方，是十分恰切的名稱。

立川流的文獻中，保存數十個印信類（如印明、血脈等），其內容與其他同時代各種印信類對照後，發現並無顯著差異之處。對於與直接法脈無關的一般人而言，這僅是將印契或真言列出，記錄儀禮的單調文獻。誠然，這並非一切回歸於仁寬，其中有頗多是在後續法脈相承的過程中創造而成。其中包含一位取名怪異（名為女佛）的僧侶，其所相承的印信含有玄奇的性愛內容，或許該印信可回溯至實賢（一一七六—一二四九）。實賢所屬的金剛王院流，日後亦加入立川流。

那麼，立川流為何被認為是「將男女媾和視為即身成佛的祕術」？此外，如此主張以性為訴求的流派是否存在？筆者認為應該確實存在。然而，如今存世的詳細文獻，唯有越前國豐原寺的僧侶心定於文永五年（一二六八）所撰的《受法用心集》。心定於建長三年（一二五一）在京都之際，曾遇一僧並受其傳法，心定未記載其名，僅一貫以「彼法」、「此法」來表示。據心定所述，「彼法」是以骷髏為本尊舉行詭譎的儀式，「需與具相好圓滿之女情交，以和合水反覆塗骷髏一百二十遍」。在《受法用心集》首段，記述「彼法」要旨在於「經文以犯女色為真言一宗之肝要，即身成佛之至極。若無堅固意念，不能成佛」。那麼，為何將如此詭異的宗派（？）稱為「立川流」？首先理由是《受法用心集》記載此名稱。但若仔細閱讀其文，可明確得知心定並未將「彼法」稱為「立川流」。心定所舉的「彼法」血脈，是與以仁寬（蓮念）為初始的立川流實際血脈毫無瓜葛、行徑荒誕無稽的血脈。若從《受法用心集》的其他記述來考量，所謂「彼法」並非正統的真言宗法脈，恐怕是近似修驗道或神靈的某些半僧半俗修行者之間所流行的地下組織式信仰，以今日說法就是類似新宗教的型態。

然而，之所以稱為「立川流」的另一項最大理由，就在於永和元年（一三七五），高野山的宥快在著作《寶鏡鈔》中論述之際，直接將《受法用心集》所述的「彼法」與立川流的教法相結合。進而又將後醍醐天皇的著名側近文觀與立川流直接連結，從斷然否定的立場，將他們提倡以性為訴求的教法視為「邪法」。

《廣辭苑》針對立川流所示的現代「常識」，堪稱是經由《寶鏡鈔》完成。從十三世紀前期起，立川流即被質疑的目光檢視，此乃不爭之事實。宥快恐怕是懷有明顯的政治企圖心，為了攻擊文觀及受其影響在南朝殘存勢力的真言宗派系，故將兩者直接予以結合，更將立川流與「《受法用心集》的彼法＝以性為訴求的宗教」直接連結，試圖貶低其宗派的可信度。

無論是針對立川流或「彼法」、文觀，甚至是宥快的意圖，仍有諸多疑問懸而未決。然而在今日階段，的確認為若僅將立川流視為「以性為訴求的宗教」則是莫大誤會。

## 文獻介紹

守山聖真，《立川邪教とその社会的背景の研究》，鹿野苑，一九六五年。

櫛田良洪，《真言密教成立過程の研究》，山喜房佛書林，一九六四年。

彌永信美，〈立川流と心定《受法用心集》をめぐって〉，《日本仏教綜合研究》二，二〇〇三，十三—三十一頁。

# 年表
# 參考文獻

# 年表

1. 日本篇（第十一卷至十四卷）所附之年表，在與各卷相關的時代為詳表，其他時代則為略表。此年表是以佛教史為中心，亦收錄相關社會或思想、文化項目。
2. 改元之年以新年號標示。
3. 年表製作
   (1) 古代（？—一一八四）：藤井淳（前日本學術振興會特別研究員）、豊嶋悠吾（東京大學大學院）
   (2) 中世（一一八五—一五七二）：和田有希子（早稻田大學日本宗教文化研究所客座研究員）
   (3) 近世（一五七三—一八六七）：西村玲（東洋大學兼任講師）
   (4) 近代（一八六八—）：辻村志のぶ（前日本學術振興會特別研究員）

| 西元 | 年號 | 佛教發展動向 | 史事紀要 |
|---|---|---|---|
| 五二二 | 繼體十六 | 據傳司馬達等渡日，於大和高市郡的草堂安置佛像。 | |
| 五三八 | 宣化三<br>欽明七 | 據傳百濟聖明王將佛像及經論贈於日本朝廷，群臣為禮佛方式而引發論爭（佛教公傳，一說五五二年）。 | |

| | | | |
|---|---|---|---|
| 五八四 | 敏達十三 | 司馬達等之女嶋剃度出家，稱善信尼，另有二名女子亦同（此為出家之始）。 | |
| 五八七 | 用明二 | 用明天皇因患疾而皈依佛門。 | 蘇我馬子與聖德太子攻滅物部守屋。 |
| 五九四 | 推古二 | 頒布佛法興隆之詔。 | |
| 六〇四 | 推古十二 | | 聖德太子制定《憲法十七條》。 |
| 六〇七 | 推古十五 | 聖德太子創建法隆寺。 | |
| 六〇八 | 推古十六 | | 小野妹子受遣入隋，僧旻等留學僧亦同行。 |
| 六一〇 | 推古十八 | 高句麗王派遣僧曇徵渡日，傳入紙、墨製法。 | |
| 六一一 | 推古十九 | 聖德太子撰《勝鬘經義疏》，此後著有《維摩經義疏》、《法華經義疏》（三經義疏的作者另有其說）。 | |
| 六一八 | 推古二十六 | | 隋滅建唐。 |

| | | | |
|---|---|---|---|
| 六二二 | 推古三十 | 橘大郎女等人製作天壽國繡帳以追思聖德太子。 | |
| 六四三 | 皇極二 | | 山背大兄王遭受蘇我入鹿襲擊而自盡。 |
| 六四六 | 大化二 | | 頒布大化革新之詔。 |
| 六七二 | 天武元 | | 壬申之亂。 |
| 六八三 | 天武十二 | 任命僧正、僧都、律師監督僧尼（成立僧綱制）。 | |
| 七〇一 | 大寶元 | 於大官大寺宣述《僧尼令》。 | 完成《大寶律令》。 |
| 七一〇 | 和銅三 | 山階寺遷於平城京，改稱為興福寺。 | 遷都平城京。 |
| 七一七 | 養老元 | 禁止百姓私度及行基從事民間傳法活動。 | |
| 七二三 | 養老七 | 於興福寺設置悲田院。 | |
| 七三五 | 天平七 | 玄昉自唐朝攜歸經論五千餘卷，並傳入法相宗。 | |
| 七四〇 | 天平十二 | 新羅僧審祥初講《華嚴經》（六十卷 | 藤原廣嗣之亂。 |

| | | | |
|---|---|---|---|
| | | 本）。 | |
| 七四一 | 天平十三 | 聖武天皇發願建立國分寺、國分尼寺。 | |
| 七四五 | 天平十七 | 行基受任為大僧正。 | |
| 七五二 | 天平勝寶四 | 於東大寺進行大佛開眼供養。 | |
| 七五四 | 天平勝寶六 | 唐僧鑑真渡日，弘傳律宗。 | |
| 七五五 | 天平勝寶七 | 東大寺設立戒壇。 | |
| 七五九 | 天平寶字三 | 鑑真建立唐招提寺。 | |
| 七七〇 | 寶龜元 | 道鏡被貶謫為下野藥師寺別當。 | 稱德天皇（年五十三）薨。 |
| 七八八 | 延曆七 | 據傳最澄建造比叡山寺（一乘止觀院、延曆寺）。 | |
| 七九四 | 延曆十三 | | 遷都平安京。 |
| 七九八 | 延曆十七 | 制定年分度者制。 | |
| 八〇四 | 延曆二十三 | 最澄、空海入唐。 | |
| 八〇五 | 延曆二十四 | 最澄歸朝，傳天台法門。 | |

| | | | |
|---|---|---|---|
| 八〇六 | 大同元 | 空海歸國，傳真言密教，編撰《御請來目錄》。 | |
| 八一六 | 弘仁七 | 空海向朝廷請賜高野山（金剛峰寺）。 | |
| 八一九 | 弘仁十 | 最澄奏請於比叡山設立圓頓戒壇，遭到南都僧眾連署反對。 | |
| 八二二 | 弘仁十三 | 最澄（年五十六）示寂（逝後，朝廷敕准比叡山設立戒壇）。 | |
| 八二三 | 弘仁十四 | 朝廷將東寺敕賜於空海（稱為教王護國寺，被定位為真言宗根本道場）。 | |
| 八三〇 | 天長七 | 向朝廷上呈天長敕撰六部宗書。 | |
| 八三五 | 承和二 | 空海（年六十二）示寂。 | |
| 八四七 | 承和十四 | 圓仁自唐歸朝，撰《入唐求法巡禮行記》。 | |
| 八五一 | 仁壽元 | 圓仁於比叡山初次引入五台山的引聲念佛，修持常行三昧。 | |
| 八五八 | 天安二 | 圓珍自唐土攜歸諸多佛典及儀軌，此後重興園城寺。 | |

| | | | |
|---|---|---|---|
| 八六六 | 貞觀八 | 追贈最澄諡號為傳教大師，圓仁為慈覺大師（此為最初的敕諡號）。 | |
| 八八五 | 仁和元 | 安然撰《菩提心義抄》、《真言宗教時義》。 | |
| 八九四 | 寬平六 | | 菅原道真奏請停止派遣遣唐使。 |
| 九三八 | 天慶元 | 空也入京，始於市井推廣口誦阿彌陀佛的稱名念佛。 | |
| 九四〇 | 天慶三 | | 平定平將門之亂。 |
| 九六三 | 應和三 | 應和宗論（宮中舉行法華八講之際，法相宗的法藏等人與天台宗的良源等人之間引發論爭）。 | |
| 九七〇 | 天祿元 | 初次舉行祇園御靈會。 | |
| 九八五 | 寬和元 | 源信撰成《往生要集》。 | |
| 九九三 | 正曆四 | 圓仁門徒（山門派）與圓珍門徒（寺門派）相爭，圓珍弟子離開比叡山。 | |

| | | | |
|---|---|---|---|
| 一〇〇六 | 寬弘三 | 興福寺僧眾以神佛譴罰為由，向朝廷發起稱為「強訴」的武力抗爭，此後僧眾、神人發起強訴威脅朝廷的風氣漸盛。 | |
| 一〇二七 | 萬壽四 | 藤原道長（年六十二）歿於法成寺阿彌陀堂。 | |
| 一〇五二 | 永承七 | 開始盛行末法將至之說。 | |
| 一〇五三 | 天喜元 | 藤原賴通建立平等院阿彌陀堂（鳳凰堂）。 | |
| 一〇八六 | 應德三 | | 白河上皇始行院政。 |
| 一一一七 | 永久五 | 據傳良忍感得融通念佛之偈。 | |
| 一一三二 | 長承元 | 覺鑁建立高野山傳法院的密嚴院。 | |
| 一一六四 | 長寬二 | 平清盛與平氏一門共同抄寫《法華經》等經典，供奉於嚴島神社（平家納經）。 | |
| 一一六七 | 仁安二 | | 平清盛成為太政大臣，平氏邁向全盛時期。 |

| 一一六八 | 仁安三 | 榮西初次入宋，與前一年入宋的重源偕同返日。 | |
|---|---|---|---|
| 一一七五 | 安元元 | 法然提倡專修念佛，離比叡山而移住東山吉水（日本淨土宗之始）。 | |
| 一一八〇 | 治承四 | 平重衡火攻南都，東大寺、興福寺付之一炬。 | |
| 一一八一 | 養和元 | 重源勸請重建東大寺。 | 平清盛歿。 |
| 一一八三 | 壽永二 | 重源與宋人陳和卿等人開始修建東大寺大佛。 | |
| 一一八四 | 壽永三 | | 一之谷之戰（源義經等人逼使平氏軍隊退走屋島） |
| 一一八五 | 文治元 | 東大寺大佛建成。 | 壇之浦之戰（平家滅亡）。<br>設置守護與地頭。<br>《梁塵秘抄》撰成。 |
| 一一八六 | 文治二 | 法然與天台僧顯真舉行念佛宗論（大原談義）。<br>重源參詣伊勢，祈求建造東大寺大佛殿。 | 慶俊撰《東大寺眾徒參詣伊勢大神宮記》。 |

| | | | |
|---|---|---|---|
| 一一八七 | 文治三 | 榮西二度入宋。 | 源義經投奔藤原秀衡以求庇護。 |
| 一一八九 | 文治五 | 攝津國三寶寺的能忍派遣弟子入宋。 | 藤原泰衡殺害源義經。<br>奧州藤原氏敗亡。 |
| 一一九〇 | 建久元 | 法然於東大寺宣講淨土三部經。 | 西行（年七十三）示寂。 |
| 一一九一 | 建久二 | 榮西二度入宋後返國，弘傳臨濟禪。 | |
| 一一九二 | 建久三 | | 源賴朝成為征夷大將軍。 |
| 一一九四 | 建久五 | 禁止榮西、大日能忍（達磨宗）等人弘傳禪宗。 | |
| 一一九五 | 建久六 | 重源將宋本一切經獻於醍醐寺，並舉行東大寺佛殿重建供養法會。 | |
| 一一九七 | 建久八 | | 鎌倉幕府為保元之亂以來的諸國反叛者舉行供養法會。 |
| 一一九八 | 建久九 | 法然撰《選擇本願念佛集》、榮西撰《興禪護國論》。 | |
| 一一九九 | 正治元 | 俊芿入宋。<br>東大寺南大門上樑。 | 源賴朝（年五十三）歿。<br>梶原景時遭討伐而亡。 |

| | | | |
|---|---|---|---|
| | | 重源修造東大寺法華堂。 | |
| 一二〇〇 | 正治二 | 鎌倉幕府彈壓念佛眾徒。北條政子捐地於榮西，始建壽福寺。 | |
| 一二〇一 | 建仁元 | 親鸞於六角堂閉關修行，入法然門下。 | 快慶造立東大寺僧形八幡神像。 |
| 一二〇二 | 建仁二 | 榮西創立建仁寺。守覺法親王（年五十三）歿。 | 源賴家就任第二代將軍。 |
| 一二〇三 | 建仁三 | 安居院澄憲（年七十八）示寂。 | 比企能員之亂。 |
| | | | 運慶、快慶等人造立東大寺金剛力士像。 |
| 一二〇四 | 元久元 | 榮西撰《日本佛法中興願文》、法然撰《七箇條制誡》以勸誡門人。 | 源賴家遭北條氏殺害。 |
| 一二〇五 | 元久二 | 興福寺僧眾提出停止念佛的訴狀（《興福寺奏狀》）。 | 藤原定家撰《新古今和歌集》。 |
| 一二〇六 | 建永元 | 因興福寺眾徒提出訴狀，法然的弟子遭流放。重源（年八十六）示寂。明惠創建高山寺。 | |

| 一二〇七 | 承元元 | 禁止專修念佛，法然、親鸞遭流放。 | |
|---|---|---|---|
| 一二〇八 | 承元二 | 幕府於鶴岡建立神宮寺。 | |
| 一二〇九 | 承元三 | 法然要求弟子停止主張一念義。 | 幕府因遭作祟，為已故梶原景時舉行超度法會。 |
| 一二一一 | 建曆元 | 俊芿自宋返國。<br>榮西撰《喫茶養生記》。 | |
| 一二一二 | 建曆二 | 法然（年八十）示寂。<br>明惠撰《摧邪輪》。 | 鴨長明撰《方丈記》，約於此時編撰《發心集》。 |
| 一二一三 | 建保元 | 貞慶（年五十九）示寂。 | 源實朝撰《金槐和歌集》。<br>和田義盛遭北條義時軍討伐，戰敗而亡。 |
| 一二一四 | 建保二 | 道元於建仁寺面晤榮西。 | |
| 一二一五 | 建保三 | 榮西（年七十五）示寂。 | 源顯兼撰《古事談》。 |
| 一二一六 | 建保四 | | 源實朝籌畫渡宋，翌年終止計畫。<br>鴨長明（年六十二）歿。 |
| 一二一七 | 建保五 | 法然弟子空阿彌陀佛主張專修念佛。 | |

| | | | |
|---|---|---|---|
| 一二一九 | 承久元 | | 源實朝遭公曉所弒（源氏嫡系滅絕）。幕府將九條道家之子賴經從京都遣往鎌倉。 |
| 一二二〇 | 承久二 | 慈圓撰《愚管抄》。 | 《宇治拾遺物語》撰成。 |
| 一二二一 | 承久三 | | 承久之亂。後鳥羽院遭流放於隱岐。 |
| 一二二二 | 貞應元 | 慶政撰《閑居友》。日蓮誕生。 | |
| 一二二三 | 貞應二 | 道元、明全等人入宋。高野山建立金剛三昧院。 | 運慶歿。規定新遞補上任的地頭所獲得的年貢收益。 |
| 一二二四 | 元仁元 | 朝廷宣敕禁止專修念佛。親鸞完成《教行信證》初稿（淨土真宗開宗）。 | 北條泰時成為執權，北條時房成為連署（連署之始）。 |
| 一二二五 | 嘉祿元 | 慈圓（年七十一）示寂。 | 幕府設置評定眾。 |
| 一二二六 | 嘉祿二 | 高田專修寺興建完成。 | 藤原賴經任幕府將軍（攝家將軍之始）。 |

| 一二二七 | 安貞元 | 延曆寺眾徒破壞法然之墓，隆寬、空阿彌陀佛遭流放。道元自宋返國，撰《普勸坐禪儀》。 | 加藤景正自宋返日，始有瀨戶燒。 |
|---|---|---|---|
| 一二二八 | 安貞二 | 禁止高野山眾徒擁有武力裝備。入宋僧淨業請歸《大藏經》。 | |
| 一二二九 | 寬喜元 | 禁止奈良眾徒擁有武力裝備。 | |
| 一二三〇 | 寬喜二 | 道元約於此時從建仁寺移住山城深草。 | |
| 一二三一 | 寬喜三 | 道元《正法眼藏》〈辨道話〉。 | |
| 一二三二 | 貞永元 | 明惠（年六十）示寂。 | 設定御成敗式目（貞永式目）。 |
| 一二三三 | 天福元 | 道元開創興聖寺。 | 猿樂在京都蔚為風潮。 |
| 一二三四 | 文曆元 | 念佛專修的藤原教雅遭朝廷流放。 | |
| 一二三五 | 嘉禎元 | 安居院流聖覺（年六十九）示寂。圓爾入宋。 | 幕府禁止僧眾使用武器。 |
| 一二三六 | 嘉禎二 | 叡尊、覺盛等人於東大寺立誓受戒。 | |

| | | | |
|---|---|---|---|
| 一二三七 | 嘉禎三 | 日蓮出家。 | |
| 一二三八 | 曆仁元 | 聖光（年七十七）示寂。<br>淨光於鎌倉建造大佛。<br>高信輯錄《明惠上人遺訓》。<br>（懷奘）輯錄《正法眼藏隨聞記》。 | 《平家物語》撰成。 |
| 一二三九 | 延應元 | 一遍出生。 | 後鳥羽院（年六十）逝於隱岐。 |
| 一二四一 | 仁治二 | 圓爾返國，於筑前創建崇福寺。<br>退耕行勇（年七十九）示寂。 | 鎌倉發生大地震。 |
| 一二四二 | 仁治三 | 高野山眾徒焚毀根來傳法院。<br>幕府禁止鎌倉當地的眾徒擁有武力裝備。 | |
| 一二四三 | 寬元元 | 圓爾受迎請為東福寺開山祖師。 | |
| 一二四四 | 寬元二 | 道元受招請至越前大佛寺（永平寺）。 | |
| 一二四六 | 寬元四 | 蘭溪道隆自宋渡日。 | 名越光時擁立藤原賴經，但又密謀廢除（名越光時之變）。 |

| | | | |
|---|---|---|---|
| | | | 幕府將賴經送返於京，向朝廷奏請罷免九條道家擔任攝政一職。 |
| 一二四七 | 寶治元 | 北條時賴招請道元至鎌倉。 | 北條時賴討伐並消滅有力御家人三浦氏（寶治合戰）。 |
| 一二四八 | 寶治二 | 親鸞撰《淨土和讚》、《淨土高僧和讚》。<br>道元訂定〈永平寺庫院規式〉五條。 | |
| 一二四九 | 建長元 | 覺盛（年五十六）示寂。 | 幕府設置引付眾。 |
| 一二五一 | 建長三 | 親鸞以書信化導對佛經解釋歧異的東國門徒。 | |
| 一二五二 | 建長四 | 良遍（年五十七？）示寂。 | 宗尊親王就任將軍（皇族將軍之始）。 |
| 一二五三 | 建長五 | 日蓮於清澄寺勸說及獎勵法華信仰，宣教於鎌倉（日蓮宗開宗）。<br>創建建長寺，招請蘭溪道隆。<br>道元（年五十四）示寂。 | |

| | | | |
|---|---|---|---|
| 一二五四 | 建長六 | | 橘成季撰《古今著聞集》。 |
| 一二五五 | 建長七 | 親鸞撰《愚禿鈔》。 | |
| 一二五六 | 康元元 | 親鸞與長男善鸞斷絕父子關係。 | 北條長時成為執權。 |
| 一二五七 | 正嘉元 | 園城寺眾徒發起強訴，要求建立戒壇。<br>北條時賴迎請圓爾入鎌倉。 | 鎌倉發生大地震。<br>住信撰《私聚百因緣集》。 |
| 一二五八 | 正嘉二 | 延曆寺眾徒因天皇宣旨准許園城寺設立戒壇，怒而發起強訴。<br>朝廷停止宣敕園城寺戒壇。 | |
| 一二五九 | 正元元 | 《阿娑縛抄》撰成（一說一二八一年）。 | |
| 一二六〇 | 文應元 | 敕准園城寺設立戒壇。<br>日蓮撰《立正安國論》呈於北條時賴。<br>鎌倉眾徒焚毀日蓮所居草庵。<br>兀庵普寧渡日。 | |
| 一二六一 | 弘長元 | 日蓮遭流放伊豆。<br>北條長時招請忍性出任極樂寺住持。 | |

| | | | |
|---|---|---|---|
| 一二六二 | 弘長二 | 親鸞（年九十）示寂。 | |
| 一二六三 | 弘長三 | 幕府赦免日蓮。 | 北條時賴（年三十七）歿。 |
| 一二六四 | 文永元 | 叡尊初修光明真言。《歎異抄》撰成。 | |
| 一二六五 | 文永二 | 兀庵普寧自宋返國。 | 《續古今和歌集》撰成。 |
| 一二六六 | 文永三 | 日蓮撰《法華題目抄》。 | 廢止引付眾。 |
| 一二六七 | 文永四 | 忍性以鎌倉極樂寺為據點，在關東弘揚律宗。 | 高麗使者持蒙古帝國大汗忽必烈的國書渡日。 |
| 一二六八 | 文永五 | 凝然撰《八宗綱要》。日蓮呈書於時宗，譴責諸宗及警告外寇來襲。 | 幕府驅逐蒙古使者。北條時宗成為執權。北條實時約於此時創立金澤文庫。 |
| 一二七一 | 文永八 | 龍口法難，日蓮遭流放佐渡。 | 朝廷請求伊勢神宮祈願調伏蒙古。 |
| 一二七二 | 文永九 | 日蓮於佐渡撰《開目抄》。親鸞之女覺信尼，將父墓遷至大谷（本願寺）。 | 蒙古使者奏呈國書。後嵯峨院（年五十三）薨，持明院統與大覺寺統分裂後 |

| | | | |
|---|---|---|---|
| | | | 形成對立。 |
| 一二七三 | 文永十 | 日蓮撰《觀心本尊抄》，遭禁止在佐渡傳法。 | |
| 一二七四 | 文永十一 | 日蓮獲赦免。<br>一遍參詣閉關於熊野（北條時宗開宗）。<br>日蓮於身延山開創久遠寺。<br>了惠道光編《黑谷上人語燈錄》。 | 文永之役。<br>卜部兼方撰《釋日本紀》（—一三〇一年）。 |
| 一二七五 | 建治元 | | 北條時宗處斬蒙古使者。<br>設置九州探題。 |
| 一二七六 | 建治二 | | 幕府於博多附近海岸築造石壘。 |
| 一二七七 | 建治三 | 圓照（年五十七）示寂。 | |
| 一二七八 | 弘安元 | 北條時宗為招請禪僧而派遣德詮等人入元。 | 元世祖准許日本商船與中國交易。<br>《北野天神緣起》成立。<br>幕府斬殺蒙古使者。 |

| 一二七九 | 弘安二 | 無學祖元渡日，入建長寺。熱原法難（對駿河國富士熱原的日蓮門徒進行彈壓）。 | 阿佛尼撰《十六夜日記》（—翌八月）。 |
| --- | --- | --- | --- |
| 一二八〇 | 弘安三 | 圓爾（年七十九）示寂。 | 幕府敕命各寺祈願降伏蒙古。 |
| 一二八一 | 弘安四 | | 弘安之役。 |
| 一二八二 | 弘安五 | 日蓮（年六十一）示寂。創建圓覺寺，供養蒙古來襲戰歿者。 | |
| 一二八三 | 弘安六 | 無住道曉撰《沙石集》。 | 幕府將圓覺寺定為替將軍家祈福之寺。 |
| 一二八四 | 弘安七 | 朝廷以官符敕令叡尊修築橋樑。 | 北條時宗（年三十四）歿。北條貞時成為執權。 |
| 一二八五 | 弘安八 | 創建圓覺寺舍利殿。 | 霜月騷動（平賴綱殲滅安達泰盛一族）。 |
| 一二八六 | 弘安九 | 叡尊撰《感身學正記》。無學祖元（年七十一）示寂。 | |
| 一二八八 | 正應元 | 賴瑜將高野山的大傳法院、密嚴院遷 | |

| | | | |
|---|---|---|---|
| | | 至根來（另立新義真言宗）。日興離開身延山而前往富士。 | |
| 一二八九 | 正應二 | 一遍（年五十一）示寂。 | |
| 一二九〇 | 正應三 | | 院旨下令各寺社祈求蒙古請降。 |
| 一二九一 | 正應四 | 龜山法皇創建南禪寺。 | 幕府命諸國寺社祈求蒙古請降。 |
| 一二九二 | 正應五 | 無關普門（年八十）示寂（南禪寺開山祖師）。 | |
| 一二九三 | 永仁元 | 忍性任東大寺大勸進。 | 竹崎季長作《蒙古襲來繪詞》。 |
| 一二九四 | 永仁二 | 日像於京都宣揚法華宗。忍性創建悲田院、敬田院。 | |
| 一二九五 | 永仁三 | | 六條有房撰《野守鏡》。 |
| 一二九六 | 永仁四 | | 《天狗草紙繪卷》完成。 |
| 一二九七 | 永仁五 | 元僧一山一寧渡日。 | 發布永仁德政令（德政令之始）。 |

| | | | |
|---|---|---|---|
| 一二九八 | 永仁六 | 將西大寺管轄的三十四座寺院做為將軍祈願所。 | |
| 一二九九 | 正安元 | 一山一寧渡日，至鎌倉上呈締結和平的國書。<br>無住撰《聖財集》。<br>《一遍上人繪傳》完成。 | |
| 一三〇〇 | 正安二 | 土佐吉光作《法然上人繪傳》。 | |
| 一三〇二 | 乾元元 | 幕府鎮壓一向宗徒。<br>凝然撰《圓照上人行狀》。 | |
| 一三〇五 | 嘉元三 | 興福寺眾徒焚毀片岡的達磨寺。<br>無住撰《雜談集》。 | |
| 一三〇六 | 德治元 | | 日本商船渡元從事貿易。 |
| 一三〇八 | 延慶元 | 臨濟僧南浦紹明（年七十四）示寂。 | |
| 一三〇九 | 延慶二 | 元僧慧日渡日，接受北條貞時招請入禪興寺。<br>入元僧道眼房請歸一切經。 | |
| 一三一一 | 應長元 | 凝然撰《三國佛法傳通緣起》。 | 北條宗宣成為執權。 |

| | | | |
|---|---|---|---|
| 一三一二 | 正和元 | 無住（年八十七）示寂。 | 北條熙時成為執權。 |
| 一三一三 | 正和二 | 善光寺遭焚毀。 | |
| 一三一五 | 正和四 | 建長寺起火。 | 北條基時成為執權。 |
| 一三一六 | 正和五 | 高峰顯日（年七十六）示寂。 | |
| 一三一七 | 文保元 | 一山一寧（年七十一）示寂。 | 幕府決定由持明院統、大覺寺統的皇嗣輪流繼位為天皇（文保和談）。 |
| 一三一八 | 文保二 | | 《溪嵐拾葉集》撰成。《百鬼夜行繪卷》完成。 |
| 一三一九 | 元應元 | 延曆寺眾徒強烈反對園城寺設立戒壇，並對該寺放火。 | |
| 一三二〇 | 元應二 | | 度會家行撰《類聚神祇本源》。 |
| 一三二一 | 元亨元 | 後宇多法皇創建大覺寺金堂。 | 院政結束，改由後醍醐天皇親政。重興記錄所。 |
| 一三二二 | 元亨二 | 虎關師鍊撰《元亨釋書》。 | |

| 一三二三 | 元亨三 | 元僧中峰明本（年六十）示寂。 | |
|---|---|---|---|
| 一三二四 | 正中元 | 大德寺創建。存覺撰《諸神本懷集》。 | 正中之變（後醍醐天皇欲行倒幕計畫卻事跡敗露）。 |
| 一三二五 | 正中二 | 呑海開創清淨光寺（遊行寺）。瑩山紹瑾（年五十八）示寂。夢窓疎石成為南禪寺住持。 | 幕府派遣建長寺船渡元。 |
| 一三二六 | 嘉曆元 | 元僧清拙正澄渡日。《石山寺緣起》繪成。 | 金澤貞顯成為執權。 |
| 一三二七 | 嘉曆二 | 北條高時迎請清拙正澄成為建長寺住持。夢窓疎石創建瑞泉寺。 | |
| 一三二九 | 元德元 | 夢窓疎石成為圓覺寺住持。《一言芳談》撰成。 | |
| 一三三〇 | 元德二 | 延曆寺僧眾請求禁止信仰一向宗。 | 吉田兼好撰《徒然草》。 |
| 一三三一 | 元弘元、元德三 | | 元弘之變（後醍醐天皇攜神器投奔笠置寺）。花園天皇撰《花園院宸記》。 |

| | | | |
|---|---|---|---|
| 一三三二 | 元弘二、正慶元 | 中巖圓月自元朝返國。 | 幕府將後醍醐天皇流放隱岐。<br>護良親王於吉野舉兵，楠木正成於千早城應戰。 |
| 一三三三 | 元弘三、正慶二 | 後醍醐天皇將大德寺列為五山之一。從覺編《末燈鈔》。<br>中巖圓月撰〈原民〉、〈原僧〉以論時弊。 | 足利尊氏、新田義貞舉兵。<br>北條高時自盡（鎌倉幕府滅亡）。<br>後醍醐天皇返京。 |
| 一三三四 | 建武元 | 制定南禪寺為五山之首，大德寺亦同等階位。 | 推行建武新政。<br>編纂具批判文性質的《二條河原落書》，藉以諷刺社會。 |
| 一三三五 | 建武二 | 後醍醐天皇於北條高時故居建立寶戒寺，為其祈求冥福。 | 北條高時的遺孤北條時行舉兵叛亂（中先代之亂）。 |
| 一三三六 | 延元元、建武三 | | 足利尊氏制定《建武式目》（成立室町幕府）。<br>後醍醐天皇獻出神器而暗中前往吉野（南北朝分裂）。 |

| | | | |
|---|---|---|---|
| 一三三七 | 延元二、建武四 | 大德寺開山祖師宗峰妙超（年五十六）示寂。 | |
| 一三三八 | 延元三、曆應元 | | 足利尊氏任征夷大將軍。北畠親房撰《元元集》。 |
| 一三三九 | 延元四、曆應二 | 足利尊氏奏請建造安國寺、利生塔。創建天龍寺。 | 後醍醐天皇（年五十二）薨。北畠親房撰《神皇正統記》。 |
| 一三四〇 | 興國元、曆應三 | | 北畠親房撰《職原鈔》。慈遍編撰《豐葦原神風和記》。 |
| 一三四一 | 興國二、曆應四 | 將建長、南禪、圓覺、天龍、壽福、建仁、東福制定為五山。 | 足利直義派遣天龍寺船渡元。 |
| 一三四二 | 興國三、康永元 | 室町幕府奉院宣而制定五山十剎。 | 坂十佛撰《伊勢太神宮參詣記》。 |
| 一三四三 | 興國四、康永二 | 以京都五山為中心出版的雕版印刷著作（五山版）迎向巔峰期。 | |

| | | | |
|---|---|---|---|
| 一三四四 | 興國五、康永三 | 夢窓疎石撰《夢中問答集》。 | 《梅松論》撰成。 |
| 一三四六 | 正平元、貞和二 | 虎關師錬（年六十九）示寂。 | |
| 一三四八 | 正平三、貞和四 | 竺仙梵僊（年五十七）示寂。 | 高師直等人率領幕府軍，楠木正行敗北（四條畷之戰）。 |
| 一三五〇 | 正平五、觀應元 | | 吉田兼好（年四十八）歿。倭寇入侵高麗沿岸。 |
| 一三五一 | 正平六、觀應二 | 夢窓疎石（年七十七）示寂。從覺繪作《慕歸繪詞》。 | 觀應之亂。 |
| 一三五二 | 正平七、文和元 | 延曆寺眾徒破壞日蓮宗妙顯寺法華堂。 | 足利尊氏暗殺其弟直義（年四十七）。 |
| 一三五六 | 正平十一、延文元 | | 二條良基撰《菟玖波集》。《增鏡》撰成。 |
| 一三五七 | 正平十二、延文二 | 東山本願寺成為敕願寺。文觀（年八十）示寂。 | |

| | | | |
|---|---|---|---|
| 一三五八 | 正平十三、延文三 | 足利義詮更改既有的五山階位。 | 足利尊氏（年五十四）歿。足利義詮繼任第二代將軍。 |
| 一三六〇 | 正平十五、延文五 | 妙心寺開山關山慧玄（年八十三）示寂。 | |
| 一三六七 | 正平二十二、貞治六 | 南禪寺住持定山祖禪撰《續正法論》誹謗諸宗。 | 足利義詮（年三十八）歿。忌部正通撰《神代卷口訣》。 |
| 一三六八 | 正平二十三、應安元 | 幕府規定諸山住持入院之制。延曆寺眾徒批判禪宗興盛。 | 足利義滿任第三代將軍。《太平記》撰成。 |
| 一三六九 | 正平二十四、應安二 | 幕府因延曆寺眾徒強訴，破壞南禪寺樓門。 | 倭寇侵明。明朝請求日本朝廷禁止倭寇入華。 |
| 一三七二 | 文中元、應安五 | 頓阿（年八十四）示寂。 | 二條良基制定《應安新式》。 |
| 一三七五 | 天授元、應安八 | 中巖圓月（年七十六）示寂。 | |
| 一三七八 | 天授四、永和四 | | 足利義滿於京都創設花御所並移居於此。 |

| 一三七九 | 天授五、康曆元 | 春屋妙葩任禪寺僧錄司。 | |
|---|---|---|---|
| 一三八〇 | 天授六、康曆二 | 足利義滿制定十刹、準十刹（合計十六寺）。 | |
| 一三八一 | 弘和元、永德元 | 足利義滿制定春屋妙葩等人及五山十刹住持的任期。 | |
| 一三八二 | 弘和二、永德二 | 建立足利氏的菩提寺相國寺。 | |
| 一三八三 | 弘和三、永德三 | | 足利義滿獲得比照三后（太皇太后、皇太后、皇后）的待遇。<br>斯波義將撰《竹馬抄》。 |
| 一三八六 | 元中三、至德三 | 足利義滿制定五山十刹的位階順序（南禪寺居五山之上）。 | |
| 一三八七 | 元中四、嘉慶元 | 拔隊得勝（年六十一）示寂。 | |
| 一三八八 | 元中五、嘉慶二 | 義堂周信（年六十四）示寂。<br>春屋妙葩（年七十八）示寂。 | |

| | | | |
|---|---|---|---|
| 一三九〇 | 元中七、明德元 | | 幕府於美濃討滅守護土岐康行（土岐氏之亂）。 |
| 一三九一 | 元中八、明德二 | | 山名氏清舉兵，遭幕府軍討滅（明德之亂）。 |
| 一三九二 | 元中九、明德三 | 足利義滿為前一年的明德之亂戰死者舉行超度法會。 | 後龜山天皇將神器授予後小松天皇（南北朝統一）。李氏朝鮮建國。 |
| 一三九四 | 應永元 | 今川了俊將戰俘送返朝鮮並求取《大藏經》。 | 足利義滿成為太政大臣，讓位於其子義持，成為第四代將軍。 |
| 一三九七 | 應永四 | 足利義滿建造北山第（金閣寺）。 | |
| 一三九九 | 應永六 | 足利義滿為義詮舉行第三十三回年忌，以建久年間的東大寺供養為依據，並於相國寺舉行七重塔供養。 | 大內義弘兵敗而亡（應永之亂）。 |
| | | | 洞院公定在此之前撰成《尊卑分脈》。 |
| 一四〇一 | 應永八 | 相國寺取代天龍寺，晉升為五山首剎。 | 足利義滿派遣肥富、祖阿等人入明（遣明船之始）。 |

| | | | |
|---|---|---|---|
| 一四〇二 | 應永九 | | 足利義滿禁止倭寇。今川了俊撰《難太平記》。 |
| 一四〇四 | 應永十一 | | 足利義滿取得明朝的勘合符，始有勘合貿易。 |
| 一四〇五 | 應永十二 | 絕海中津（年七十）示寂。 | |
| 一四〇六 | 應永十三 | | 世阿彌撰成《花傳書》。 |
| 一四〇七 | 應永十四 | | 足利義滿（年五十一）葬於等持院。 |
| | | | 南蠻船抵達若狹小濱，獻大象、孔雀等貢物。 |
| 一四〇八 | 應永十五 | 大內盛見向朝鮮求取《大藏經》。日親誕生。 | |
| 一四〇九 | 應永十六 | 天龍寺恢復為五山首剎。 | |
| 一四一一 | 應永十八 | 足利義持、大內盛見為求《大藏經》而贈禮於朝鮮。 | 日、明兩國暫時中斷國交。茶道、插花蔚為風潮。 |
| 一四一四 | 應永二十一 | 清涼寺本《融通念佛緣起》繪成。 | |
| 一四一五 | 應永二十二 | 蓮如誕生。 | |

| | | | |
|---|---|---|---|
| 一四一六 | 應永二十三 | 相國寺僧因持有武器，遭足利義持流放。<br>宥海（年七十二）示寂。 | 上杉氏憲（禪秀）舉兵攻擊鎌倉（上杉禪秀之亂）。<br>後崇光院撰《看聞日記》。 |
| 一四一八 | 應永二十五 | | 世阿彌撰《風姿花傳》。 |
| 一四一九 | 應永二十六 | 足利義持制定山門條條規式。 | 朝鮮兵進攻對馬（應永外寇）。 |
| 一四二〇 | 應永二十七 | 聖冏（年八十）示寂。 | 明版《大藏經》（北藏）開版（一四四〇年完成）。 |
| 一四二二 | 應永二十九 | 足利義持向朝鮮求取《大藏經》。 | 一條兼良撰《公事根源》。 |
| 一四二三 | 應永三十 | 朝鮮贈予幕府數萬貫錢及《大藏經》。 | 足利義量就任第五代將軍。 |
| 一四二六 | 應永三十三 | 大內盛見刊行《大般若經》。 | 近江坂本的馬借（以馬馱運物品的運送業者）進攻京都。 |
| 一四二七 | 應永三十四 | 日親入京傳法。 | |
| 一四二八 | 正長元 | | 足利義持（年四十三）示寂。<br>正長土一揆。 |

| | | | |
|---|---|---|---|
| 一四二九 | 永享元 | 蓮如（年十五）決意振興本願寺。 | 播磨土一揆。<br>丹波土一揆。<br>足利義教任第六代將軍。<br>出雲土一揆。<br>尚巴志創建琉球王國。 |
| 一四三〇 | 永享二 | | 《申樂談義》撰成。 |
| 一四三一 | 永享三 | 明兆（年八十）示寂。<br>幕府接受請求，將大德寺從十剎除名。 | |
| 一四三二 | 永享四 | | 伊勢土一揆。<br>足利義教派遣道淵入明（日、明恢復邦交）。<br>大和土一揆擊敗赤松氏軍隊。 |
| 一四三三 | 永享五 | 延曆寺眾徒武裝起義，幕府軍進攻。 | 近江的馬借進攻京都。<br>大和土一揆。 |
| 一四三四 | 永享六 | 延曆寺僧結合關東勢力詛咒足利義教，幕府沒收寺領。 | 世阿彌遭流放佐渡。<br>派遣勘合貿易船。 |

| | | | |
|---|---|---|---|
| 一四三五 | 永享七 | 延曆寺眾徒於根本中堂放火。滿濟（年五十八）示寂。 | |
| 一四三八 | 永享十 | | 幕府討伐鎌倉公方足利持氏（永享之亂）。 |
| 一四三九 | 永享十一 | 幕府向諸國徵收修築延曆寺根本中堂的棟別錢（為營建寺院的臨時課稅）。 | 上杉憲實重興足利學校。飛鳥井雅世編撰《新續古今和歌集》。 |
| 一四四〇 | 永享十二 | 日親撰《立正治國論》，遭幕府拘禁。 | |
| 一四四一 | 嘉吉元 | 將軍足利義教歿，日親獲特赦出獄。 | 足利義教（年四十八）遭赤松滿祐殺害（嘉吉之亂）。山城土一揆。 |
| | | | 幕府發布德政令。 |
| 一四四二 | 嘉吉二 | | 足利義勝任第七代將軍。 |
| 一四四三 | 嘉吉三 | | 足利義勝（年十）歿。 |
| 一四四四 | 文安元 | | 幕府向諸國徵收營建內裏的段錢（營建費的臨時課稅）。 |

| | | | |
|---|---|---|---|
| 一四四六 | 文安三 | 東大寺戒壇院焚毀。玄棟約在此之前撰成《三國傳記》。 | 行譽編《壒囊鈔》。 |
| 一四四七 | 文安四 | 南禪寺火災。幕府禁止五山僧強訴或武裝行動。 | 近江、河內、山城、大和發生土一揆。 |
| 一四四九 | 寶德元 | | 足利義政任第八代將軍。 |
| 一四五〇 | 寶德二 | 尋尊撰《大乘院寺社雜事記》。 | 連歌約於此時流行。 |
| 一四五一 | 寶德三 | 大和土一揆。興福寺大乘院、元興寺遭焚毀。 | |
| 一四五二 | 享德元 | | 琉球王尚金福於那霸建造天照大神祠。 |
| 一四五三 | 享德二 | 幕府准許為東大寺戒壇院重建而募化。 | |
| 一四五四 | 享德三 | | 山城土一揆入京，要求發布德政令。 |
| 一四五五 | 康正元 | 派遣建仁寺的勸進船入朝鮮。 | 足利成氏敗逃至下總古河（古河公方）。金春禪竹撰《六輪一露之 |

| | | | |
|---|---|---|---|
| | | | 記》。一條兼良約於此時撰《日本書紀纂疏》。 |
| 一四五六 | 康正二 | 幕府命令延曆寺眾徒鎮壓占據日吉神社的土一揆。 | |
| 一四五七 | 長祿元 | 蓮如（年四十三）任本願寺第八任法主。 | 太田道灌建造江戶城。蝦夷發生胡奢麻尹之亂。 |
| 一四五八 | 長祿二 | 幕府以朝鮮所捐的布施金，命令建造建仁寺。 | |
| 一四六〇 | 寬正元 | 幕府決定懲處日親，破壞本法寺。 | 幕府將舊南朝的武將楠木氏斬首。東國暫用私年號「延德」。 |
| 一四六三 | 寬正四 | | 心敬撰《ささめごと》（一說一四六一年成立）。 |
| 一四六五 | 寬正六 | 延曆寺眾徒襲擊東山大谷的坊舍，蓮如逃至近江堅田。 | |
| 一四六七 | 應仁元年 | | 應仁之亂（—一四七七）。諸多寺院遭焚毀。 |

| | | | |
|---|---|---|---|
| 一四六九 | 文明元 | 雪舟自明朝返國。 | |
| 一四七一 | 文明三 | 蓮如於越前吉崎建設道場及傳法。蓮如撰《御文章》（—一四九八）。 | |
| 一四七三 | 文明五 | 桂庵玄樹自明朝返國。 | 足利義尚任第九代將軍。 |
| 一四七四 | 文明六 | 一休宗純任大德寺住持。 | 三條西實隆撰《實隆公記》（—一五三六）。 |
| 一四七七 | 文明九 | | 柏舟宗趙撰《周易抄》。桃源瑞仙撰《史記抄》。 |
| 一四八〇 | 文明十二 | 蓮如於山科重建本願寺。一休撰《狂雲集》。 | 一條兼良撰《樵談治要》。 |
| 一四八一 | 文明十三 | 一休宗純（年八十八）示寂。 | 吉田兼倶撰《唯一神道名法要集》。 |
| 一四八二 | 文明十四 | 延曆寺僧眾鬥爭，焚毀橫川中堂。 | 足利義政始建東山山莊（銀閣寺）。 |
| 一四八五 | 文明十七 | | 山城國一揆。 |
| 一四八六 | 文明十八 | | 吉田兼倶撰《神道大意》。 |

| | | | |
|---|---|---|---|
| 一四八八 | 長享二 | 加賀發生一向一揆，迫使守護富樫政親自盡，並開始在加賀掌控政權長達百年。 | 宗祇撰《水無瀨三吟何人百韻》。 |
| 一四八九 | 延德元 | | 足利義尚（年二十五）歿。 |
| 一四九〇 | 延德二 | 將存放足利義政遺骨的東山第改為寺院，號慈照院。 | 足利義政（年五十六）歿。足利義稙任第十代將軍。 |
| 一四九二 | 明應元 | 尚王家於沖繩建立菩提寺圓覺寺（開山祖師芥隱承琥）。 | |
| 一四九三 | 明應二 | 橫川景三（年六十五）示寂。 | 細川政元反叛，將軍義稙逃往越中。 |
| 一四九四 | 明應三 | | 足利義澄任第十一代將軍。 |
| 一四九五 | 明應四 | | 宗祇撰《新撰菟玖波集》。北條早雲入小田原城。 |
| 一四九六 | 明應五 | 蓮如於大坂建造石山本願寺。 | |
| 一四九七 | 明應六 | 吉田兼俱為法華三十番神而與日蓮宗徒論爭。 | 大和土一揆，要求發布德政令。 |

| | | | |
|---|---|---|---|
| 一四九九 | 明應八 | 蓮如（年八十五）示寂。京都龍安寺石庭完成。 | 山城土一揆，包圍京都。 |
| 一五〇〇 | 明應九 | | 幕府發布撰錢令。 |
| 一五〇一 | 文龜元 | 細川政元令日蓮宗本圀寺與淨土宗妙講寺進行宗論。 | |
| 一五〇三 | 文龜三 | | 幕府向朝鮮要求通信符。 |
| 一五〇六 | 永正三 | 雪舟（年八十七）示寂。 | |
| 一五〇八 | 永正五 | 桂庵玄樹（年八十二）示寂。 | |
| 一五一〇 | 永正七 | 東大寺二月堂焚毀。 | 三浦之亂（居住朝鮮的倭人同時武裝起義）。 |
| 一五一一 | 永正八 | | 吉田兼俱（年七十七）歿。 |
| 一五一二 | 永正九 | | 壬申約定（制定對馬宗氏的歲遣船數量減半）。 |
| 一五一四 | 永正十一 | 幕府禁止信仰播磨的一向宗，審理莊內的政所及念佛道場。 | 山崎宗鑑等人編撰《新撰犬筑波集》。 |

| 一五一六 | 永正十三 | 為求募化東大寺講堂本尊的重建費用，准許婦女參詣大佛殿。 | |
|---|---|---|---|
| 一五一八 | 永正十五 | 景徐周麟（年七十九）示寂。 | 《閑吟集》撰成。 |
| 一五二一 | 大永元 | 高野山金剛峰寺焚毀。 | 山內、扇谷之戰。足利義晴任第十二代將軍。 |
| 一五二三 | 大永三 | 知恩院爭取淨土宗總本寺之位，獲得宣諭成為本寺。 | 寧波之亂（細川高國、大內義興的雙方使者於寧波引發爭執）。 |
| 一五二四 | 大永四 | 蓮悟撰《蓮如上人遺德記》。 | |
| 一五三一 | 享祿四 | | 琉球的首里王府編纂《おもろさうし》（—一六二三）。 |
| 一五三二 | 天文元 | 法華一揆焚毀山科本願寺，證如將本願寺遷至大坂石山（石山本願寺）。 | 《塵添壒囊鈔》撰成（作者未詳）。吉田兼右撰《兼右卿記》（—一五七二）。 |
| 一五三三 | 天文二 | 細川晴元與法華宗徒一同擊敗本願寺證如率領的軍隊。 | 大森地區石見銀山採用銀吹法，促使銀礦產值增加。 |

| 一五三五 | 天文四 | 細川晴元軍於攝津國的大坂擊敗本願寺證如軍，此後進行和談。 | |
|---|---|---|---|
| 一五三六 | 天文五 | 證如重興山科道場。<br>延曆寺眾徒擊敗法華一揆（天文法華之亂）。 | 清原宣賢撰《日本書紀神代卷抄》。<br>伊達氏撰《塵芥集》。 |
| 一五三八 | 天文七 | 大內義隆再度向朝鮮請求《大藏經》。 | |
| 一五四一 | 天文十 | | 葡萄牙船漂流至豐後。 |
| 一五四二 | 天文十一 | | 池坊專應撰《池坊專應口傳》。 |
| 一五四三 | 天文十二 | | 葡萄牙船漂流至種子島，傳入鐵砲（槍械）。 |
| 一五四六 | 天文十五 | 榮心編撰《法華經直談抄》。 | 足利義輝任第十三代將軍。 |
| 一五四七 | 天文十六 | 延曆寺與京都法華寺院修和。 | 最後一次派遣勘合船入明。<br>武田信玄制定甲州法度。 |
| 一五四九 | 天文十八 | 方濟・沙勿略於鹿兒島登陸（天主教傳入日本）。 | |

| 一五五〇 | 天文十九 | 方濟・沙勿略獲得大內義隆准許，開始於山口傳教。 | |
| --- | --- | --- | --- |
| 一五五一 | 天文二十 | 方濟・沙勿略返回印度。 | 陶晴賢於長門舉兵攻擊大內義隆並逼其自盡。 |
| 一五五三 | 天文二十二 | | 川中島之戰（此後於一五五五、一五五七、一五六一、一五六四年共五次相戰）。 |
| 一五五四 | 天文二十三 | 本願寺證如（年三十九）示寂。 | |
| 一五五五 | 弘治元 | 朝倉教景討伐加賀當地民眾及一向一揆。 | 倭寇侵犯明朝邊境（倭寇積極活動，前後共約十年）。 |
| 一五五八 | 永祿元 | | 木下藤吉郎（後稱秀吉）成為織田信長屬下。 |
| 一五五九 | 永祿二 | 維列拉於京都傳教。 | |
| 一五六〇 | 永祿三 | 幕府允准傳教士維列拉宣教。 | 桶狹間之戰爆發，今川義元敗亡。 |
| 一五六二 | 永祿五 | 大村純忠准許領地內建設天主教教會。 | |

| | | | |
|---|---|---|---|
| 一五六三 | 永祿六 | 德川家康的家臣大量加入三河一向一揆。 | |
| 一五六四 | 永祿七 | 德川家康平定三河一向一揆。 | |
| 一五六五 | 永祿八 | 維列拉、路易士・佛洛伊斯遭驅逐離京。 | 三好義繼、松永久秀等人殺害將軍足利義輝。 |
| 一五六七 | 永祿十 | 松永久秀、三好三人眾破壞東大寺，大佛殿焚毀。 | |
| 一五六八 | 永祿十一 | 天皇傳綸旨，昭告諸國重興東大寺大佛殿。 | 織田信長奉請將軍足利義昭入京。 |
| | | | 足利義昭任第十五代將軍。 |
| 一五六九 | 永祿十二 | 日乘與路易士・佛洛伊斯等人於織田信長面前進行宗論。 | 路易士・佛洛伊斯獲得織田信長准許留京。 |
| 一五七〇 | 元龜元 | 顯如煽動一向宗徒武裝起義，對抗織田信長（石山合戰）。 | 織田信長擊敗淺井長政、朝倉義景（姊川之戰）。 |
| | | 伊勢長島一向一揆討滅信長之弟信興。 | |
| 一五七一 | 元龜二 | 織田信長進攻延曆寺，焚毀堂塔殆盡及討伐僧眾。 | |

| | | | |
|---|---|---|---|
| 一五七二 | 元龜三 | 上杉謙信討伐越中國一向一揆。 | 武田信玄擊敗德川家康（三方原之戰）。 |
| 一五七三 | 天正元 | 織田信長討伐長島一向一揆。 | 室町幕府滅亡。 |
| 一五七九 | 天正七 | 安土宗論（淨土宗與日蓮宗論爭）。 | |
| 一五八二 | 天正十 | 大友宗麟等人派遣天正遣歐使節前往羅馬。 | 本能寺之變，明智光秀謀反，織田信長（年四十九）自戕。 |
| 一五八六 | 天正十四 | | 羽柴秀吉任太政大臣，獲賜豐臣之姓。 |
| 一五八九 | 天正十七 | 方廣寺大佛大致完建。<br>重建比叡山延曆寺。 | 中國開始刊行萬曆版《大藏經》。 |
| 一五九〇 | 天正十八 | 天正遣歐使節返國。<br>德川家康向增上寺進獻《大藏經》。 | 德川家康入江戶。 |
| 一五九六 | 慶長元 | 豐臣秀吉將二十六名方濟會天主教徒處以極刑，被釘於十字架之上。 | |
| 一五九八 | 慶長三 | | 豐臣秀吉（年六十三）歿。 |

| 一六〇〇 | 慶長五 | | 關原之戰爆發。 |
|---|---|---|---|
| 一六〇二 | 慶長七 | 本願寺分為東、西二寺。 | |
| 一六〇三 | 慶長八 | | 德川家康任征夷大將軍，於江戶開江戶幕府。 |
| 一六一二 | 慶長十七 | 江戶幕府禁信天主教。 | |
| 一六一四 | 慶長十九 | 天主教傳教士遭驅逐出境。 | 大坂冬之陣。 |
| 一六一五 | 元和元 | 幕府制定諸宗諸本山法度，規定本末制度。 | 大坂夏之陣，豐臣氏滅亡。 |
| 一六一六 | 元和二 | 天海出任大僧正。 | 德川家康（年七十五）歿。 |
| 一六一七 | 元和三 | 營建日光東照宮。 | 德川家康獲敕賜神號為東照大權現。 |
| 一六二七 | 寬永四 | 紫衣事件。 | |
| 一六三二 | 寬永九 | 德川家光命各本山提出末寺帳（本末制）。 | 德川秀忠（年五十四）歿。 |
| 一六三五 | 寬永十二 | 寺請制度約於此時制度化。設置寺社奉行。 | 頒布鎖國令，設置參勤交代制度。 |

| 西元 | 年號 | 佛教 | 其他 |
|---|---|---|---|
| 一六三七 | 寬永十四 | 天海版《大藏經》初開版。 | 島原之亂。 |
| 一六三八 | 寬永十五 | 島原之亂以後，強化禁止及舉發天主教信仰。 | 平定島原之亂。 |
| 一六四〇 | 寬永十七 | 幕府設置宗門改役，編製宗門人別帳。 | |
| 一六五四 | 承應三 | 隱元隆琦東渡長崎。 | |
| 一六六五 | 寬文五 | 幕府頒布諸宗寺院法度。鎮壓不受不施派。 | 山鹿素行提倡古學。 |
| 一六六六 | 寬文六 | 水戶藩破壞領地內的九百九十七座新寺。 | |
| 一六六七 | 寬文七 | 岡山藩整理領地內的六百四十三座寺院。 | 幕府制定農村五人組。 |
| 一六七一 | 寬文十一 | 幕府編製宗旨人別帳。 | 山崎闇齋提倡垂加神道。 |
| 一六七三 | 延寶元 | 隱元隆琦（年八十二）示寂。 | |
| 一六七八 | 延寶六 | 鐵眼道光完成黃檗版《大藏經》。 | |
| 一六八八 | 元祿元 | 幕府准允融觀創立融通念佛宗。 | |

| | | | |
|---|---|---|---|
| 一六九二 | 元祿五 | 公慶重興東大寺大佛殿，舉行大佛開眼供養。 | 井原西鶴撰《世間胸算用》。 |
| 一六九三 | 元祿六 | 盤珪永琢（年七十二）示寂。<br>靈空光謙始興天台安樂律。 | 井原西鶴（年五十二）歿。 |
| 一七〇三 | 元祿十六 | 幕府制定曹洞宗嗣法條例（宗統復古運動）。 | |
| 一七〇六 | 寶永三 | 幕府禁止日蓮宗三鳥派，處決四十三名信徒。 | |
| 一七〇八 | 寶永五 | 義大利人傳教士西多契登陸屋久島，遂遭逮捕。 | |
| 一七〇九 | 寶永六 | 重建東大寺大佛殿，舉行落成法會。 | 德川綱吉（年六十四）歿。<br>德川家宣成為第六代將軍。 |
| | | | 新井白石撰〈天主教大意〉。 |
| 一七一六 | 享保元 | 融觀（年六十八）示寂。 | 德川吉宗成為第八代將軍。<br>荻生徂徠撰《弁道》。 |
| 一七二〇 | 享保五 | | 准允天主教以外的洋書輸入日本。 |

| | | | |
|---|---|---|---|
| 一七二三 | 享保八 | 幕府規定每六年編製宗門人別帳。 | |
| 一七四五 | 延享二 | 富永仲基撰《出定後語》（大乘非佛說）。 | 德川家重任第九代將軍。 |
| 一七五〇 | 寬延三 | 禪海耗時三十年完成青之洞門隧道。 | |
| 一七五四 | 寶曆四 | 白隱慧鶴刊行《邊鄙以知吾》。 | 山脇東洋等人撰《臟志》。 |
| 一七五五 | 寶曆五 | 東本願寺將僧人學寮遷至高倉（高倉學寮）。 | |
| 一七六三 | 寶曆十三 | | 本居宣長、賀茂真淵於松坂會見。 |
| 一七六八 | 明和五 | 白隱慧鶴（年八十四）示寂。 | 上田秋成撰《雨月物語》。 |
| 一七六九 | 明和六 | 面山瑞方（年八十七）示寂。 | 賀茂真淵（年六十二）歿。 |
| 一七七四 | 安永三 | 東、西本願寺請求幕府公表淨土真宗之宗名。 | 杉田玄白等人譯《解體新書》。 |
| 一七七五 | 安永四 | 慈雲飲光撰《十善法語》。 | |
| 一七七六 | 安永五 | 宗門改帳為一宗一冊。<br>普寂撰《天文弁惑》。 | 將藉由表演技藝為生的盲者納入檢校之下管理。 |

| | | | |
|---|---|---|---|
| 一七七九 | 安永八 | 普寂撰《顯揚正法復古集》。 | |
| 一七八六 | 天明六 | 慈雲提倡雲傳神道。 | 德川家治（年五十一）歿。本居宣長、上田秋成論爭。 |
| 一七九六 | 寬政八 | 七十餘名破戒僧於日本橋斬首示眾，犯女戒僧流放遠島。 | 刊行蘭和辭典《波留麻和解》。 |
| 一七九七 | 寬政九 | 三業惑亂開始。 | 俄羅斯人登陸擇捉島。 |
| 一七九八 | 寬政十 | | 本居宣長撰《古事記傳》。 |
| 一八〇〇 | 寬政十二 | 真言宗豐山派與智山派於寬政年間分離。 | 准許婦女登富士山。 |
| 一八〇二 | 享和二 | 諸宗向幕府提出設置諸寺階級。始創如來教。 | |
| 一八〇五 | 文化二 | 五千兩百名隱匿天主教徒遭檢舉（天草舉發事件）。 | 創設八州取締役。 |
| 一八〇六 | 文化三 | 裁決三業惑亂。隆圓撰《近世念佛往生傳》。 | 頒布薪水給與令。 |
| 一八一〇 | 文化七 | 快道示寂。圓通刊行《佛國曆象編》。 | |

| | | | |
|---|---|---|---|
| 一八三一 | 天保二 | 良寬（年七十四）示寂。 | 十返舍一九（年六十七）歿。 |
| 一八三七 | 天保八 | 仙厓義梵（年八十七）示寂。 | 大塩平八郎之亂。德川家慶任第十二代將軍。 |
| 一八三八 | 天保九 | 中山美支創天理教。 | 高野長英撰《夢物語》。 |
| 一八四一 | 天保十二 | 本山方、當山方提出〈修驗十二箇條御答書〉。 | 朝廷始推天保改革。 |
| 一八四七 | 弘化四 | 普化宗成為臨濟宗支派。 | |
| 一八五〇 | 嘉永三 | 黑住教教主黑住宗忠（年七十一）示寂。 | 佐藤信淵歿。高野長英（年四十七）自盡。 |
| 一八五三 | 嘉永六 | 丸山教開教。 | 美國海軍司令官培里來航，抵達浦賀。 |
| 一八五四 | 安政元 | 朝廷頒布毀鐘鑄砲的太政官符。 | 簽訂《神奈川條約》、《下田條約》。 |
| 一八五六 | 安政三 | 月性撰《佛法護國論》。 | 二宮尊德（年七十）歿。 |
| 一八五七 | 安政四 | 長松日扇開講本門佛立講。 | 開設蕃書調所。 |

| | | | |
|---|---|---|---|
| | | | 長崎設置製鐵所。 |
| 一八五八 | 安政五 | | 井伊直弼就任大老。<br>簽訂《日美友好通商條約》。 |
| 一八五九 | 安政六 | 傳教士赫本、赫基等人一齊抵日。 | 神奈川、長崎、函館三港開港。<br>准許從事貿易。 |
| 一八六一 | 文久元 | 鵜飼徹定刊行《闢邪集》。<br>橫濱初設教會。 | 和宮降嫁。 |
| 一八六五 | 慶應元 | 長崎大浦天主堂完建。 | 福澤諭吉留學美國。 |
| 一八六七 | 慶應三 | 浦上四番舉發事件（六百六十四名長崎天主教徒殉教）。 | 大政奉還。<br>頒布王政復古大號令。<br>朝廷廢止佛事葬儀。 |
| 一八六八 | 明治元 | 設置禁信切支丹邪宗門的高札。<br>頒布神佛判然令，各地大肆進行廢佛毀釋。 | 戊辰戰爭爆發。<br>頒布五箇條御誓文。<br>改元為明治。 |
| 一八六九 | 明治二 | 設置神祇官、民部省、宣教使。 | 戊辰戰爭結束。<br>奉還藩籍。<br>創建東京招魂社。 |

| 一八七〇 | 明治三 | 頒布大教宣布之詔。<br>神祇官宣告修驗道為佛教徒。 | |
|---|---|---|---|
| 一八七一 | 明治四 | 頒布社寺領上知令。<br>神佛分離並非廢佛，宣告廢毀合併應慎重處理。<br>廢止宗門人別帳。 | 公布戶籍法。<br>廢藩置縣。 |
| 一八七二 | 明治五 | 一向宗改稱為真宗，准許僧侶食肉蓄妻。<br>設置大教院。<br>設置教部省、教導職，交付三項教則。 | |
| 一八七三 | 明治六 | 不僅是佛教各宗派，亦准許各宗教轉宗轉派。 | 宣布徵兵令、地租改正條例。 |
| 一八七四 | 明治七 | 融通念佛宗自成一派。<br>教部省免除特例，宣告禁止一切社寺合併。 | 板垣退助等人提出民選議員設立建白書。 |
| 一八七五 | 明治八 | 真宗四派脫離大教院，大教院解散。<br>教部省向神佛各管長宣告宗教信仰自由。 | 江華島事件。 |

| | | | |
|---|---|---|---|
| 一八七六 | 明治九 | 准許日蓮宗不受不施派重興宗派。 | 簽訂《江華條約》。<br>頒布廢刀令。 |
| 一八七七 | 明治十 | 廢除教部省，內務省設置社寺局。 | 西南戰爭爆發。<br>東京大學創校。 |
| 一八七八 | 明治十一 | 天台宗分為天台宗、天台宗寺門派、天台宗真盛派。<br>真言宗分為古義、新義二派。 | |
| 一八七九 | 明治十二 | 原坦山於帝國大學講授佛教學。 | 制定教育令。<br>東京招魂社改稱為靖國神社，列為別格官幣社。 |
| 一八八〇 | 明治十三 | 制定古社寺保存內規。 | 公布集會條例。 |
| 一八八一 | 明治十四 | 真宗西本願寺、東本願寺、真宗專修寺派改稱為淨土真宗本願寺派、真宗大谷派、真宗高田派。 | 頒布國會開設敕諭。 |
| 一八八二 | 明治十五 | 法相宗脫離真言宗而獨立。 | 頒布軍人敕諭。 |
| 一八八四 | 明治十七 | 廢除神佛教導職，將任免住持等職務委任於各管長。 | |

| | | | |
|---|---|---|---|
| 一八八五 | 明治十八 | 將處理寺社的方式委任於府縣。田中智學組織立正安國會（後為國柱會）。 | |
| 一八八六 | 明治十九 | 華嚴宗脫離淨土宗而獨立。高楠順次郎等人組織反省會。 | |
| 一八八七 | 明治二十 | 井上圓了開設哲學館。 | |
| 一八八九 | 明治二十二 | 大內青巒等人組成尊皇奉佛大同團。 | 頒布大日本帝國憲法，保障信仰宗教自由。 |
| 一八九二 | 明治二十五 | 組成大日本佛教青年會。 | |
| 一八九三 | 明治二十六 | 井上哲次郎刊行《教育と宗教の衝突》。 | |
| | | 釋宗演等人身為日本佛教代表，參加萬國宗教會議。 | |
| 一八九四 | 明治二十七 | 中日甲午戰爭之際，佛教及其他各宗教前往戰地宣教或勞軍、募捐軍資。 | 中日甲午戰爭爆發。 |
| 一八九六 | 明治二十九 | 舉行首屆宗教家懇談會。 | 簽訂中日《馬關條約》。 |
| 一八九七 | 明治三十 | 河口慧海遠赴西藏探險。 | |

| 一八九八 | 明治三十一 | 巢鴨監獄教誨師事件。 | |
|---|---|---|---|
| 一八九九 | 明治三十二 | 文部省禁止獲得公認的學校從事宗教教育及儀式。<br>境野黃洋等人組成佛教清徒同志會（後為新佛教徒同志會）。 | |
| 一九〇〇 | 明治三十三 | 制定治安警察法。<br>禁止神官、神職、僧侶及其他宗教人事參與政治結社。 | 中國爆發義和團之亂。 |
| 一九〇二 | 明治三十五 | 大谷光瑞遠赴中亞探險。 | |
| 一九〇三 | 明治三十六 | 村上專精出版《大乘佛說論批判》。 | |
| 一九〇四 | 明治三十七 | 佛教各派於日俄戰爭之際隨軍弘法。 | 日俄戰爭爆發。 |
| 一九〇六 | 明治三十九 | 以各宗教合作為目的，組成宗教家協和會。 | |
| 一九〇七 | 明治四十 | 鈴木大拙出版《大乘佛教概論》（英文）。 | |
| 一九〇九 | 明治四十二 | 望月信亨出版《佛教大年表》，開始出版《佛教大辭典》。 | |

| | | | |
|---|---|---|---|
| 一九一〇 | 明治四十三 | 三名僧侶因大逆事件而受牽連，遭到起訴。 | 簽訂《日韓合併條約》。大逆事件。 |
| 一九一一 | 明治四十四 | 設立佛教史學會。《佛教史學》創刊。 | |
| 一九一二 | 大正元 | 政府舉行三教會同，聚集佛教、神道、基督教召開會議。 | |
| 一九一三 | 大正二 | 宗教局從內務省改設於文部省，宗教行政與神社行政分離。 | |
| 一九一四 | 大正三 | 舉行全國佛教徒社會事業大會。 | 日本加入第一次世界大戰。 |
| 一九一五 | 大正四 | 真田增丸設立佛教濟世軍。組成佛教聯合會。 | 日本向中國提出二十一條要求。 |
| 一九一六 | 大正五 | 組成佛教護國團。帝國大學開設佛教學專任講座。 | |
| 一九一七 | 大正六 | 藤井日達開創日本山妙法寺。 | |
| 一九一九 | 大正八 | 成立東京帝國大學佛教青年會。 | |
| 一九二一 | 大正十 | 佛教聯合會為僧侶獲得參政權而舉行大會。 | |

| | | | |
|---|---|---|---|
| 一九二二 | 大正十一 | 全國水平社創立，並決議要求東、西本願寺參與部落解放運動。 | |
| 一九二三 | 大正十二 | 日本佛教聯合會決議反對政府派遣使節前往羅馬教廷。 | 關東大地震。 |
| 一九二五 | 大正十四 | 由日本佛教聯合會主辦，舉行東亞佛教大會。 | 公布治安維持法、普通選舉法。 |
| 一九二六 | 昭和元 | 文部省發表宗教法案，在宗教界引發反對運動。 | |
| 一九二八 | 昭和三 | 椎尾弁匡等人發表共生運動的宣言書。 | 中國發生皇姑屯事件。 |
| 一九三〇 | 昭和五 | 久保角太郎、小谷喜美創立靈友會。牧口常三郎、戸田城聖創立創價教育學會。 | |
| 一九三一 | 昭和六 | 妹尾義郎等人組成新興佛教青年同盟。 | 中國發生九一八事變。 |
| 一九三二 | 昭和七 | 血盟團事件。 | 五・一五事件。<br>中國發生一二八事變。<br>日本於中國建立滿洲國。 |

| 一九三三 | 昭和八 | 文部省指示取締反宗教運動。 | 脫離國際聯盟。 |
|---|---|---|---|
| 一九三四 | 昭和九 | 友松圓諦等人始推真理運動。 | |
| 一九三六 | 昭和十一 | 伊藤真乘創立真如苑。 | 二・二六事件。 |
| 一九三七 | 昭和十二 | 東京佛教護國團舉行佛教報國大演講會。 | 中日戰爭爆發。 |
| 一九三八 | 昭和十三 | 庭野日敬、長沼妙佼等人脫離靈友會，創立大日本立正交成會（日後的立正佼成會）。 | |
| 一九三九 | 昭和十四 | 公布宗教團體法，推動宗教團體的整頓統合。 | 公布國民徵用令。第二次世界大戰爆發。 |
| 一九四〇 | 昭和十五 | 實施宗教團體法。 | 大政翼贊會舉行發會式。各地為慶祝皇紀二千六百年而舉行紀念活動。 |
| 一九四一 | 昭和十六 | 佛教聯合會改組，組成大日本佛教會。 | 日本向美、英宣戰。 |
| 一九四二 | 昭和十七 | 廢除宗教局，於文部省教化局設置宗教課。 | |

| | | 寺院提供佛具及梵鐘。 | |
|---|---|---|---|
| 一九四三 | 昭和十八 | 創價教育學會遭到彈壓，牧口常三郎、戶田城聖等人遭檢舉。 | |
| 一九四四 | 昭和十九 | 組成大日本戰時宗教報國會，文部省請求各寺協助學童疏散避難。 | |
| 一九四五 | 昭和二十 | 廢止宗教團體法，制定宗教法人令。<br>佛教聯合會重新展開活動。 | 廣島、長崎投下原子彈。<br>日本接受波茨坦宣言，簽署降書。 |
| 一九四六 | 昭和二十一 | 日本宗教會改組，改稱為日本宗教聯盟。 | |
| 一九四七 | 昭和二十二 | 召開全日本宗教和平會議，宣告宗教和平。 | 公布學校教育法、教育基本法。 |
| 一九四八 | 昭和二十三 | 日蓮宗與中山妙宗內定結合，締結協約書。 | |
| 一九五〇 | 昭和二十五 | 關口嘉一、關口富野創立佛所護念會教團。<br>召開首屆世界佛教徒會議。 | 公布公職選舉法令。<br>朝鮮戰爭爆發。 |

| 一九五一 | 昭和二十六 | 公布及實施宗教法人法。 | |
|---|---|---|---|
| 一九五二 | 昭和二十七 | 宗務科改設於調查局。召開首屆全日本佛教徒會議。 | |
| 一九五四 | 昭和二十九 | 日本宗教聯盟向聯合國總部提出禁用核武及禁止核武實驗的要求。組成全日本佛教會、全日本佛教婦人聯盟。 | |
| 一九五五 | 昭和三十 | 創價學會在地方選舉及都區市議員選舉中，共有五十二名候選人當選。 | 形成神武景氣現象。 |
| 一九五七 | 昭和三十二 | 淺井甚兵衛、淺井昭衛重建妙信講（此後為富士大石寺顯正會）。 | |
| 一九六○ | 昭和三十五 | 宗教界盛行反對《新安保條約》的抗議活動。 | 簽訂《日美安保條約》（新安保條約）。 |
| | | | 東京千鳥淵戰歿者墓苑建成。 |
| 一九六二 | 昭和三十七 | 創價學會締結政治組織，名稱為公明政治聯盟。 | |
| 一九六三 | 昭和三十八 | 組成世界聯邦日本佛教徒協議會。 | |

| | | | |
|---|---|---|---|
| 一九六五 | 昭和四十 | 召開首屆全日本佛教青年會議。 | 美軍空襲北越。 |
| 一九六六 | 昭和四十一 | 全日本佛教會舉行「日本佛教徒決起救援越南運動大會」。 | |
| 一九六八 | 昭和四十三 | 全日本佛教會等組織發表聲明，反對自民黨內部諮議的靖國神社國家護持法案。 | |
| 一九六九 | 昭和四十四 | 自民黨向國會提出靖國神社法案，宗教界擴大反對運動。 | |
| 一九七〇 | 昭和四十五 | 召開世界宗教者和平會議。 | |

# 參考文獻

## 【第一章】蓑輪顯量

阿部泰郎，〈真福寺聖教の形成と頼瑜の著作 能信を中心とする新義真言教学の伝流〉（《新義真言教学の研究》頼瑜僧正七百年御遠忌記念論集），大蔵出版，二〇〇二年。

上島享，〈中世前期の国家と仏教〉（《日本史研究》四〇三），一九九六年。

上島享，〈平安仏教〉（吉川真司編，《平安京》，日本の時代史五），吉川弘文館，二〇〇二年。

上島享，〈中世国家と寺社〉（《中世の形成》，日本史講座三），東京大学出版会，二〇〇四年。

大石雅章，〈顕密体制内における禅・律・念仏の位置——王家の葬祭を通じて〉（《中世寺院史の研究》上），法蔵館，一九八八年。

大久保良峻，〈現実肯定思想——本覚思想と台密教学〉（《日本の仏教》一），法蔵館，一九九四年。
大久保良峻，《天台教学と本覚思想》，法藏館，一九九八年。
大隅和雄，《信心の世界、遁世者の心》（《日本の中世》二），中央公論新社，二〇〇二年。
大隅和雄，《中世仏教の思想と社会》，歴史学叢書，名著刊行会，二〇〇五年。
菊地大樹，《中世仏教の原形と展開》，吉川弘文館，二〇〇七年。
黑田俊雄，《日本中世の国家と宗教》，岩波書店，一九七五年。
国立歴史民俗博物館編，《中世寺院の姿とくらし——密教・禅僧・湯屋》，歴博フォーラム，山川出版社，二〇〇四年。
佐藤弘夫，〈中世仏教における仏土と王土〉（《日本史研究》二四六），一九八三年。
佐藤弘夫，〈仏法王法相依論の成立と展開〉（《仏教史学研究》二八－一），一九八五年。
佐藤弘夫，《神・仏・王権の中世》，法藏館，一九九八年。
佐藤弘夫，〈研究史・中世仏教研究と顕密体制論〉（《日本思想史学》三十三），二〇〇一年。
末木文美士，《鎌倉仏教形成論》，法藏館，一九九八年。

末木文美士，〈本覚思想と密教〉（《日本の密教》，シリーズ密教四），春秋社，二〇〇〇年。
末木文美士，《中世の神と仏》，日本史リブレット三十二，山川出版社，二〇〇三年。
末木文美士，《鎌倉仏教展開論》，トランスビュー，二〇〇八年。
平雅行，〈鎌倉仏教と顕密体制〉（国立歴史民俗博物館編，《中世寺院の姿とくらし——密教・禅僧・湯屋》，歴博フォーラム），山川出版社，二〇〇四年。
高木豊，《鎌倉仏教史研究》，岩波書店，一九八二年。
高橋一樹，〈中世荘園の立荘と王家・摂関家〉（《院政の展開と內乱》，日本の時代史七），吉川弘文館，二〇〇二年。
竹貫元勝，《新日本禅宗史》，禅文化研究所，一九九九年。
立川武蔵、頼富本宏編，《中国密教》，シリーズ密教三，春秋社，一九九九年。
田村芳朗，《鎌倉新仏教思想の研究》，平楽寺書店，一九六五年。
逵日出典編，《日本の宗教文化》上、下，高文堂出版社，二〇〇一、二〇〇二年。
永村眞，《中世東大寺の組織と経營》，塙書房，一九八九年。
永村眞，《中世寺院史料論》，吉川弘文館，二〇〇〇年。
永村眞，〈《南都仏教》再考〉（《鎌倉期の東大寺復興——重源上人とその周辺》，ザ・グレイトブッダ・シンポジュム論集第五号），法蔵館，二〇〇七年。
花野充道，〈四重興廃思想の形成〉（《法華仏教文化史論叢》，渡辺宝陽先生古稀記念論文集），平楽寺書店，二〇〇三年。
花野充道，〈本覚思想の定義をめぐって〉（《印度学仏教学研究》五十二－二），二〇〇四年。
原田正俊，《日本中世の禅宗と社会》，吉川弘文館，一九九八年。
原田正俊，〈中世の禅宗と葬送儀礼〉（《前近代日本の史料遺産プロジェクト研究集会報告集二〇〇一－二〇〇二》），東京大学史料編纂所，二〇〇三年。
藤井淳，《空海の思想的展開の研究》，トランスビュー，二〇〇八年。
松尾剛次，《勧進と破戒の中世史》，吉川弘文館，一九九五年。
松尾剛次，《日本中世の禅と律》，吉川弘文館，二〇〇三年。
蓑輪顕量，《中世初期南都戒律復興の研究》，法蔵館，二〇〇〇年。
蓑輪顕量，〈中世南都における三学の復興〉（《仏教学》四十八），二〇〇六年。
村井章介，《分裂する王権と社会》，日本の中世十，中央公論新社，二〇〇三年。
山岸常人，〈顕密仏教と浄土の世界〉（《院政の展開と內乱》，日本の時代史七），吉川弘文館，二〇〇二年。

山本吉左右代表、仁和寺紺表紙小双紙研究会編，《守覚法親王の儀礼世界》三卷，勉誠社，一九九五年。
横內裕人，《日本中世の仏教と東アジア》，塙書房，二〇〇八年。

**【第二章】 前川健一**

赤松俊秀，《親鸞》，吉川弘文館，一九六一年。
荒木見悟，《大応》，日本の禅語録三，講談社，一九七八年。
家永三郎，《中世仏教思想史研究》，法蔵館，一九四七年。
石田充之，《法然上人門下の浄土教学の研究》上、下冊，大東出版社，一九七九年。
石母田正，《中世的世界の形成》，岩波文庫，一九八五年。
井上鋭夫，《本願寺》，講談社学術文庫，二〇〇八年。
井上光貞，《日本浄土教成立史の研究》，山川出版社，一九五六年。
井上光貞，《日本古代の国家と仏教》，岩波書店，一九七一年。
今井雅晴編，《一遍辞典》，東京堂出版，一九八九年。
今井雅晴，《親鸞と東国門徒》，吉川弘文館，一九九九年。
今枝愛真，《禅宗の歴史》，至文堂，一九六二年。

黑田俊雄，《日本中世の国家と宗教》，岩波書店，一九七五年。
黑田俊雄，《日本中世の社会と宗教》，岩波書店，一九九〇年。
佐藤弘夫，《日本中世の国家と仏教》，吉川弘文館，一九八七年。
佐藤弘夫，《神・仏・王権の中世》，法蔵館，一九九八年。
佐藤弘夫，《日蓮》，ミネルヴァ書房，二〇〇三年。
末木文美士，《鎌倉仏教形成論》，法蔵館，一九九八年。
末木文美士，《鎌倉仏教展開論》，トランスビュー，二〇〇八年。
平雅行，《日本中世の社会と仏教》，塙書房，一九九二年。
高木豊，《日蓮とその門弟》，弘文堂，一九六五年。
高野修，《時宗教団史》，岩田書店，二〇〇三年。
多賀宗隼，《栄西》，吉川弘文館，一九六五年。
竹內道雄，《道元》，吉川弘文館，一九六二年。
竹內道雄，《総持寺の歴史》，大本山総持寺出版部，一九八一年。
竹貫元勝，《日本禅宗史》，大蔵出版，一九八九年。
竹貫元勝，《新日本禅宗史》，禅文化研究所，一九九九年。
玉村竹二，《臨済宗史》，春秋社，一九九一年。

田村圓澄，《法然上人伝の研究》，法蔵館，一九五六年。
田村圓澄，《法然》，吉川弘文館，一九五九年。
中尾良信，《日本禅宗の伝説と歴史》，吉川弘文館，二〇〇五年。
中尾堯，《日蓮》，吉川弘文館，二〇〇一年。
原田正俊，《日本中世の禅宗と社会》，吉川弘文館，一九九八年。
平泉澄，《中世に於ける社寺と社会との関係》，国書刊行会，一九八二年。
平松令三，《親鸞》，吉川弘文館，一九九八年。
平松令三，《親鸞の生涯と思想》，吉川弘文館，二〇〇五年。
松尾剛次，《新版　鎌倉新仏教の成立》，吉川弘文館，一九九八年。
安井廣度，《法然門下の教学》，法蔵館，一九六八年。
日本思想史懇話会編集，《特集：中世の禅を読む——円爾弁円とその周辺》（《日本思想史》六十八），ぺりかん社，二〇〇六年。

**【第三章】　松尾剛次**

相田二郎，《古文書と郷土史研究》，名著出版，一九七八年。
網野善彥，《蒙古襲來》，日本の歴史十，小学館，一九七四年。

石井進，〈都市鎌倉における「地獄」の風景〉（《御家人制の研究》），吉川弘文館，一九八一年。
石井進，《中世のかたち》，日本の中世一，中央公論新社，二〇〇二年。
石田茂作監修，《塔・塔婆》，新版仏教考古学講座三，雄山閣出版，一九八四年。
宇治市歷史資料館編，《宇治橋》，宇治市歷史資料館，一九九五年。
追塩千尋，《中世の南都仏教》，吉川弘文館，一九九五年。
大石雅章，《日本中世社会と寺院》，清文堂出版，二〇〇四年。
大山喬平，《日本中世農村史の研究》，岩波書店，一九七八年。
奧富敬之，《鎌倉史跡事典》，新人物往来社，一九九九年。
勝田至，《死者たちの中世》，吉川弘文館，二〇〇三年。
川勝正太郎，《日本石造美術辞典》，東京堂出版，一九七八年。
川添昭二，〈海にひらかれた都市——古代・中世の博多〉（《東アジアの国際都市　博多》，よみがえる中世一），平凡社，一九八八年。
五味文彥，《大仏再建——中世民衆の熱狂》，講談社，一九九五年。
佐藤弘夫，《日蓮》，ミネルヴァ書房，二〇〇三年。
末木文美士，《日本宗教史》，岩波新書，二〇〇六年。

東京国立博物館・中日新聞社編，《新安海底引揚げ文物》，中日新聞社，一九八三年。
千々和実，〈初期五輪石塔の資料〉（《史迹と美術》三十五－四），史迹美術同攷会，一九六五年。
永村眞《中世東大寺の組織と経営》，塙書房，一九八九年。
兵庫県史編集専門委員会編，《兵庫県史》第二卷，兵庫県，一九七五年。
平等院，《平等院鳳翔館》，平等院，二〇〇二年。
福島金治，《金沢北条氏と称名寺》，吉川弘文館，一九九七年。
細川涼一，《中世の律宗寺院と民衆》，吉川弘文館，一九八七年。
細川涼一，〈阿仏尼伝の一節〉（《三浦古文化》四十三），一九八八年。
細川涼一，《中世寺院の風景》，新曜社，一九九七年。
松尾剛次，《鎌倉新仏教の成立》，吉川弘文館，一九八八年。
松尾剛次，《中世都市鎌倉の風景》，吉川弘文館，一九九三年。
松尾剛次，《日本中世の禅と律》，吉川弘文館，二〇〇三年。
松尾剛次，《勧進と破戒の中世史》，吉川弘文館，一九九五年。
松尾剛次，《中世の都市と非人》，法蔵館，一九九八年。
松尾剛次，《忍性》，ミネルヴァ書房，二〇〇四年。

松尾剛次，〈博多大乘寺と中世都市博多〉（《鎌倉遺文研究》十七），吉川弘文館，二〇〇六年。
松尾剛次，〈叡尊教团と中世都市平安京〉（《戒律文化》六），二〇〇八年。
松尾剛次編著，《持戒の聖者——叡尊·忍性》，日本の名僧十，吉川弘文館，二〇〇四年。
守屋茂，〈僧叡尊の網代停止と宇治橋の再興〉（《南都仏教》三十二），一九七四年。
山本幸司，《穢と大祓》，平凡社，一九九二年。
神奈川県企画調查部県史編集室編，《神奈川県史資料編二——古代·中世二》，神奈川県，一九七三年。
《金沢文庫古文書七——所務文書編》，神奈川県立金沢文庫，一九五六年。
竹內理三，《鎌倉遺文——古文書編第三十七》，東京堂出版，一九八八年。
鎌倉市史編さん委員会，《鎌倉市史——史料編第三》，鎌倉市，一九五八年。
奈良国立文化財研究所監修，〈金剛仏子叡尊感身学正記〉，《西大寺叡尊伝記集成》，法蔵館，一九七七年。
奈良国立文化財研究所監修，〈関東往還記〉，《西大寺叡尊伝記集成》，法蔵館，一九七七年。

極楽律寺編，《極楽律寺史——中世・近世編》，極楽律寺，二〇〇三年。

## 【第四章】 伊藤聰

阿部泰郎，〈《日本書紀》は中世に如何に読まれたか〉（《古事記日本書紀必携》），学燈社，一九九五年。
阿部泰郎，〈中世における〞日本紀〞の再創造〉（《中世文学》四十二），一九九七年。
阿部泰郎，〈伊勢に参る聖と王——《東大寺衆徒参詣伊勢大神宮記》をめぐりて〉（今谷明編，《王権と神祇》），思文閣出版，二〇〇二年。
阿部泰郎，〈書かれたものとしての神道——中世神道テキストの位相と運動〉（コロンビア大学「中世神道」研究集会報告資料集），二〇〇七年。
伊藤聰，〈中世寺院の日本紀享受〉（《国文学解釈と鑑賞》六十四－三），至文堂，一九九九年。
伊藤聰，〈中世密教における神道相承について——特に麗気灌頂相承血脈をめぐって〉（今谷明編，《王権と神祇》），思文閣出版，二〇〇二年。
伊藤正義，〈中世日本紀の輪郭〉（《文学》四十四－七），岩波書店，一九七二年。

上島享，〈日本中世の神観念と国土観〉（一宮研究会編，《中世一宮制の歴史的展開》下），岩田書院，二〇〇四年。
大山公淳，《神仏交渉史》，高野山大学，一九四四年。
大桑斉，《日本近世の思想と仏教》，法蔵館，一九八九年。
岡田荘司，〈両部神道の成立期〉（安津素彦博世古稀祝賀会編，《神道思想史研究》），一九八三年。
小川豊生，〈中世日本紀の胎動〉（《日本文学》四十二－三），一九九三年。
櫛田良洪，《真言密教成立過程の研究》，山喜房佛書林，一九六四年。
久保田収，《中世神道の研究》，神道史学会，一九五九年。
久保田収，《神道史の研究》，皇学館大学出版部，一九七三年。
佐藤弘夫，《神・仏・王権の中世》，法蔵館，一九九八年。
島地大等，〈日本古天台研究の必要を論ず〉（《思想》六），一九二六年（《教理と史論》，明治書院，一九三一年）。
菅原信海，《山王神道の研究》，春秋社，一九九二年。
高橋美由紀，《伊勢神道の成立と展開》，大明堂，一九九四年。
辻善之助，〈本地垂迹説の起源について〉（《史学雑誌》第十八巻），一九〇六年

（《日本仏教史研究》第一巻，岩波書店，一九八三年）。
中村生雄，《日本の神と王権》，法蔵館，一九九四年。
西田直二郎，〈神道における反本地垂迹思想〉（《芸文》九－十一），一九一八年（《日本文化史論考》，吉川弘文館，一九六三年）。
西田長男，《神道史の研究　第二》，理想社，一九五七年。
萩原龍夫，《中世祭祀組織の研究（増補版）》，吉川弘文館，一九七五年。
萩原龍夫，《神々と村落》，弘文堂，一九七八年。
松本郁代，《中世王権と即位灌頂》，森話社，二〇〇五年。

## 【第五章】　原田正俊

家塚智子，〈同朋衆について〉（《歴史と地理》，日本史の研究二二六号），山川出版社，二〇〇九年。
伊藤幸司，〈外交と禅僧——東アジア交易圏における禅僧の役割〉（《中国——社会と文化》二十四号），二〇〇九年。
今枝愛真，〈禅律方と鹿苑僧録〉（《中世禅宗史の研究》），東京大学出版会，一九七〇年。

今枝愛真，〈中世禅林の官寺機構〉（《中世禅宗史の研究》），東京大学出版会，一九七〇年。
榎本涉，《東アジア海域と日中交流》，吉川弘文館，二〇〇七年。
大田壮一郎，〈室町殿の宗教構想と武家祈禱〉（《ヒストリア》一八八号），二〇〇四年。
川上貢，《日本中世住宅の研究》，中央公論美術出版，二〇〇二年。
佐藤豊三，〈将軍家「御成」について（一）〉（《金鯱叢書》創刊号），徳川黎明会，一九七四年。
佐藤豊三，〈将軍家「御成」について（二）〉（《金鯱叢書》第二輯），徳川黎明会，一九七五年。
佐藤豊三，〈新発見の「雑華宝印」印記のある画幅と《牧渓猿猴図》の受容の背景〉（《金鯱叢書》第五輯），徳川黎明会，一九七八年。
志賀太郎，〈概説　室町将軍家の至宝を探る〉（《室町将軍家の至宝を探る》），徳川美術館，二〇〇八年。
島尾新，《日本の美術三三八　水墨画——能阿弥から狩野派へ》，至文堂，一九九四年。

島尾新，〈会所と唐物——室町時代前期の権力表象装置とその機能〉（《中世の文化と場》），東京大学出版会，二〇〇六年。
島田修二郎、入矢義高監修，《禅林画賛——中世水墨画を読む》，毎日新聞社，一九八七年。
玉村竹二，〈蔭涼軒及び蔭涼職考〉（《日本禅宗史論集》上），思文閣出版，一九七六年；初版為一九四〇年。
中村昌生，〈金閣と銀閣〉（《京都の歴史》第三巻），京都市，一九六八年。
芳賀幸四郎，《東山文化の研究》上，思文閣出版，一九八一年；初版為一九四五年。
原田正俊，《日本中世の禅宗と社会》，吉川弘文館，一九九八年。
原田正俊，〈五山禅林の仏事法会と中世社会〉（《禅学研究》七十七号），一九九九年。
原田正俊，〈中世の禅宗と葬送儀礼〉（《前近代日本の史料遺產プロジェクト研究集会報告集二〇〇一－二〇〇二》），東京大学史料編纂所，二〇〇三年。
原田正俊，〈室町仏教と芸能・談義〉（《芸能史研究》一八三号），二〇〇八年。
原田正俊，〈日本中世における禅僧の講義と室町文化〉（《東アジア文化交渉研究》二号），二〇〇九年。

細川武稔，〈足利将軍家護持僧と祈禱〉（《日本歴史》六六四号），二〇〇三年。
村井章介，《東アジア往還》，朝日新聞社，一九九五年。
村井康彥，《武家文化と同朋衆》，三一書房，一九九一年。
山本泰一，〈足利義満時代の善阿弥と鑑蔵印について〉（《室町将軍家の至宝を探る》），徳川美術館，二〇〇八年。

## 【第六章】 神田千里

網野善彥，《無縁・公界・楽》，平凡社，一九七八年，一九八七年増補。
石川力山，〈中世禅宗と神仏習合——霊山信仰と曹洞宗の地方展開〉（《禅宗相伝資料の研究》下巻），法蔵館，二〇〇一年；初版為一九八四年。
井上鋭夫，《一向一揆の研究》，吉川弘文館，一九六八年。
遠藤一，〈「仏法領」の意味と解釈〉（同《戦国期真宗の歴史像》），永田文昌堂，一九九一年；初版為一九八三年。
遠藤廣昭，〈中世末期の争乱と曹洞宗寺院の動向——北・東信濃地方を中心として〉（《地方史研究》二〇一），一九八六年。
遠藤廣昭，〈戦国大名武田氏の曹洞宗統制と最乗寺輪住問題——拈笑派定津院・興因寺

の争論を中心として〉（《駒澤大学史学論集》十九），一九八九年。
大桑斉，《戦国期宗教思想史と蓮如》，法蔵館，二〇〇六年。
大隅和雄，〈鎌倉仏教とその革新運動〉（同《中世仏教の思想と社会》，名著刊行会），二〇〇五年；初版為一九七五年。
大隅和雄、中尾堯編，《日本仏教史　中世》，吉川弘文館，一九九八年。
大村英昭，《現代社会と宗教——宗教意識の変容》，岩波書店，一九九六年。
笠原一男，《一向一揆の研究》，山川出版社，一九六二年。
河内将芳，〈山門延暦寺からみた天文法華の乱〉（《中世京都の都市と宗教》），思文閣出版，二〇〇六年；初版為二〇〇二年。
神田千里，《信長と石山合戦》，吉川弘文館，一九九五年；二〇〇八年重刊。
神田千里，《一向一揆と戦国社会》，吉川弘文館，一九九八年a。
神田千里，〈関東南部における本願寺教団の展開〉（浄土真宗教学研究所、本願寺史料研究所編《講座蓮如》六），平凡社，一九九八年b。
神田千里，〈織田政権の支配の論理に関する一考察〉（《東洋大学文学部紀要》第五十五集史学科編第二十七号），二〇〇二年a。
神田千里，《戦国乱世を生きる力》，日本の中世十一，中央公論新社，二〇〇二年b。

神田千里，〈中世の宗論に関する一考察〉（大隅和雄編，《仏法の文化史》），吉川弘文館，二〇〇三年。
神田千里，《島原の乱》（中公新書一八一七），中央公論新社，二〇〇五年。
神田千里，《一向一揆と石山合戦》，戦争の日本史十四，吉川弘文館，二〇〇七年。
木越祐馨，〈文明・長享期の加賀における「郡」について〉（浄土真宗教学研究所、本願寺史料研究所編《講座蓮如》二），平凡社，一九九六年。
鍛代敏雄，〈本願寺教団の交通網〉（《中世後期の寺社と経済》），思文閣出版，一九九九年，初出一九八七年。
木戸雅寿，《よみがえる安土城》，歴史文化ライブラリー一六七，吉川弘文館，二〇〇三年。
金龍靜，〈加賀一向一揆の形成過程〉（《一向一揆論》），吉川弘文館，二〇〇四年；初版為一九七六年。
草野顕之，《戦国期本願寺教団史の研究》，法蔵館，二〇〇四年。
黑田俊雄，〈一向一揆の政治理念——仏法領について〉（《日本中世の国家と宗教》），岩波書店，一九七五年；初版為一九五九年。
桑田和明，〈戦国大名今川氏領国における臨済宗末寺について——二冊の「書立」を中

心に〉（《日本仏教》四十七），一九七八年。
児玉識，《近世真宗の展開過程——西日本を中心として》，吉川弘文館，一九七六年。
佐藤孝之，《駆込寺と村社会》，吉川弘文館，二〇〇六年。
浄土真宗教学研究所、本願寺史料研究所編，《講座蓮如》一－六，平凡社，一九九六－九八年。
新行紀一，〈永正三年一向一揆の政治的性格〉（神田千里編，《蓮如大系五　蓮如と一向一揆》），法蔵館，一九九六年；初版為一九六一年。
新行紀一，《一向一揆の基礎構造——三河一揆と松平氏》，吉川弘文館，一九七五年。
鈴木泰山，《禅宗の地方発展》，畝傍書房，一九四二年，吉川弘文館復刊，一九八三年。
平雅行，《日本中世の社会と仏教》，塙書房，一九九二年。
玉村竹二，〈日本中世禅林に於ける臨済、曹洞両宗の異同——「林下」の問題について〉（同《日本禅宗史論集》下之二），思文閣出版，一九七九；初版為一九五〇年。
辻善之助，《日本仏教史　中世篇之四》，岩波書店，一九五〇年。
辻善之助，《日本仏教史　中世篇之五》，岩波書店，一九五一年。
辻善之助，《日本仏教史　近世篇之一》，岩波書店，一九五二年。

辻善之助，《日本仏教史　近世篇之三》，岩波書店，一九五四年。
中尾堯，〈戦国時代と仏教〉（同編《論集日本仏教史六　戦国時代》），雄山閣出版，一九八八年。
葉貫磨哉，《中世禅林成立史の研究》，吉川弘文館，一九九三年。
尾藤正英，〈日本における国民的宗教の成立〉（同《江戸時代とはなにか——日本史上の近世と近代》），岩波書店，一九九二年；初版為一九八八年。
平泉澄，《中世に於ける社寺と社会の関係》，至文堂，一九二六年，国書刊行会；一九八二年複刻。
平田徳，〈近世における《鷺森合戦》譚の変遷——《石山退去録》を中心として〉（大桑斉編，《論集仏教土着》），法蔵館，二〇〇三年。
広瀬良弘，《禅宗地方展開史の研究》，吉川弘文館，一九八八年。
広瀬良弘，〈戦国社会における禅僧・禅寺の授戒会活動——近江浅井氏・美濃岩手氏とその家臣団を中心に〉（同編《禅と地域社会》），吉川弘文館，二〇〇九年。
藤木久志，〈わたくしにとっての一向一揆〉、〈一向一揆論〉（同《戦国史をみる目》），校倉書房，一九九五年；初版為一九八九年、一九八五年。
藤木久志，〈飢饉と戦争からみた一向一揆〉（浄土真宗教学研究所、本願寺史料研究所

編，《講座蓮如》一），平凡社，一九九六年。
峰岸純夫，《中世社会の一揆と宗教》，東京大学出版会，二〇〇八年。
村岡幹生，〈三河一向一揆〉（安城市史編集委員会編，《新編安城市史》一）第十一章第二節，二〇〇七年。
森龍吉，《蓮如》，講談社現代新書五五〇，講談社，一九七九年。
山田康弘，〈戦国期本願寺の外交と戦争〉（五味文彦、菊地大樹編，《中世の寺院と都市・権力》），山川出版社，二〇〇七年。
山家浩樹，〈曹洞宗の伸展〉（《山梨県史　通史編二　中世》第十一章第一節，山梨県），山梨日日新聞社，二〇〇七年。
湯浅治久，《戦国仏教——中世社会と日蓮宗》（中公新書一九八三），中央公論新社，二〇〇九年。
渡辺京二，《日本近世の起源——戦国乱世から徳川の平和へ》，弓立社，二〇〇四年。

**【特論】　佐藤弘夫**

家永三郎，《中世仏教思想史研究》，法蔵館，一九四七年。
石母田正，《中世的世界の形成》，伊藤書店，一九四六年；改訂版為東京大学出版会，一九五七年。
井上光貞，《日本浄土教成立史の研究》，山川出版社，一九五六年。
今谷明，〈平泉澄と権門体制論〉（《中世の寺社と信仰》），吉川弘文館，二〇〇一年。
大隅和雄，〈遁世について〉（《北海道大学文学部紀要》十三－二），一九六五年。
大隅和雄，〈鎌倉仏教とその革新運動〉（《日本歴史五》，岩波講座），岩波書店，一九七五年。
上川通夫，〈中世仏教と「日本国」〉（《日本史研究》四六三），二〇〇一年。
川崎庸之，〈いわゆる鎌倉時代の宗教改革について〉（《歴史評論》十五），歴史評論社，一九四八年。
川添昭二，《日蓮とその時代》，山喜房佛書林，一九九九年。
黑田俊雄，《日本中世の国家と宗教》，岩波書店，一九七五年。
黑田俊雄，《現実のなかの歴史学》，東京大学出版会，一九七七年。
佐々木馨，《中世国家の宗教構造》，吉川弘文館，一九八八年。
島地大等，〈日本古天台研究の必要を論ず〉（《思想》六十），一九二六年。
佐藤弘夫，《神・仏・王権の中世》，法蔵館，一九九八年。

佐藤弘夫，《起請文の精神史——中世世界の神と仏》（講談社選書メチェ），講談社，二〇〇六年a。
佐藤弘夫，《神国日本》，筑摩書房，二〇〇六年b。
末木文美士，《日本仏教思想史論考》，大蔵出版，一九九三年。
末木文美士，《鎌倉仏教形成論》，法藏館，一九九八年。
末木文美士，《鎌倉仏教展開論》，トランスビュー，二〇〇八年。
平雅行，《日本中世の社会と仏教》，塙書房，一九九二年。
平雅行，〈鎌倉山門派の成立と展開〉（《大阪大学大学院文学研究科紀要》四十），二〇〇〇年。
高木豊，《鎌倉仏教史研究》，岩波書店，一九八二年。
田村圓澄，〈鎌倉仏教の歴史的評価〉（《鎌倉仏教形成の問題点》），平楽寺書店，一九六九年。
田村芳朗，《鎌倉新仏教思想の研究》，平楽寺書店，一九六五年。
田村芳朗，〈天台本覚思想概説〉（《天台本覚論》，日本思想大系九），岩波書店，一九七三年。
戸頃重基，《日蓮の思想と鎌倉仏教》，冨山房，一九六五年。

冨島義幸，《密教空間史論》，法藏館，二〇〇七年。
中尾堯，《中世の勧進聖と舎利信仰》，吉川弘文館，二〇〇一年。
長岡龍作，〈造形の場——「美術」はいかに人間と関わったか〉（長岡龍作編，《造形の場》，講座日本美術史四），東京大学出版会，二〇〇五年。
西村玲，《近世仏教思想の独創》，トランスビュー，二〇〇八年。
袴谷憲昭，《本覚思想批判》，大蔵出版，一九八九年。
袴谷憲昭，《法然と明恵》，大蔵出版，一九九八年。
原勝郎，〈東西の宗教改革〉（《芸文》二－七），一九一一年（此後收於《日本中世史の研究》，同文館，一九二九年）。
硲慈弘，《日本仏教の開展とその基調》，三省堂，一九四八年。
藤井学，〈中世宗教の成立〉（日本史研究会編，《講座日本文化史》三），三一書房，一九六二年。
松尾剛次，《鎌倉新仏教の成立》，吉川弘文館，一九八八年，新版一九九八年。
山岸常人，《中世寺院社会と仏堂》，塙書房，一九九〇年。
横井靖仁，〈中世成立期の神祇と王権〉（《日本史研究》四六三），二〇〇一年。
Abé, Ryūichi（阿部龍一）, *The Weaving of Mantra: Kūkai and the Construction of Esoteric*

*Buddhist Discourse*. New York: Columbia University Press, 1999.

Bowring, Richard. *The Religious Traditions of Japan 500*-1600. Cambridge: Cambridge University Press, 2005.

Faure, Bernard. *The Rhetoric of Immediacy: A Cultural Critique of Chan / Zen Buddhism*. NJ: Princeton University Press, 1991.

Jacqueline Stone，〈アメリカにおける日本仏教研究〉（《日本の仏教》五），法蔵館，一九九六年。

同，*Original Enlightenment and the Transformation of Medieval Japanese Buddhism*. Honolulu: University of Hawaii Press, 1999.

Teeuwen, Mark, and Fabio Rambelli, eds. "Introduction: Combinatory religion and the honji suijaku paradigm in pre-modern Japan." *Buddhas and Kami in Japan: Honji Suijaku as a Combinatory Paradigm*. London: Routledge Curzon, 2003.

Ruppert, Brian. *Jewel in the Ashes: Buddha Relics and Power in Early Medieval Japan*. Cambridge: Harvard University Press, 2000.

Payne, Richard, and Taigen Dan Leighton, eds. *Discourse and Ideology in Medieval Japanese Buddhism*. London: Routledge, 2006.

Sharf, Robert. "The Zen of Japanese Nationalism," *Curators of the Buddha: the study of Buddhism under colonialism.* Chicago: University of Chicago Press, 1995.（日譯為〈禅と日本のナショナリズム〉〔《日本の仏教》四〕，法藏館，一九九五年）。

## 專欄一　阿部泰郎

永村眞，《中世寺院史料論》，吉川弘文館，二〇〇〇年。

上川通夫，《日本中世仏教史料論》，吉川弘文館，二〇〇八年。

阿部泰郎編，《中世文学と寺院資料・聖教》，中世文学と鄰接諸学二，竹林舍，二〇一〇年。

## 專欄二　小峯和明

小峯和明，《中世日本の予言書——「未來記」を読む》，岩波新書，二〇〇七年。

小峯和明，《〈野馬台詩〉の謎——歴史叙述としての未來記》，岩波書店，二〇〇三年。

**專欄三　菊地大樹**

高木豊，《平安時代法華仏教史研究》，平楽寺書店，一九七三年。

菊地大樹，〈持経者の原形と中世的展開〉（《中世仏教の原形と展開》），吉川弘文館，二〇〇七年。

間宮啓壬，〈身体の《法華経》化、《法華経》の身体化〉（《法華仏教研究》二），二〇一〇年。

**專欄四　河東仁**

西郷信綱，《古代人と夢》，平凡社，一九七二年。

酒井紀美，《夢から探る中世》，角川書店，二〇〇五年。

名島潤慈，《夢と浄土教——善導・智光・空也・源信・法然・親鸞・一遍の夢分析》，風間書房，二〇〇九年。

**專欄五　島尾新**

Kurt Brasch，《禅画と日本文化》，木耳社，一九七五年。

芳澤勝弘，《白隠——禅画の世界》（中公新書一七九九），中央公論新社，二〇〇五年。

## 專欄六　黑田日出男

黑田日出男，〈行基式「日本図」とはなにか〉（黑田日出男等編，《地図と絵図の政治文化史》），東京大学出版会，二〇〇一年。
黑田日出男，〈日本図と他者——行基式〝日本図〟と「三韓」〉（黑田弘子、長野ひろ子編，《エスニシティ・ジェンダーからみる日本歴史》），吉川弘文館，二〇〇二年。
黑田日出男，《龍の棲む日本》，岩波新書，二〇〇三年。

## 專欄七　彌永信美

守山聖真，《立川邪教とその社会的背景の研究》，鹿野苑，一九六五年。
櫛田良洪，《真言密教成立過程の研究》，山喜房佛書林，一九六四年。
彌永信美，〈立川流と心定《受法用心集》をめぐって〉（《日本仏教綜合研究》二），二〇〇三年。

# 索引

編錄重要相關人物、寺院、文獻等項目。

## 一畫



## 二畫



## 三畫

## 四畫

## 五畫

## 六畫

## 七畫

## 八畫

## 九畫

## 十畫

## 十一畫

## 十二畫

## 十三畫

## 十四畫



## 十五畫

## 十六畫

## 十七畫



## 十八畫

## 十九畫



## 二十畫

## 二十一畫



## 二十二畫



## 二十三畫



## 二十四畫



## 二十五畫

# 作者簡介

**蓑輪顯量**

一九六〇年生於千葉縣，東京大學文學部印度哲學印度文學專門課程畢業，東京大學大學院博士課程學分取得肄業。博士（文學）。東京大學大學院教授。專門領域為佛教學、日本佛教思想。發表著作甚豐，有《中世南都戒律復興運動の研究》、《仏教瞑想論》、《日本仏教の教理形成》，譯著有《日本の宗教》，另有論文〈中世南都における三学の復興〉等。

**前川建一**

一九六八年生於三重縣，東京大學文學部印度哲學印度文學專門課程畢業，東京大學大學院博士課程畢業。博士（文學）。東京大學大學院醫學系研究科 GCOE「UT-CBEL」特任研究員。專門領域為日本佛教思想史、生命倫理學。共同著作有《死生観と生命倫理》、《現代と仏教》，*Northern Buddhism in History*，論文有〈「明恵＝一生不

犯」説をめぐって〉、〈《縮刷遺文》の本文整定について〉等。

**松尾剛次**

一九五四年生於長崎縣，東京大學文學部國史學科畢業，東京大學大學院人文科學研究科國史學專門課程博士課程肄業。博士（文學）。山形大學教授。專門領域為日本佛教史、都市論。發表著作甚豐，有《中世都市鎌倉の風景》、《鎌倉新仏教の成立》、《救済の思想——叡尊教団と鎌倉新仏教》、《中世都市鎌倉を歩く》、《仏教入門》、《親鸞再考》等。

**伊藤聰**

一九六一年生於岐阜縣，早稻田大學人文學部人文專修畢業。早稻田大學文學研究科東洋哲學博士課程學分取得肄業。博士（文學）。茨城大學教授。專門領域為日本思想史。著作有《神仏習合思想の展開》（共著）、《アマテラス神話の変身譜》（共著）、《「偽書」の生成》等。

**原田正俊**

一九五九年生於福井縣，關西大學大學院博士後期課程學分取得肄業。博士（文學）。關西大學文學部教授。專門領域為日本中世史。主要著作有《日本中世の禅宗と社会》、共同著作有《鹿王院文書の研究》，論文有〈中世仏教再編期としての一四世紀〉（《日本史研究》五四〇号）等。

**神田千里**

一九四九年生於東京都，東京大學文學部畢業，東京大學大學院博士課程學分取得肄業。博士（文學）。專門領域為日本中世史。東洋大學教授。著作有《信長と石山合戦》、《一向一揆と戦国社会》、《戦国乱世を生る力》、《一向一揆と石山合戦》等。

**佐藤弘夫**

一九五三年生於宮城縣，東北大學大學院文學研究科博士前期課程學分取得肄業。博士（文學）。東北大學大學院教授。專門領域為日本中世精神史。著作甚豐，有《神、仏、王権の中世》、《日本中世の国家と仏教》、《日蓮》等。

**阿部泰郎**

一九五三年生於神奈川縣，和光大學人文學部藝術學科畢業，大谷大學大學院博士課程學分取得肄業。名古屋大學大學院教授。專門領域為日本文學、中世宗教文藝。編著有《守覚法親王と仁和寺御流の文献学的研究》、《湯屋の皇后——中世の性と聖なるもの》、《聖者の推参——中世の声とヲコなるもの》等。

**小峯和明**

一九四七年生於靜岡縣，早稲田大學大學院博士課程修畢。立教大學教授。專門領域為日本文學。著作甚豐，有《〈野馬台詩〉の謎》、《中世說話の世界を読む》、《今昔物語集の形成と構造》、《中世日本の予言書》等。

**菊地大樹**

一九六八年生於東京都，東京大學大學院人文科學研究科國史學專攻碩士課程修畢。博士（文學）。東京大學史料編纂所副教授。專門領域為日本中世史。著作有《中世仏教の原形と展開》、《中世の寺院と都市・権力》（共著）等。

**河東仁**

一九五四年生於東京都，東京大學文學部宗教學宗教史學科畢業，東京大學人文科學研究科宗教學宗教史學博士課程學分取得肄業。博士（文學）。立教大學教授。專門領域為宗教學。著作有《日本の夢信仰——宗教学から見た日本精神史》，論文有〈創成神話とユングの元型論〉、〈ユングの思想と宗教心理学〉等。

**島尾新**

一九五三年生於東京都，東京大學文學部美術史學科畢業，東京大學大學院美術史學專門課碩士課程修畢。多摩美術大學教授。專門領域為日本中世繪畫史。著作有《雪舟》、《禅林画賛》（共著）、《日本美術史》（共著）等。

**黑田日出男**

一九四三年生於東京都，早稻田大學大學院博士課程修畢。立正大學教授。群馬縣立歷史博物館館長。專門領域為日本中近世史、繪畫史料論。著作甚豐，有《中世荘園絵画の解釈学》、《謎解き　洛中洛外図》、《姿としぐさの中世史》等。

**彌永信美**

一九四八年生於東京都，巴黎高等研究院歷史、文獻學科肄業。法國國立極東學院東京支部代表。著作有《幻想の東洋——オリエンタリズムの系譜》、《観音変容譚》等。

國家圖書館出版品預行編目資料

蓬勃發展的中世佛教：日本. II / 末木文美士等編輯；辛如意譯. -- 初版. -- 臺北市：法鼓文化, 2020. 06
面； 公分
ISBN 978-957-598-846-3 (平裝)

1.佛教史 2.日本

220.931 109004081

新亞洲佛教史 12

# 蓬勃發展的中世佛教 —— 日本II

## 躍動する中世仏教 —— 日本II

| | |
|---|---|
| 編輯委員 | 末木文美士 |
| 編輯協力 | 松尾剛次、佐藤弘夫、林淳、大久保良峻 |
| 譯者 | 辛如意 |
| 中文版總主編 | 釋果鏡 |
| 中文版編輯顧問 | 釋惠敏、于君方、林鎮國、木村清孝、末木文美士 |
| 中文版編輯委員 | 釋果鏡、釋果暉、藍吉富、蔡耀明、廖肇亨、陳繼東、陳英善、陳一標 |
| 出版 | 法鼓文化 |
| 封面設計 | 化外設計 |
| 內頁美編 | 小工 |
| 地址 | 臺北市北投區公館路186號5樓 |
| 電話 | (02)2893-4646 |
| 傳真 | (02)2896-0731 |
| 網址 | http://www.ddc.com.tw |
| E-mail | market@ddc.com.tw |
| 讀者服務專線 | (02)2896-1600 |
| 初版一刷 | 2020年6月 |
| 建議售價 | 新臺幣600元 |
| 郵撥帳號 | 50013371 |
| 戶名 | 財團法人法鼓山文教基金會—法鼓文化 |
| 北美經銷處 | 紐約東初禪寺<br>Chan Meditation Center (New York, USA)<br>Tel: (718)592-6593 Fax: (718)592-0717 |

SHIN ASIA BUKKYOUSHI <12> YAKUDŌ SURU CHŪSEI BUKKYŌ – NIHON 2
by Editorial Committee : Fumihiko SUEKI and Editorial Assistants : kenji MATSUO, Hiroo SATOU, Makoto HAYASHI and Ryoushun OOKUBO


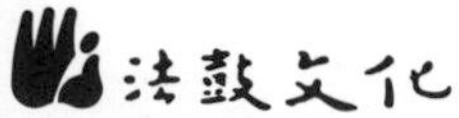

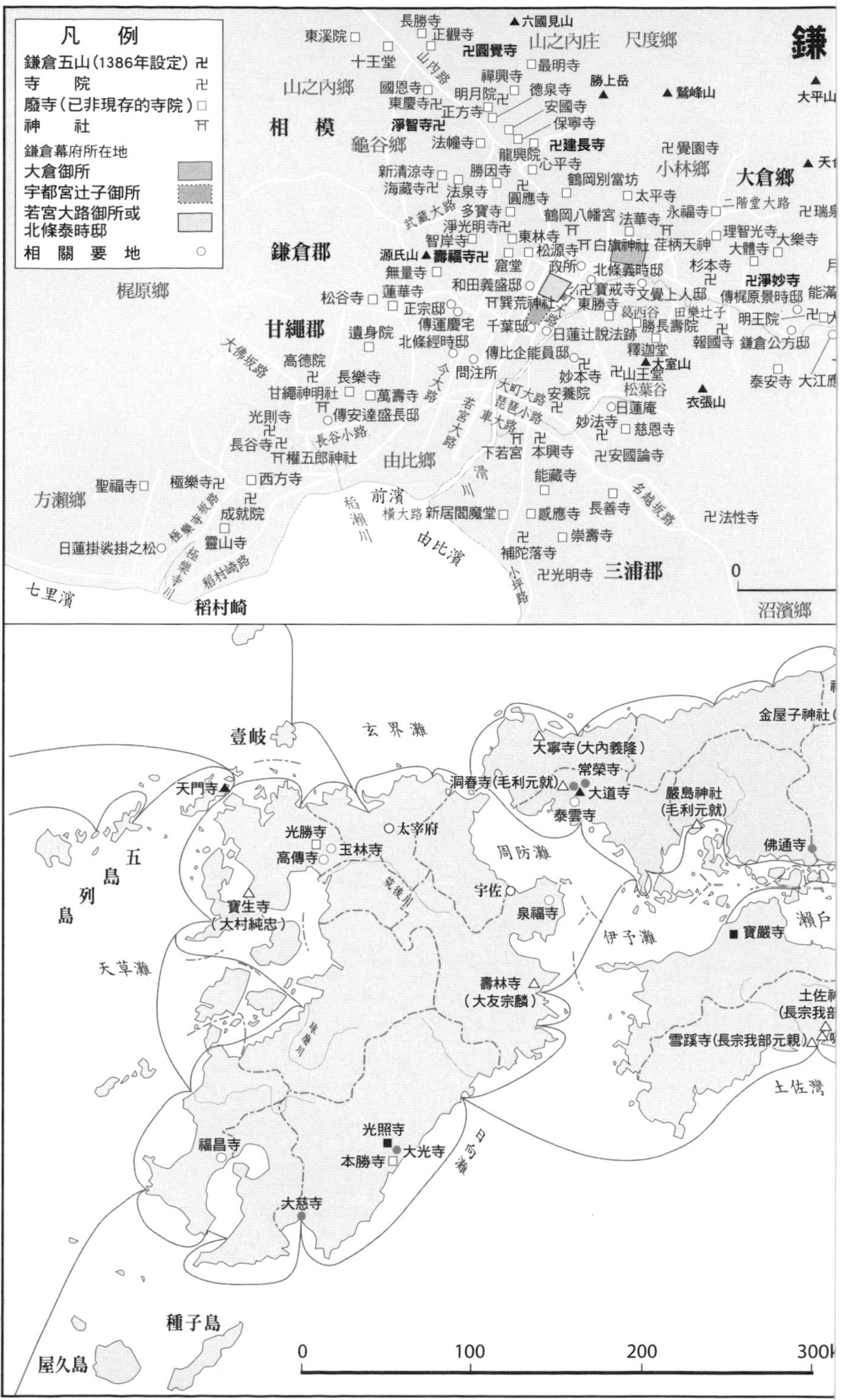

凡例
鎌倉五山(1386年設定)
寺院
廢寺(已非現存的寺院)
神社
鎌倉幕府所在地
大倉御所
宇都宮辻子御所
若宮大路御所或北條泰時邸
相關要地
相模
鎌倉郡
甘縄郡
三浦郡
山之內郷
山之內庄
尺度郷
龜谷郷
小林郷
大倉郷
梶原郷
由比郷
方瀨郷
沼濱郷
鶴岡八幡宮
建長寺
圓覺寺
壽福寺
淨智寺
淨妙寺
由比濱
七里濱
稻村崎
前濱
壹岐
玄界灘
五島列島
天草灘
周防灘
伊予灘
土佐灣
種子島
屋久島
太宰府
大寧寺(大內義隆)
洞春寺(毛利元就)
嚴島神社(毛利元就)
壽林寺(大友宗麟)
寶生寺(大村純忠)
雪蹊寺(長宗我部元親)
0
100
200